Productions et perceptions des créations culturelles

Collection **Local & Global**
dirigée par Gilles ROUET *et François* SOULAGES

Cette collection publie des livres réfléchissant au double phénomène articulé qui scande et structure les mondes contemporains, à savoir la précipitation vers le global et la revendication du local.

Pour certains, « globalisation » et « mondialisation » sont synonymes, pour d'autres la confrontation des triplets sémantiques « globe/global/globalisation » et « monde/mondial/mondialisation » articule des analyses, des constats négatifs de cette transformation/évolution avec la positivité d'une ouverture au monde, être-au-monde, découverte de l'autre comme monde, un monde qui dépasse le seul globe, constat physique, l'économique, qui s'inscrit dans une quête de sens. Mais aussi un monde décrit comme global plutôt qu'universel.

Déjà paru

Sous la direction de Ivaylo DITCHEV & Gilles ROUET, *La photographie, mythe global et usage local,* 2012.
Sous la direction de Serge DUFOULON & Mária ROŠTEKOVÁ, *Migrations, mobilités, frontières & voisinages,* 2011.
Sous la direction de Gilles ROUET, *Citoyennetés et nationalités en Europe, articulations et pratiques*, 2011.
Sous la direction de Gilles ROUET, *Nations, cultures et entreprises en Europe*, 2011.

Sous la direction de Helena BÁLINTOVÁ
& Janka PÁLKOVÁ

Productions et perceptions des créations culturelles

L'Harmattan

Les directeurs de collection remercient Anne-Coralie Bonnaire & Christophe Lips pour leur relecture attentive, patiente et efficace.

Publié avec le concours
de RETINA.International, de l'équipe *Arts des Images et Art Contemporain,* EA 4010, Paris 8, du *Groupe d'Études Pour une Europe de la Culture et de la Solidarité,* EA 3625, Paris Descartes, Sorbonne Paris Cité, de l'IEEI, Institut d'Études Européennes et Internationales de Reims et du Département d'études européennes culturelles de la faculté des sciences humaines de l'Université Matej Bel de Banská Bystrica, dans le cadre des activités de la Chaire Jean Monnet *ad personam* « Identités et Cultures en Europe ».

5-7, rue de l'École-Polytechnique ; 75005 Paris
http://www.librairieharmattan.com
diffusion.harmattan@wanadoo.fr
harmattan1@wanadoo.fr
ISBN : 978-2-296-96844-8
EAN : 9782296968448

Avant-Propos

J'ai été à la fois honoré et un peu surpris quand Janka Pálková, représentante de la Chaire des études européennes culturelles de la Faculté des sciences humaines de l'Université Matej Bel, a contacté le Bureau du Président de la République slovaque pour lui demander d'ouvrir la journée d'étude internationale dont les contributions sont réunies dans ce volume. C'est le sujet principal de l'événement qui m'a incité à accepter cette proposition. Mais pas seulement. En effet, la journée d'étude a lieu dans le bâtiment de la Bibliothèque nationale, une institution hospitalière qui abrite le Bureau du Président de la République slovaque à Banská Bystrica, mais qui est aussi ouverte à de nombreuses activités culturelles, sociales, scientifiques et artistiques.

Aujourd'hui, dans les consciences publiques comme dans les présentations des politiques, économiques et financières, résonnent d'autres domaines de l'interaction du local et du global que celui de la culture. Nous vivons actuellement dans le monde de l'économie globale, de l'institutionnalisation continue des rapports au niveau supranational, de l'intégration économique des états et du dépassement des frontières. La mondialisation apporte des résultats positifs, mais aussi négatifs. Presque tous les jours, depuis trois années, on se demande comment dépasser la crise financière et économique, on pense aux conséquences immédiates de l'intégration et aux influences mutuelles des problèmes qui apparaissent au niveau local et qui se transfèrent au niveau global. D'un autre point de vue, des appréhensions liées à l'évolution de la mondialisation sont relatives à la crainte de la perte de l'identité et de l'indépendance des institutions nationales, de la diminution de la souveraineté économique et d'une baisse d'influence pour le développement de l'économie de son pays d'origine. C'est la raison pour laquelle nous sommes sans cesse confrontés à la recherche de réponses pour savoir dans quelle mesure les processus mentionnés sont nécessaires, pour pouvoir mieux aborder les problèmes actuels qui dépassent les frontières des régions, des états ou des économies, tout en conservant en parallèle ce qui est propre, unique, singulier et spécifique à un pays donné. Les idées mentionnées ne sont qu'en apparence intérieurement contradictoires et on ne se rend pas souvent compte que la connaissance globale est une mosaïque riche en singularités locales, car ce processus se passe depuis longtemps dans le domaine de la culture, de l'art et des sciences sociales. Voilà le thème de cet ouvrage et des contributions réalisées par des sociologues, historiens de l'art, musicologues et autres spécialistes. Je suis persuadé que cette publication, comme tous ceux de la collection ainsi que les autres activités organisées dans le cadre du cycle *Local & Global* (colloques, séminaires, expositions) va contribuer au débat sur les relations des productions locales et de leurs perceptions globales et que ces dernières vont influencer de plus en plus les autres domaines de la vie sociale et publique.

Stanislav Líška

Introduction

La création culturelle entre local et global

Le titre de l'ouvrage articule deux oppositions, local/global d'une part, production/perception, d'autre part. La création culturelle, production perçue puisque « culture », et, plus généralement, l'expression culturelle, semblent liées au local, mais dans un contexte assez nouveau de mondialisation/globalisation.

La production locale peut, en effet,

> « *être liée à un certain territoire, limité ou défini par des frontières, [dans] un espace restreint concrètement. [Mais] la mondialisation des échanges implique un élargissement des espaces sociaux avec, en particulier, une augmentation des mobilités : les producteurs quittent ainsi souvent, désormais, leurs lieux d'origine ou habituels et dépassent alors les limites locales et territoriales. Les produits de leurs activités, éléments de culture matérielle et spirituelle, deviennent alors 'résistants' à la réception locale, car l'identité du local évolue et se transforme, au contact d''offres nouvelles'. C'est ainsi que peut en particulier s'articuler une relation entre local et global, entre partiel et universel, un rapport qui n'a plus de caractère antagoniste, mais qui se transforme en un corrélat synergique. Au point que l'on parle parfois de 'glocal'* »[1].

La mondialisation semble ainsi réduire, contracter l'espace (même seulement symbolique), « rapprocher les acteurs, augmenter la tendance à une différenciation du *geni* et du *loci*.

1. Helena Bálintová & Janka Pálková, extrait de l'appel à communication de la journée d'études d'octobre 2011, organisée à Banská Bystrica, dont sont issues les contributions réunies dans cet ouvrage.

L'importance de l'espace local en serait ainsi réduite et sa valeur se relativiserait »[2].

La situation paraît pourtant paradoxale : d'un côté, une mondialisation sans critique et une ignorance relative des cultures locales peuvent avoir des conséquences négatives, souvent résumées dans cette expression d'« impérialisme culturel » ; de l'autre, les éloges du local, du partiel, peuvent mener à des impasses, à des illusions, communautarisme et nationalisme culturels en étant des exemples. Cependant,

> « *la culture n'est jamais monoculture ; cela est vrai depuis le néolithique pour l'agriculture et pour la création culturelle. La nécessaire polyculture des créateurs et des créatifs doit [dans cette globalisation] nous obliger à repenser les rapports multiples, complexes, dialectiques et donc évolutifs entre local et global [... afin d'éviter de déboucher] non pas sur des productions, des réceptions et des perceptions globalisantes et donc uniformisantes, mais sur des pratiques et des approches mondialisantes, si l'on entend par là des approches qui prennent en compte la singularité du local et la richesse du mondial* »[3].

C'est en fait relativement récemment que les relations entre globalisation et culture ont été théorisées et, en privilégiant un point de vue sociologique, on peut mettre en évidence quatre approches théoriques principales : celle de « l'impérialisme culturel », l'analyse des réseaux culturels, l'étude de la réception et enfin, la mise en évidence des stratégies urbaines orientées vers la globalisation culturelle, en particulier pour tenter de « préserver » voire de susciter la création et les cultures locales tout en, parfois, les intégrant dans des réseaux globaux.

La dénonciation d'une culture instrumentalisée à des fins politiques s'appuie, en particulier depuis les années 1960, sur le constat de l'évolution du système économique de marché et sur le développement des mass-médias. Les analyses de type « centre/périphérie », de domination politique et/ou de

---

2. *Ibidem.*
3. *Ibidem.*

dépendance économique ont encore vigueur et audience concernant la mondialisation, d'une part, et les industries culturelles, d'autre part. L'homogénéisation culturelle est dénoncée comme conséquence de la domination économique et politique des États-Unis et détermine également par elle-même à la fois des résistances et des oppositions, les terrorismes islamistes en particulier, et des replis communautaristes ou nationalistes, une thèse de la réaction, assez simple, voire simpliste, qui s'inscrit encore parfaitement dans l'hypothèse du choc des civilisations et, surtout, explique les processus de globalisation par une logique *up-bottom*, n'accordant aucune responsabilité aux citoyens-consommateurs de tous pays.

Bien évidemment, le libéralisme économique, la prédominance des logiques de marché déterminent la globalisation et il semble intéressant de tenter de comprendre la simultanéité entre impérialisme (domination) culturel et rencontres des cultures, conceptualisées dans le cadre d'une recherche d'homogénéité culturelle relative ou bien de ruptures par la diversité. Les contacts directs entre personnes de cultures différentes provoquent évidemment des évolutions dans les cultures de chaque groupe. Une acculturation, donc, qui peut être évidemment positive[4] si elle est librement choisie ! Mais le degré de liberté des acteurs dans ce processus est cependant très difficile à évaluer, comme dans le cas, par exemple, des migrants économiques, « libres » de tenter de s'installer dans un autre pays, au cœur d'autres cultures, mais souvent confrontés à des politiques d'intégration, voire d'assimilation. L'acculturation, au niveau personnel, s'inscrit dans un rapport aux autres tandis qu'au niveau du groupe, il s'agit d'échanges de cultures.

---

4. Cf. Roger Bastide, *Le proche et le lointain*, Paris, L'Harmattan, 2001. Roger Bastide met en évidence plusieurs types d'acculturation : spontanée quand le contact entre les cultures est libre ; forcée, organisée ou imposée par un groupe dans des circonstances particulières (esclavage, colonisation par exemple) ou enfin planifiée, contrôlée (par exemple au sein des pays de l'Ancien bloc socialiste ou, plus actuel, dans le cadre de certaines politiques nationales). Bien évidemment, les situations sociales ont souvent un aspect coercitif (par exemple en ce qui concerne les politiques d'intégration des immigrants) comme de domination économique.

Ces réflexions sont fondamentales en ce qu'elles mettent en évidence la difficile conjugaison de la culture en chacun et de la culture du groupe, une distinction qui renvoie aux problématiques identitaires. Des délimitations nouvelles de la « culture » sont nécessaires, qui dessinent des contours mouvants, entre les éléments « étrangers » et originaux qui caractérisent chaque « culture ». L'acculturation serait alors un terme trop radical, les identités culturelles personnelles se transforment, s'enrichissent, gardent une mémoire de reconstruction plus que d'accumulation. Les confrontations interpersonnelles de cultures différentes aboutissent ainsi à un changement culturel plus qu'à une acculturation[5]. L'évolution des échanges et de la prise en compte des diversités culturelles, non seulement « de loin », mais aussi « en dedans », contribue évidemment à faire évoluer les « valeurs culturelles ».

L'uniformisation culturelle correspond certainement à une réalité, mais reste forcément partielle. Les tentatives de systématisation peuvent relever de stratégies particulières et ériger en mythe une uniformisation générale, ce qui peut servir à certains gouvernants qui tentent de légitimer leur pouvoir en utilisant ou provoquant un repli nationaliste et qui acceptent mal toute analyse en termes de relative hybridation culturelle. L'analyse de la mondialisation culturelle doit donc prendre en compte un double phénomène, d'une part cette domination culturelle déjà ancienne et favorisée par le système économique et l'évolution des industries culturelles, d'autre part l'hybridation culturelle qu'elle entraîne. D'anciennes dominations disparaissent, car la mondialisation est aussi une opportunité pour des cultures dominées (en particulier par le colonialisme ou le post-colonialisme) de s'intégrer à ce brassage et donc de s'affirmer. Les débats sur la faillite du « multiculturalisme », au Royaume-Uni, en Allemagne ou en France, entre 2008 et 2011, montrent bien à la

5. Cf. par exemple le rapport de David Knott, Stephen Muers & Stephen Aldridge, *Achieving Culture Change: A Policy Framework*, Londres, Strategy Unit, Admiralty Arch, The Mall, 2008, disponible sur http://webarchive.nationalarchives.gov.uk/20100125070726/http://cabinetoffice.gov.uk/media/cabinetoffice/strategy/assets/achieving_culture_change.pdf.

fois l'importance d'une réflexion collective sur l'acculturation, mais aussi la réalité de l'installation de communautés transnationales, des déterritorialisations culturelles, phénomène nouveau au moins à l'ouest de l'Europe. Reste à considérer ces évolutions dans le cadre d'une légitimation citoyenne. Il ne suffit en effet pas d'expliquer ou de ressentir la richesse des confrontations culturelles, il faut les installer dans un environnement politique et social cohérent.

Depuis les travaux d'Arjun Appadurai[6], on comprend mieux que la globalisation a provoqué une rupture historique avec la multiplication, justement, de ces opportunités d'échanges et, surtout, avec l'accès pour les pays du Sud aux cultures occidentales. Internet change évidemment le contexte puisque des réseaux de communication décentralisés se sont mis en place, avec des flux toujours plus importants de textes, d'images et de sons. Alors que plus de 2 milliards d'individus ont usage (de façon très différente d'ailleurs) de l'Internet, la diversification des langues utilisées s'accélère tandis que dans certaines régions du monde, le bilinguisme voire le multilinguisme progresse[7]. L'Internet dispose-t-il des ressources internes pour protéger sa décentralisation et contrer toute unification forcée, économique ou politique ? L'avenir le dira, mais désormais une nouvelle économie culturelle globale a été installée, dans une complexité systémique et dans un contexte d'espaces plus ou moins en interaction[8].

---

6. Cf. en particulier Arjun Appadurai, *Géographie de la colère. La violence à l'âge de la globalisation*, Paris, Payot, 2009 (2007, 1ère éd. en anglais 2006) et *Après le colonialisme. Les conséquences culturelles de la globalisation*, Paris, Payot, 2005 (2001, 1ère éd. en anglais 1996).

7. Les langues les plus utilisées sur l'Internet sont l'anglais, le chinois, l'espagnol, le japonais, le portugais, l'allemand, l'arabe et le français. La proportion de pages en anglais est en réduction continue, ce qu'induit l'augmentation du nombre de pages en d'autres langues, notamment celles des pays émergents. Le français augmente plus vite que l'espagnol ou le portugais. Cf. http://www.internetworldstats.com/stats7.htm.

8. Entre les cinq « paysages » (*scapes*) mis en évidence par Appadurai : *ethnoscapes* (individus en mouvement), *technoscapes* (répartitions des technologies), *finanscapes* (marchés internationaux), *mediascapes* (productions électroniques et diffusion d'informations) et *ideoscapes* (idéologies d'État ou contre-idéologies des ONG).

La vitesse de ce réseau global est un élément essentiel à la fois de la généralisation de cette possibilité de métissage et d'une assurance contre l'homogénéisation culturelle. Mais le risque de disjonction entre local et global s'aggrave. Comment, en effet, établir une liaison nécessaire entre les processus identitaires et l'évolution du réseau qui ne contribue pas à une sécurisation du contexte ? La déterritorialisation, en particulier identitaire, réduit la stabilité de l'environnement et incite à un retour en fait impossible à une liaison imposée entre nation, culture, identité et territoire[9], sauf à couper les connexions et à isoler des populations, mais sans, dans tous les cas, détruire l'imaginaire et le symbolique, désormais bien installés.

Il est indispensable, néanmoins, de prendre en compte les contextes économiques et sociaux, non pas dans le sens d'une hiérarchie des besoins, mais pour réaliser les conditions sociales de circulation des expressions[10], des formes culturelles, pour reprendre le concept d'Arjun Appadurai, conceptualisations plus aptes à recouvrir les évolutions actuelles, car « culture » reste en substance tandis que « culturel » qualifie un fonctionnement social qui entretient des liaisons plus ou moins fortes entre symboliques, valeurs et pratiques (formes « dures », plus difficiles à transformer, ou « douces »)[11]. Ce paradigme constructiviste reste évidemment imprécis, en particulier concernant cette problématique d'intensité des liens entre pratiques et valeurs, mais permet de relier théoriquement le réseau et les pratiques, les réalisations locales et les perceptions globales.

Il convient également de tenter d'abandonner le mythe des origines différenciées, de réaliser que la globalisation actuelle a été précédée à de nombreuses reprises par des contacts, des mouvements de population, des hybridations et des métissages, parfois liés ou induits par des logiques économiques ou politiques. Il est impossible de soutenir une originalité parfaite de chaque

---

9. Cf. Gilles Rouet (dir.), *Nations, cultures et entreprises en Europe,* Paris, L'Harmattan, 2011.
10. Cf. Radovan Gura & Gilles Rouet (dir.), *Expressions culturelles et identités européennes,* Bruxelles, Éditions Bruylant, 2012.
11. Arjun Appadurai, *op. cit.,* 2005, p. 140.

culture, sauf à adhérer à une sorte de racisme culturel en quelque sorte.

Ce ne sont donc pas les échanges qui sont nouveaux, mais le système économique culturel, son industrialisation et ses modes de diffusion, d'une part, et le réseau de communication, d'autre part. La culture en serait-elle pour autant unique ? Évidemment non, à moins de revenir à un substantialisme universaliste. Les « cultures » restent des ensembles de ressources, de symboles, d'objets, de créations, d'expressions donc. Elles fondent et réalisent les individus, désormais reliés non plus à des territoires, mais à des compositions sociales nouvelles qui s'articulent entre le global et le local.

Voilà pourquoi « il est nécessaire de trouver des consensus sociaux », des temps comme des contenus,

> « *de se rendre compte à la fois de ses particularismes et de cette nécessaire jonction entre local et global, de reconnaître néanmoins l'importance de la production locale qui ne peut peut-être plus qu'être le résultat de perceptions globales* »[12].

Les éléments de la production locale sont souvent mis en place avec un écart temporel et spatial, s'inscrivant alors dans des divergences de perception sans perte de qualité. Toute production locale doit sortir, s'échapper de ses frontières ; la dichotomie local-global doit donc être dépassée par la possibilité de l'hétérogénéité par la diversité des cultures, par l'existence des catégories transculturelles : c'est ainsi que ce paradoxe de la rigueur du local et de la toute-puissance de la mondialisation peut être résolu.

Création culturelle, production locale et perception globale, tel est donc le thème principal de cet ouvrage qui réunit plusieurs approches afin de participer à la compréhension de la création culturelle contemporaine dans sa tension entre production et perception globale.

---

12. Helena Bálintová & Janka Pálková, Extrait de l'appel à communication du colloque.

« *Comment percevons-nous en effet nos propres créations culturelles locales et, a fortiori, mais différemment, celles des autres, dans la mesure où toute perception est traversée et influencée par le global au point de n'être parfois que des perceptions globales ? Il en va de nos réalités et de nos représentations : quels enjeux ?* »[13].

Gilles Rouet

13. *Ibidem.*

1er Moment

CRÉATION ET MYTHE

Chapitre 1

La coexistence du local et du global dans la synergie de la création culturelle

L'étymologie de *local* révèle une connotation à un certain lieu, à une certaine région limitée de manière géographique, sociologique, linguistique ou par d'autres limites déterminées par des traditions culturelles. Ayant en vue sa bipolarité, *global* peut disposer d'un caractère subordonné, modérément négatif, orienté plus professionnellement, supranationalement et dans une certaine mesure commercialement.

Le micro-milieu du local et du régional propose au macro-milieu du global la singularité de ses produits et de ses créateurs qui peuvent considérablement éliminer l'interprétation (de même que l'implémentation) extrême de la culture globale tant étudiée et discutée depuis plusieurs années. Cette tendance a pour conséquence une homogénéisation indésirable du monde de la culture, un processus souvent accompagné par la négation de ses éléments locaux.

La Slovaquie, dans son espace géographico-sociologique, représente une partie intégrée dans un enchaînement culturel et communicatif tel que : créateur–interprète–milieu–management–destination. Il est souhaitable, et pas seulement dans un intérêt scientifique, de présenter des figures qui ont contribué à cet enchaînement par leur profil public professionnel et moral, exigeant et compétitif. De même, il est nécessaire de montrer les produits de la culture matérielle par l'intermédiaire desquels les pays dits « petits » s'inscrivent en dehors certes du premier plan, de l'effet immédiat, d'une valeur à court terme ou d'une orientation vers le profit, mais, au contraire, construisent une esthétique, des valeurs, des expressions artistiques et une durabilité.

Dans le contexte de la création culturelle, des personnalités comme Andy Warhol, Koloman Sokol, Karol Kállay, Ladislav Hudec et Dominik Tatarka identifient d'une manière exceptionnelle l'identité slovaque. Milan Hodža, Milan Ratislav Štefánik, Alexander Dubček ou encore Michal Bosák ont élevé la diplomatie, l'économie et la politique sur le piédestal de la culture et de la morale. Les dominantes de la culture traditionnelle, mais aussi moderne, non artistique/matérielle, en provenance de Slovaquie, ne sont pas seulement de la stratégie publicitaire pour les guides touristiques et une partie de la Liste du patrimoine culturel de l'UNESCO complète le profil identitaire.

D'une part, la *stratégie globale* des cultures suppose une flexibilité, une mobilité, des systèmes de communication, elle est centrée sur l'intégration des processus, sur la concentration de la différenciation ; d'autre part la *stratégie locale dichotomique* expose une fragmentation, une originalité, une orientation vers la singularité et la stabilité culturelle en confrontation avec un œcuménisme spirituel global. L'équilibre ainsi perçu a un impact utilitaire sur le fait que le monde ne se transforme pas seulement dans ses dimensions matérielles. La culture – globale et locale – en tant que phénomène universel propre à l'homme, caractérisé par l'originalité et la diversité, ne peut pas se démentir dans sa perception, dont il faut assurer la complémentarité.

Le *local* soutient les traditions, ce qui veut dire que la mémoire culturelle devient le garant de la stabilité et de la continuité. Le *global* supporte l'innovation, l'actualité, l'intégration et c'est ainsi qu'il documente la vivacité de la tradition, donc du local. Les auteurs de ce chapitre déplacent la sémiotique de l'antagonisme mentionné ci-dessus au niveau de la coexistence et de la collaboration, indispensables dans la synergie de la production culturelle.

Genius loci versus œcuménisme spirituel global

Wendell Berry propose une construction hypothétique reflétant ainsi l'idée de l'impossibilité de la pensée globale[14]. Il affirme que la pensée globale ne peut être que statistique, car sa superficialité s'exprime déjà dans la plus petite intention d'agir. Si l'homme ne veut pas être destructif dans une immense mesure, il ne peut agir que localement et sur un lieu limité. Selon cet auteur, les personnes qui pensent globalement peuvent être dangereuses. C'est justement sur ce point que la relation dichotomique se forme et peut prendre un

14. Cf. notamment *Le procès de la mondialisation*, Paris, Fayard, 2001.

caractère antagoniste. On est persuadé qu'il faut se rendre compte de l'intégrité de la vie locale issue du principe de communauté. En fait, ce lieu représente un espace local auquel s'attache l'homme (socialement, émotionnellement, professionnellement, à travers les générations) et cet espace est digne d'intérêt pour lui-même. Les valeurs, les œuvres et le patrimoine culturel sont créés dans les limites du milieu local. Ainsi, pour cette raison, nous proposons de contester la philosophie de Berry portant sur la pensée globale en confrontation avec la création locale centrée sur la culture *genius loci*. C'est aussi un élément qui forme le rapport interactif, et également le sujet principal de la collection *Local & Global*.

La culture ou, plus précisément la création culturelle, fait partie intégrante de la civilisation à caractère national, car il s'agit d'un ensemble de valeurs spirituelles et matérielles et de produits créés dans des circonstances historiques humaines dans un temps concret et dans un espace local limité. Le principe social-diachronique apparaît évidemment même dans ce domaine de la création humaine en respectant en parallèle les besoins et l'évolution de la demande sociale. Les personnalités, les créateurs et les représentants de la culture, leurs créations et leurs origines sont à tout moment liés à un lieu local. Malgré le fait que l'on constate un certain déplacement des tendances de stratification de la culture jusqu'à une culture globale presque absolue, l'évolution de la société est orientée par la culture nationale confrontée à la culture d'autrui ou dans un sens plus large à une culture étrangère (mais pas forcément à une culture globale). Le troisième élément qui entre en jeu et qui crée une relation dialectique opposée est le comportement d'accommodation et d'assimilation de l'homme.

> « *La reproduction des comportements d'accommodation standardisés se réalise dans le cadre des conditions extérieures et intérieures qui sont en changement permanent, y compris le développement de l'ensemble des motivations. Les stimuli de cet ensemble sont à l'origine de l'assimilation en tant que moyen d'autonomisation de la culture. Simultanément l'accommodation est présente dans l'assimilation et ce justement par l'intermédiaire du collectif constitué par les standardisations comportementales* »[15].

---

15. Juraj Dolník, *Jazyk, človek, kultúra*, Bratislava, Kalligram, 2010, p. 22. Toutes les citations sont traduites en français par les auteurs.

C'est par l'assimilation que l'homme réagit aux changements dans l'espace pour réaliser son potentiel humain capable de créer la culture. Voici la forme la plus élevée de l'accommodation. Ces facteurs déterminants ont pour conséquence à la fois la création de la culture par l'homme et la transformation de l'homme par la culture. L'homme devient ainsi un être culturel.

Personnalités et interactions entre local et global

Une partie limitée du territoire (selon le critère géographique, historique, religieux, politique, etc.) peut être considérée comme un espace local ou régional. Dans certaines circonstances, ce territoire peut être désigné par une expression particulière. Ainsi, le contenu et le sens du terme sont toujours attachés à un micromilieu où des personnalités sont nées, où elles vivent, où elles évoluent, où elles créent et produisent une subculture, à tout moment capables d'une réflexion intellectuelle sur elles-mêmes. Cela veut dire que l'homme naît dans un système culturel concret, mais qu'il est aussi dépendant de ce système dans une mesure variée et qu'il s'identifie avec lui. Il s'agit ici d'un élément très « cultivé » de la nature, susceptible de création culturelle par spontanéité ou par valorisation d'un système fixé et de ses règles. L'information culturelle se développe et grandit par succession et c'est la raison pour laquelle elle ne peut pas être transformée, par exemple comme la technique, donc on peut postuler que la création culturelle ne peut pas être transformée en perception globale sans processus de succession.

Koloman Sokol est né voici plus de cent ans et son origine lui prédéterminait un destin de garçon pauvre et illettré. Malgré cela, cette personne est présente dans les encyclopédies d'arts plastiques, ce qui lui donne une importance mondiale (et globale). Ce maître de l'art graphique a vécu à l'étranger pendant plus de cinquante ans, notamment au Mexique et en Arizona. Il est devenu le fondateur de l'école graphique mexicaine, mais il a sans cesse rêvé de son retour dans son pays d'origine. Ne pouvant réaliser ce rêve, il l'a représenté dans ses peintures. Ses tableaux sont en résonance permanente avec la continuité de ses racines slovaques, un fort retentissement des sujets relatifs à la misère, au chômage et à l'oppression. Koloman Sokol a aussi exprimé son fort attachement au pays natal par le don à sa ville natale de dizaines de tableaux réalisés à l'étranger.

L'épouse du prix Nobel de littérature de 2011, Thomas Tranströmer, a été interviewée et les questions suivantes lui ont été posées : « dans quelle mesure la création littéraire de votre époux est-elle locale ou globale ? » et « quel mouvement littéraire résonne dans les vers de votre époux ? ». Elle a répondu sincèrement que ces questions n'intéressent pas l'auteur, mais plutôt les théoriciens et les spécialistes. Tranströmer ne s'est jamais préoccupé de ce type de questions. Parallèlement, on peut trouver une certaine distanciation de catégorisation de la création chez Koloman Sokol qui a refusé la « froideur » de l'académisme à travers les émotions fortes. La personnalité et son potentiel créatif sont toujours liés à un certain lieu. Mais, dans ce cas, il se pose les questions de savoir si l'exportation du produit transforme la culture nationale ou l'œuvre artistique ayant des traits nationaux en culture globale, et, éventuellement, de connaître quels sont les critères de ce passage de la culture locale à la culture globale. Aujourd'hui les médias nous imposent très souvent un certain modèle du « mondial », perçu surtout par les consommateurs majoritaires et qui porte les caractéristiques suivantes : le mondial est orienté sur le premier plan, sur l'effet (notamment extérieur), sur la valeur de la courte durée et sur le profit.

La succession culturelle citée ci-dessus se forme à partir de la sociologie, comme conséquence sociale des activités. La structure du mode de vie moderne provoque souvent un grand nombre d'erreurs même dans le système culturel. Selon Johan Huizing[16] l'origine de ces erreurs repose sur la superficialité de la formation générale, sur l'égalisation des classes, sur la présence en masse et sur l'aisance excessive du contact spirituel et matériel. La succession culturelle « grâce aux deux grands moyens de communication mercantilo-mécaniques, le film et la radio, est déjà habituée à une certaine unilatéralité de la fonction de perception spirituelle »[17]. Cette évaluation du statut de la culture ne touche pas les personnalités présentées dans ce chapitre, car elles ont enrichi leur création par des éléments de la culture nationale et simultanément, par leur importance, elles ont dépassé le cadre de la particularité et c'est ainsi que leur perception peut sans doute être désignée comme globale.

16. Johan Huizing, *Kultúra a kríza*, Bratislava, Kalligram, 2002.
17. *Ibid.*, p. 287.

Faits de la culture locale, perception et propagation globales

Le film *Il a changé le visage de Shanghai*[18] ne peut pas être présenté au spectateur non averti parce que celui-ci s'attendrait à un film documentaire dédié à Ladislav Hudec, un architecte slovaque né à Banská Bystrica. La première présentation mondiale du film a eu lieu à Shanghai la veille de la *Journée nationale slovaque* de l'exposition *Expo Shanghai 2010* au sein du Grand Théâtre, une construction réalisée justement par Ladislav Hudec. Les encyclopédies le décrivent comme « *le père des gratte-ciel asiatiques* » et on ne peut qu'être d'accord avec le titre du film documentaire puisque cet architecte a vraiment changé le visage de Shanghai. Il est donc évident que son nom et sa création sont perçus globalement. Il a construit des hôtels, des résidences individuelles, des constructions sacrées et il est l'auteur du premier gratte-ciel à Shanghai. Il a vécu en Chine, en Amérique, en Suisse, il a voyagé dans le monde entier et cependant son ultime désir (respecté et réalisé) fut d'être enterré dans sa ville natale.

Cet exemple est intéressant pour deux points. En premier lieu, le créateur de l'ouvrage matériel était issu d'un micro-milieu l'ayant déterminé, formé et influencé, tout comme sa création. Cette dernière s'est propagée dans le macro-milieu, mais le matériel génétique de l'auteur est stable et c'est pourquoi ce génotype a influencé les éléments des produits de son activité comme les éléments de la culture spirituelle. C'est ainsi que l'auteur laisse une empreinte ineffaçable de ses efforts. Le second point est relatif à la création. Aujourd'hui, les gratte-ciel constituent des éléments inséparables du monde globalisant et représentent une partie de l'architecture des grandes villes. Ils témoignent de l'époque et accentuent l'importance fonctionnelle (et souvent aussi démonstrative) de la période postmoderne. De plus, la mobilité est devenue un facteur très fort et stratifiant des dernières années, et c'est par l'intermédiaire de la mobilité que l'exportation et l'importation de la culture se produisent. Ceci implique l'idée selon laquelle « la suppression technologique des distances temporelles et spatiales polarise la situation humaine au lieu de l'homogénéiser »[19], mais, en revanche, ceci peut homogénéiser, voire uniformiser la création humaine. Et on peut en déduire une uniformité urbaine des villes, des banlieues, des quartiers, des édifices,

---

18. Le film *Zmenil tvár Šanghaja* (*The Man who changed Shanghai*) a été réalisé en 2010 par Ladislav Kaboš.

19. Zygmunt Bauman, *Globalizace. Důsledky pro člověka*, Prague, Mladá fronta, 2000, p. 27.

mais aussi une uniformité de la culture vestimentaire et de la culture de l'embellissement.

L'exposition *Expo Shanghai 2010* a apporté également un autre événement intéressant intitulé *Les Slovaques mondiaux*. À la différence du précédent évènement, l'exposition des photographies au titre exceptionnel était centrée sur l'effet extérieur du *mondial*. L'auteur des photographies présentées est la photographe artistique slovaque Kristína Schreiberová qui a essayé dans sa recherche, personnelle et professionnelle, de trouver des parallèles entre les personnalités slovaques et mondiales à travers les similitudes de leurs portraits. Ses portraits artistiques ont tenté de répondre à plusieurs questions telles que : « qui est cette personnalité ? », « dans quelle mesure l'apparence globale de l'homme est-elle liée à son intérieur ? » et « dans quelle mesure l'apparence globale de l'homme influence-t-elle les qualités exceptionnelles de l'homme ? ». De ce fait, sur la base des rapports intérieurs perçus par l'auteur, ces portraits photographiés ont présenté les visages de différentes personnes, selon les critères d'âge, de profession et de sexe. C'est ainsi qu'on a pu observer des couples de personnalités, par exemple Maria Callas et Katarína Hasprová (chanteuse slovaque), Woody Allen et Ľudovít Jakubove (acteur et animateur slovaque surnommé *Mravec*, ce qui signifie *la fourmi*), Catherine Zeta-Jones et Petra Lajchová (designer).

Il est intéressant de noter que cette exposition a permis, avec la création culturelle-artistique de l'auteur, de rendre son milieu célèbre par chacune des personnalités photographiées. Le premier personnage est célèbre dans la dimension globale, le second créateur-artiste est connu dans la sphère locale. Ainsi, la frontière stricte entre les deux milieux n'existe pas. Le produit local dans un Shanghai de 19 millions d'habitants a fortement dépassé la désignation globale d'un pays de 5 millions d'habitants et on peut parler ainsi de relativité de l'objectivité.

La région Šariš en Slovaquie de l'Est est célèbre dans le monde entier grâce à Michal Bosák. Ce dernier a quitté son village natal à l'âge de 16 ans pour aller aux États-Unis avec un seul dollar en poche qu'on lui a volé pendant sa première nuit passée dans un asile de nuit américain. Mais il a investi son intelligence, son assiduité et tout son travail pour ouvrir une banque privée et ensuite devenir l'actionnaire et le président de la *National Bank* américaine, qui dispose du droit d'émettre des dollars. Aujourd'hui le billet de dix dollars porte la signature de Michal Bosák et cette personnalité est inscrite sur la liste des quatorze Slovaques les plus importants dans l'histoire des États-

Unis. On constate une synergie équilibrée chez Michal Bosák entre son lien étroit à ses racines natales, sa philanthropie, son soutien à la culture régionale (originelle locale), son professionnalisme de haut niveau, et son autorité reconnue mondialement.

On peut parler de l'importance perçue globalement aussi en citant des personnages tels que Karol Kállay (détenteur du titre EFIAP[20]) et Tibor Huszar (créateur des cycles photographiques monothématiques).

La production régionale est centrée sur des personnages sans précédent, mais on ne peut pas ignorer l'importance de la culture matérielle. Il s'agit surtout d'ouvrages matériels, palpables, de résultats d'activités humaines non instinctives, mais réfléchies et conscientes. La caractéristique dominante de ces activités humaines est sa grande diversité, et parmi les autres traits significatifs, on peut mentionner sa durabilité, son esthétique et sa valeur artistique.

Le patrimoine culturel matériel

Dans ce chapitre, nous voudrions présenter également deux aspects du patrimoine culturel. En premier lieu, il est intéressant de décrire un élément de la culture populaire locale qui a dépassé ses frontières régionales et qui a acquis une importance globale de longue durée dans le domaine du tourisme, de l'établissement culturel et de l'acquisition de nouvelles sources d'investissement. Il s'agit ici du village de Hervartov et notamment de son ensemble sacré en bois. Le village de Stará Bystrica[21] présente, en second lieu, un exemple concret du succès global, preuve du dépassement de la culture limitée localement. Ce village constitue un témoignage de la transformation d'une culture villageoise autrefois inexpressive en un village moderne et fonctionnel dans un contexte urbain, aujourd'hui aspirant au *Prix du patrimoine culturel de l'Union européenne* et au prix slovaque *Village de l'année*.

Le secret accompagne la vie de l'homme depuis le début de son existence et représente une partie fondamentale de son être. Le mystère contient presque toujours la dimension d'une question sans réponse, une certaine incertitude provoquant des efforts de

20. EFIAP pour « Excellence de la Fédération Internationale de l'Art Photographique ».

21. Cf. http://www.starabystrica.sk/index.php?option=com_content&task=view&id=207&Itemid=70.

recherche, mais aussi le plaisir de l'aventure d'avoir cherché, trouvé et reconnu l'essence du secret. C'est la raison pour laquelle les mystères attirent l'attention de l'homme sans égard pour le contexte historique et social, parce que l'homme est un être curieux et qui recherche la curiosité sans cesse, il a toujours besoin de sujets qui encouragent sa pensée et sa fantaisie. En général, on peut affirmer que le secret est le plus souvent lié à un personnage, à un objet, à un endroit ou à un événement, tandis que le degré et l'intentionnalité du mystère varient individuellement d'un cas à l'autre. La preuve de la présence du secret, sans limite temporelle ou spatiale, dans la vie de l'homme ou dans la vie de la nation, est conservée dans les histoires, dans les contes et dans les légendes au sujet de personnages, d'objets, d'endroits et d'événements mystérieux. De ce point de vue, on peut constater que cet aspect du mystère complète toujours l'identité de l'homme comme l'identité de la nation. De plus, le mystérieux, caché et surprenant, porte presque toujours l'attribut du local « ce que les générations ne transmettent pas par l'intermédiaire du code génétique, mais par l'éducation »[22].

La notion d'identité dans la globalisation

L'évolution de la société, le développement de la science et de la recherche, l'essor des moyens d'information et de communication, ainsi que le processus de mondialisation sont depuis plusieurs années des facteurs qui accentuent la nécessité de s'orienter plus sur la question de l'identité, notamment dans le domaine de la psychologie, de la philosophie et des sciences sociales. L'homme d'aujourd'hui vit dans un monde dont le changement permanent est une caractéristique très importante et c'est pourquoi l'homme moderne recherche ses racines, c'est-à-dire ses ancêtres, ses alliés semblables et son identité.

La notion d'identité vient du mot latin *identitas*, de *idem*, ce qui signifie le même. Il existe un bon nombre de définitions qui se distinguent les unes des autres par le fait que chacune souligne un aspect différent de l'identité. En général, on peut dire que si deux choses ont les mêmes caractéristiques, elles sont identiques, donc

22. Jolana Darulová & Katarína Koštialová, *Multikultúrnosť a multietnicita. Kontexty kultúry národnostných menšín na Slovensku*, Banská Bystrica, Ústav vedy a výskumu, 2010, p. 26.

l'identité est le caractère de deux objets de pensée identique[23]. L'identité de l'homme repose sur deux fondements, primordial et instrumental.

Le fondement primordial de l'identité est formé par tout

> « *ce qui vient de l'existence sociale de l'homme : les relations de parenté, la langue maternelle, les voisins, les hommes de mêmes nation et race, les coutumes et les traditions. Le fondement instrumental de l'identité est déterminé par l'appartenance de l'individu à de telles communautés qui peuvent lui apporter un profit, des avantages pratiques (surtout économiques et politiques). L'identité instrumentale est rationnelle, l'individu prend la société comme un instrument pour atteindre certains objectifs* »[24].

Comme l'affirme Ivan Chorvát[25], dans la société occidentale contemporaine, l'accent se déplace d'un fondement primordial de l'identité qui est donnée, solide, héritée et permanente vers un

---

23. Nombreux sont aujourd'hui les débats autour de la définition de l'identité nationale. La question des acteurs de la construction de cette identité n'en est pas moins importante. Pour Daniel Lefeuvre et Michel Renard, qui abordent le rôle de la République dans la construction de l'identité nationale française, cf. http://www.communautarisme.net/L-identite-nationale-et-la-Republique_a952.html, celle-ci est surtout « une construction historique faite de synthèse qui repose d'abord sur un héritage », c'est-à-dire « un produit historique » ou « une réalité construite par l'histoire et ancrée dans l'histoire » ; cependant l'identité nationale est loin d'être le résultat d'un processus spontané, car, en réalité, l'État y a toujours joué un rôle majeur, par exemple via son système d'enseignement. Ainsi, l'éducation joue un rôle très important dans la construction, mais aussi dans l'acceptation d'une identité nationale commune, avec l'instauration d'une instruction publique dotée de programmes nationaux et dont l'une des ambitions majeures est d'amener tous les jeunes, de toutes les origines sociales ou géographiques, à devenir des citoyens et à en concevoir de la fierté. Tel est aussi le rôle de l'université qui, en même temps, sert de « miroir d'une société qui est en évolution permanente ». Ce sujet est également abordé par Mária Roštecková & Radovan Gura dans « L'enseignement supérieur slovaque à la lumière des changements sociopolitiques des années 1989-1999 », in Radovan Gura et Gilles Rouet (dir.), *Les Universités en Europe Centrale, 20 ans après. Volume 1 : Transformations et enjeux. Universities in Central Europe, 20 years after. Volume 1: Transformations and Stakes,* Éditions Bruylant, Bruxelles, 2011.

24. Jan Průcha, *Interkulturní psychologie. Sociopsychologické zkoumání kultur, etnik, ras a národů,* Prague, Ed. Portál, 2004, p. 121.

25. Ivan Chorvát, « Diverzita, modernita, identita, multikulturalita... (Sociologický pohľad na možnosti skúmania diverzity v súčasnej spoločnosti) », in Alexandra Bitušíková, *Kultúrna a sociálna diverzita na Slovensku. (Štúdie, dokumenty, materiály) Teoretické východiská k štúdiu diverzity*, Banská Bystrica, Ústav vedy a výskumu Univerzity Mateja Bela, 2007.

fondement instrumental de l'identité qui permet à l'homme de la choisir et de la former, ce qui a pour conséquence la pluralité des identités. Cela veut dire que « chacun d'entre nous est constitué d'une multiplicité d'identités »[26] qui peuvent rivaliser entre elles et/ou se soutenir mutuellement. On distingue alors les identités nationale, collective, institutionnelle, culturelle, ethnique, religieuse, professionnelle, territoriale, idéologique, les identités liées aux loisirs, à la formation, à l'art de vivre et aux autres.

Parmi les types d'identités présentés ci-dessus, on trouve l'identité culturelle qui a intéressé de nombreux auteurs, par exemple Samuel Huntington[27], Ivan Chorvát[28], Emil Višňovský[29] et bien d'autres, qui soulignent son importance en comparaison avec d'autres types d'identité. L'identité culturelle désigne d'une part « l'ensemble des traits culturels propres à un groupe ethnique (langue, religion, art, etc.) qui lui confèrent son individualité », d'autre part « le sentiment d'appartenance d'un individu à ce groupe »[30]. En fait chaque communauté crée sa propre culture et chaque culture crée l'identité des membres de cette communauté. De plus, on peut ajouter que le sentiment d'appartenance à une communauté est un des besoins importants de l'homme[31].

Ainsi, l'identité culturelle peut être définie comme

> « *l'ensemble des attitudes, des habitudes, des traditions, des valeurs, des interprétations, des façons de penser, de sentir et d'agir (des modèles du comportement) qui caractérisent une certaine communauté et sont des produits collectifs et communs* »[32].

L'identité culturelle ainsi définie fournit la réponse à la question « qui sommes-nous ? » et constitue le cadre qui détermine le comportement de l'homme dans sa vie quotidienne.

---

26. Maurice Godelier, « La culture est devenue un enjeu politique », in *Le Français dans le Monde*, mars-avril 2010, n° 368, p. 8, Paris, CLE International.
27. Samuel Huntigton, *Střet civilizací. Boj kultur a proměna světového řádu*, Prague,. Rybka Publishers, 2001, p. 144.
28. Ivan Chorvát, *op. cit.*, p. 37.
29. Emil Višňovský, *Ľudská prirodzenosť a kultúrna identita*, pp. 7-8, accessible sur http://www.kvsbk.sav.sk/10rokov/visnovsky.htm.
30. Josette Rey-Debove & Alain Rey, *Le Petit Robert. Dictionnaire alphabétique et analogique de la langue française*, Paris, Dictionnaire Le Robert, 2004.
31. Helena Bálintová, « Úvod », in Helena Bálintová & Janka Pálková, *Koren(i)e kultúry*, Banská Bystrica, Univerzita Mateja Bela, 2009.
32. Ivan Chorvát, *op. cit.*, p. 37.

L'identité culturelle slovaque

Pour caractériser l'identité slovaque, il faut avant tout remarquer que l'identité slovaque est liée à la communauté slovaque qui vit au centre de l'Europe et qui est (et a toujours été) multiethnique et multiculturelle, ce qui explique justement la complexité de l'identité nationale slovaque. Il est donc impossible d'énumérer toutes les caractéristiques de l'identité slovaque. La base de l'identité slovaque est déterminée par le territoire de la Slovaquie, c'est-à-dire par la nature qui forme le cadre et qui se reflète dans la culture slovaque de manière matérielle, mais aussi spirituelle, car la nature inspire la création artistique et culturelle. Pour décrire le pays, on dit en Slovaquie « des Tatras jusqu'au Danube » (donc du Nord au Sud) et on peut ajouter que cette description du pays accentue deux éléments géographiques dominants, à savoir les montagnes et les forêts et la rivière Danube. Un exemple concret de ce reflet du pays dans la création artistique est la chanson *Horehronie*[33] qui est devenue célèbre en quelques jours. Cette chanson a représenté la Slovaquie au concours européen *Eurovision de la Chanson 2010*.

Parmi les caractéristiques matérielles de l'identité slovaque, on peut relever les œuvres artisanales et artistiques, par exemple les constructions architecturales, les sculptures, les peintures, les instruments musicaux traditionnels (*fujara*, *píšťala*, *cimbal*, *heligónka*)[34] et les instruments de la vie quotidienne passée qui ont aujourd'hui seulement une fonction décorative et/ou artistique (*valaška*, *kolovrátok*)[35], etc.

Il est également possible de mentionner les expressions culturelles de l'identité slovaque qui sont considérées comme traditionnelles et les plus représentatives, il s'agit du costume national utilisé dans les spectacles des groupes et des ensembles folkloriques, des habitudes traditionnelles (Noël, fêtes de Pâques), des coutumes (mariage), et particulièrement la danse, le chant et la musique populaires qui sont maintenus et propagés surtout par les ensembles folkloriques pendant les festivals en Slovaquie ou à l'étranger. C'est ainsi que les groupes folkloriques liés à des régions slovaques

33. « Horehronie » est la dénomination de la région du centre de la Slovaquie qui se trouve dans l'environnement de la rivière Hron. La chanson qui porte le même nom chante cette région et surtout la beauté de la nature, notamment de ses arbres.

34. Respectivement longue flûte typique inscrite au patrimoine mondial de l'UNESCO, sifflet, cymbalum et sorte d'accordéon diatonique (NDÉ).

35. Respectivement hachette à long manche et rouet (NDÉ).

concrètes, par exemple *SĽUK*, *Lúčnica*, *Marína*, *Železiar*, *Technik*, *Vranovčan* et d'autres, favorisent la perception globale de la culture populaire locale.

En dernier lieu, il est impossible d'oublier la création culturelle et artistique contemporaine, abondante et très variée, qui n'est pas seulement liée aux expressions culturelles traditionnelles de l'identité slovaque, mais (heureusement) qui essaie de les dépasser et de former ainsi une nouvelle dimension de l'identité nationale. Dans ce contexte il faut souligner l'importance du projet *Capitale européenne de la Culture*[36] qui constitue la base matérielle, stratégique et financière pour joindre la tradition avec la création contemporaine, pour les propager comme représentants de l'identité slovaque et pour favoriser la perception globale de la création culturelle locale.

Le patrimoine culturel de la nation

Dans tous les cas, il faut se rendre compte que le patrimoine culturel est très étroitement lié à l'identité. Par cette notion de patrimoine culturel, on entend les monuments culturels matériels, mais aussi les valeurs spirituelles et la connaissance de l'histoire de son pays.

> « *Le patrimoine culturel de la République slovaque est la richesse irremplaçable de l'État et de ses citoyens, il prouve l'évolution de la société, de la philosophie, de la religion, de la science, de la technique, de l'art, il documente le niveau de formation et de culture de la nation slovaque, des autres nations, des minorités nationales, des groupes ethniques et des individus qui vivent ou ont vécu sur le territoire de la Slovaquie* »[37].

Ce qui importe, c'est que les domaines du patrimoine culturel soient équivalents et constituent une partie inséparable du patrimoine culturel de l'Europe et du monde entier.

De plus, selon Darulová, « *le patrimoine culturel représente un potentiel exceptionnellement riche qui est présent et agit d'une manière très forte à chaque niveau de la chaîne de construction de l'identité (personnelle, citoyenne,*

---

36. En 2013, la ville de Košice portera le titre de *Capitale européenne de la Culture* en parallèle avec Marseille.

37. *Deklarácia národnej rady Slovenskej republiky o ochrane kultúrneho dedičstva* accessible sur http://www.culture.gov.sk/kulturne-dedicstvo/ochrana-pamiatok/legislativa/zkony/dekl, (30/03/2010).

nationale, mais aussi européenne) »[38]. La défense du patrimoine culturel semble être, d'après notre opinion, l'un des moyens pour conserver et propager l'identité nationale slovaque dans le cadre européen, mais aussi mondial.

La défense du patrimoine culturel slovaque s'articule avec le projet de convention pour protéger le patrimoine naturel et humain, connue sous le nom *World Heritage – Patrimoine Mondial*, adoptée à la conférence générale de l'UNESCO le 16 novembre 1972 à Paris et qui constitue un tournant important de l'Histoire. Cette convention assure la défense, le maintien et la propagation des sites dits culturels ou naturels importants pour l'héritage commun de l'humanité. Aujourd'hui, 890 sites sont répertoriés, répartis dans 148 États. En République slovaque, plusieurs sites ont été inscrits sur cette *Liste du patrimoine mondial.* En premier lieu, ce sont la ville de Banská Štiavnica, le château de Spišský hrad et le village de Vlkolínec inscrits en 1993, ensuite les grottes de Slovenský kras inscrites en 1995 et 2000, le centre historique de la ville de Bardejov inscrit en 2000, Bukové pralesy Karpát (les forêts vierges de hêtres des Carpates) dans le Parc national Poloniny et Vihorlat. Enfin, huit églises en bois ont été inscrites sur cette liste en 2008[39].

Les églises en bois

Tous les sites slovaques cités ci-dessus reflètent l'identité nationale, notamment ses expressions culturelles locales, et constituent un moyen de la conserver et de la propager dans l'espace européen et mondial. En particulier, les églises en bois sont une preuve importante des manières de vivre de nos ancêtres, de leurs valeurs, de leur mode de vie et de leur identité. Les conditions naturelles de la Slovaquie ont déterminé l'emploi du bois comme matériau fondamental et le plus utilisé pour les constructions. Il est évident que le bois a été utilisé non seulement pour les demeures simples, mais aussi pour les constructions sacrées. Toutes les églises en bois (dont seulement une cinquantaine est conservée de nos jours) présentent des caractéristiques communes où les traditions slovaques,

38. Jolana Darulová, « Sociálny a kultúrny rozmer trvaloudržateľného rozvoja v oficiálnych dokumentoch Slovenskej republiky », in Alexandra Bitušíková, *Kultúrna a sociálna diverzita na Slovensku. (Štúdie, dokumenty, materiály) Teoretické východiská k štúdiu diverzity*, Banská Bystrica, Ústav vedy a výskumu Univerzity Mateja Bela, 2007, p. 66.
39. Il s'agit des églises qui se trouvent dans les villes et villages suivants : Ruská Bystrá, Ladomirová, Bodružal, Tvrdošín, Hervartov, Kežmarok, Hronsek et Leštiny.

architecturales et artistiques, constituent une base complétée par les expressions des représentations des ethnies et donc aussi des cultures locales qui coexistaient avec la communauté slovaque sur le même territoire (à peu près celui de la Slovaquie actuelle) au centre de l'Europe. Selon le critère confessionnel, on distingue trois types d'églises en bois. En premier lieu, les églises construites durant la seconde moitié du XVe siècle et représentant l'architecture sacrée de provenance occidentale (latine) de l'Église catholique romaine ; ensuite, un second type exceptionnel et unique d'églises en bois avec les églises protestantes dites « articulaires » construites à la fin du XVIIe siècle et au début du XVIIIe siècle ; finalement, un troisième type d'églises en bois représentent les constructions appelées « *cerkvy* » qui sont « l'exemple spécifique d'objets sacrés de l'Église catholique orientale »[40].

Comme ces églises sont bâties en bois, souvent sans emploi de clous, elles sont complètement soumises à l'environnement où elles se trouvent, le plus souvent sur un lieu élevé au centre du siège de la communauté, pour former un ensemble harmonieux avec la nature tout en remplissant, grâce à leur enclos, une fonction défensive. Les églises en bois forment l'image de la vie religieuse et de la pratique de la croyance chez les villageois à leur époque. En dehors de leur fonction sacrée, les églises ont été des lieux de rencontre, de communication interactive, de partage mutuel, donc de solidarité au niveau local. Actuellement la majorité de ces églises sont « vivantes », car elles remplissent toujours leur fonction primordiale, c'est-à-dire qu'elles sont des lieux de culte et de différentes réunions des croyants et c'est ainsi qu'elles contribuent à renforcer les liaisons entre la vie contemporaine et l'histoire de la Slovaquie.

L'inscription de huit églises en bois sur la *Liste du patrimoine mondial* a eu un impact considérable et représente une redécouverte de l'identité nationale et un retour vers nos ancêtres. Tout d'abord les églises ont attiré l'attention des personnes et des médias et sont ainsi devenues des destinations pour les touristes, slovaques et étrangers. Après leur inscription sur la *Liste* en 2008, les visites des églises ont augmenté de 20 % et on constate une croissance du nombre de touristes étrangers, en particulier des Polonais, des Français, des Allemands et des Belges, qui visitent ces églises et les régions alentour.

---

40. Miloš Dudáš, Ivan Gojdič & Margita Šukajlová, *Drevené kostoly. Kultúrne krásy Slovenska*, Bratislava, Ed. Dajama, 2007, p. 5.

La beauté mystérieuse de l'église en bois de Hervartov[41]

L'église catholique romaine gothique de Saint François d'Assise de Hervartov a été construite pendant la seconde moitié du XVe siècle, à peu près une centaine d'années après la fondation de ce village de l'Est de la Slovaquie par les migrants allemands venus de Silésie. D'après les spécialistes[42], l'architecture sacrée en bois représente, par son originalité et par sa qualité technique et artistique, un bijou de l'architecture populaire locale. Pour Viktor Miškovský, spécialiste des monuments historiques du XIXe siècle, « la beauté extérieure, le caractère gothique et les peintures intérieures n'ont pas d'équivalent dans toute la Haute Hongrie ». Cette église est une des plus anciennes églises en bois conservées en Slovaquie. Pendant plusieurs siècles, l'église de Hervartov a connu de nombreuses modifications, mais l'extérieur de la construction est resté presque intact et les aménagements intérieurs ont surtout été liés au type d'Église qui s'y était installée. En effet, cette église a tout d'abord été catholique romaine puis, pendant la Réforme, elle est devenue protestante et a alors connu pendant 150 ans d'importants changements de décoration intérieure.

La valeur artistique et culturelle de l'église est surtout liée aux éléments à l'intérieur, ouvrages gothiques ou gothiques-Renaissance produits durant la période 1460-1525. Aujourd'hui, le sanctuaire est dominé par le maître-autel avec des peintures de la Vierge, de Saintes, des rois de l'Ancien Testament Salomon et David et des prophètes Elie, Habacuc, Daniel et Jonas. La beauté mystérieuse du maître-autel n'est pas contrariée par la copie en bois des volets originaux de l'autel qui en complètent de manière élégante la composition harmonieuse. Les volets originaux existent toujours et sont désormais conservés à la Galerie nationale hongroise.

La construction sacrée de Hervartov contient des compositions figuratives particulières peintes par Andrej Haffčík de Bardejov. Ces peintures ont été créées à la manière des Gobelins, encadrées de bordures et présentent des scènes de la Bible[43]. Tous ces tableaux contiennent des citations en latin, en tchèque biblique et en slovaque[44].

La beauté mystérieuse de l'extérieur et de l'intérieur de l'église en bois de Hervartov a donc été reconnue, au niveau local et global, par sa reconnaissance en 1998 comme monument culturel national puis par son inscription en 2008 sur la *Liste du patrimoine mondial.*

41. Cf. http://www.hervartov.sk/kostol/slovak/opis.htm.

42. Zuzana Beňušková *et al.*, *Tradičná kultúra regiónov Slovenska*, Bratislava, Veda, 2005. & *Hervartov–Šiba–Uscie Gorlicki, Exkurzia minulosťou cez prítomnosť do budúcnosti*, Obec Hervartov, Print-ex, 2006.

43. Les scènes *Adam et Ève dans le jardin d'Éden*, *La Parabole des vierges sages et folles* et *Le combat de Saint-Georges contre le dragon.*

44. Du point de vue historique, il faut souligner l'importance de l'inscription dédicatoire qui est la preuve que ces tableaux ont été faits à la commande de Prokop Kundrát et de son épouse.

On peut également mentionner l'augmentation du nombre de messes et de mariages dans ces églises en bois. De plus, une valorisation créative et intéressante des villages avec les églises en bois se réalise avec la publication de livres, de CD et de sites sur Internet.

Il existe ainsi un concours organisé par le Club des Photographes du Syndicat slovaque des Journalistes, *Le plus beau calendrier de la Slovaquie 2010*, et dont un des gagnants a été le calendrier publié par la Banque Nationale de Slovaquie avec « *les bijoux en bois de l'architecture* ». Ce calendrier présentait justement les églises en bois inscrites sur la *Liste du patrimoine mondial*. Finalement, le développement de l'infrastructure, la construction de lieux d'hébergement et de restauration pour les touristes, la construction de parkings dans l'environnement des églises sont aussi des preuves de l'expansion des villages concernés.

Exemple d'expansion culturelle locale avec impact global

Chaque ville et village dispose d'un endroit mystérieux qui est intéressant pour les habitants comme pour les visiteurs. La localité attire ainsi l'attention par son pouvoir énigmatique, par sa légende et son histoire. Cela peut être une construction en pierre empreinte d'histoire, une croix près d'une route, une chapelle cachée entre de vieux tilleuls ou un puits ordinaire et à la fois extraordinaire par son *eau vivante*. Ces endroits se trouvent aussi dans le petit village situé dans la Slovaquie du Nord-Ouest, presque à la frontière de la Pologne dans les montagnes pittoresques des Beskides des régions Kysuce et Orava, le long d'une rivière éponyme. L'exemple du village de Stará Bystrica est significatif de ces mystères attractifs.

Une des encyclopédies réputées décrit Stará Bystrica ainsi :

> « *le village se trouve dans la région de Žilina [...], éloignée de 231 km de Bratislava, sa superficie est de 3 691 ha. Parmi les monuments importants du village, on trouve l'église, la chapelle baroque-classique, la croix de 1832, la cure en baroque tardif* »[45].

Le village a fait l'objet d'un énorme développement, notamment depuis 1989, comme beaucoup d'autres municipalités en Slovaquie, et dans ce contexte il est souhaitable de souligner surtout les transformations matérielles et spirituelles, culturelles et artistiques.

---

45. Collectif, *Ottova encyklopédia Slovensko A-Ž*, Bratislava, Ed. Ottovo nakladateľstvo, 2006, p. 821.

La dernière décennie a laissé dans le village de Stará Bystrica une marque de civilisation et une trace profonde esthétique. Les sages décisions, les attitudes réfléchies et les visions du management de la municipalité ont amené le village à un niveau qui peut être soumis aux critères les plus stricts des standards européens et on ajoute que Stará Bystrica a obtenu le titre de *Village le plus prospère de Slovaquie*[46].

Aujourd'hui, le village de Stará Bystrica a plus de 2 500 habitants. Le blason de ce village a été créé en 1784 et représente une biche timide en train de sauter devant un fond rouge, accentuée par un plantain vert, ce qui exprime de manière parfaite la relation étroite entre l'habitant et la nature locale, compagne de tout temps pendant la difficile recherche quotidienne de nourriture. La beauté et la timidité forment une symbiose admirable avec la nature. Le message du blason est donc éternel, exprimant d'une part la modestie et l'humilité des habitants locaux devant Dieu et la nature, d'autre part la fierté, l'amour du travail et la capacité de se préoccuper de sa famille (souvent nombreuse).

L'église de l'archange Saint-Michel, construite en 1667, domine le village. Les habitants de Stará Bystrica se déclarent majoritairement croyants de confession catholique. Du fait des conditions naturelles géographiques, l'église a tout d'abord été réalisée en bois puis, à cause des conditions climatiques, couverte de bardeaux. Malheureusement les peintures, les calices, les livres et tout l'inventaire de l'église ont été perdus pendant un incendie. L'église a alors été reconstruite dans le style de l'architecture néo-gothique de la fin du XIXe siècle et aujourd'hui cette construction sacrée est considérée comme la plus grande et la plus belle de la région de Kysuce. À proximité de l'église se trouve, depuis 1940, le bâtiment de l'administration paroissiale dont le plan a été tracé par Vladimír Ondrušek. Près de l'église, une sculpture en pierre représentant Jésus Christ sur la croix a été réalisée en 1884 par un tailleur de pierre anonyme. Elle côtoyait auparavant le chemin vers l'ancien cimetière qui a conservé de précieuses traces de l'époque sous la forme de monuments funéraires, riche source d'informations. À l'intérieur de l'église s'élève une grande croix missionnaire en bois sur laquelle sont inscrites les années des missions populaires, dont la plus ancienne date de 1896. Devant la croix est installée une sculpture de la Vierge Marie avec les mains en prière et voilée dans un manteau bleu indiquant la terre.

---

46. Pavol Holeštiak, *Sú Kysuce súce? Netuctový tucet*, Martin, Ed. Matica slovenská, 2009.

La vie spirituelle des habitants de Stará Bystrica a évidemment été continuellement liée au quotidien. La paroisse du village compte plus de 4 000 croyants ce qui dépasse le nombre d'habitants de la municipalité : les cérémonies de baptême, de première communion, de confirmation, de mariage développent et renforcent les valeurs chrétiennes des habitants et deviennent de forts points de liaison non seulement de la solidarité chrétienne, mais aussi de la solidarité civile.

La première (et seule) horloge en Slovaquie

Jusqu'en 2005, l'horloge astronomique de Prague a attiré l'attention de milliers de visiteurs du monde entier dans la capitale de la République tchèque. Les touristes, comme les visiteurs occasionnels de cette métropole observent avec enthousiasme le défilé des 12 apôtres accompagné par la sonnerie de la Mort et conclu par le chant du coq d'or. L'horloge de Prague a été construite en 1410 et donc a déjà célébré ses 600 ans d'existence pendant lesquels elle a illustré le dépassement des frontières de l'importance locale par sa perception et sa reconnaissance globale.

Depuis 2005, on peut admirer également une horloge exceptionnelle en Slovaquie, justement dans la zone centrale du village de Stará Bystrica déjà mentionné ci-dessus. Les auteurs de l'horloge sont le sculpteur Viliam Loviška et l'architecte Ivan Jarina. Le lancement de cette horloge est devenu pendant un seul mois l'événement phare en Slovaquie et 40 000 visiteurs sont venus l'admirer. La radio et la télévision ont dédié à cet ouvrage exceptionnel une attention inattendue, sans équivalent jusqu'alors. L'horloge est ensuite devenue le symbole du village et de la localité de Kysuce, ainsi qu'une occasion de revitaliser le tourisme dans la région. Ceci implique l'idée du changement de la perception globale du village de Stará Bystrica. Avant, le village était représenté par un troupeau de moutons pâturant, par des femmes en costumes traditionnels, par des magnins quittant la localité à la recherche de travail et par des petites maisons dissimulées en état de délabrement. La présentation de l'horloge après un énorme développement du village a eu pour conséquence d'attirer les journaux télévisés des médias publics qui ont commencé à présenter Stará Bystrica comme une municipalité moderne et fière qui pouvait prétendre à une digne insertion dans l'espace culturel de la Slovaquie.

La composition de l'ouvrage *L'horloge sur la place centrale* (*Orloj na rínku*) présente la Madone assise (Notre-Dame-les-Sept-Douleurs étant la patronne de la Slovaquie), la plus grande sculpture en bois de toute la Slovaquie. Dans le bâti de l'horloge se trouvent six sculptures en bronze : le roi des anciens Slaves Svätopluk avec sa couronne royale, le fondateur de la langue slovaque actuelle Ľudovít Štúr, le personnage principal du mouvement national slovaque Andrej Hlinka, le duc Pribina avec son épée à la main, le premier codificateur de la langue slovaque Anton Bernolák et le général Milan Rastislav Štefánik. L'horloge contient aussi sept sculptures des apôtres slovaques dont l'auteur est le sculpteur sur bois Peter Kuník[47].

Le cœur de l'horloge est l'astrolabe, un cadran avec des données astronomiques, qui est un mécanisme astronomique et horloger très compliqué. Le coloris du cadran présente les symboles des phases d'une journée : la nuit en noir, le début du jour et le crépuscule en rouge, le jour en bleu. À la différence de l'horloge de Prague, celle de Stará Bystrica montre le temps solaire, et également la position et la phase de la lune ainsi que la position du soleil dans le zodiaque. La tour de l'horloge est décorée par deux cloches dont une sonne l'heure et l'autre sert d'accompagnement acoustique pendant le défilé des apôtres. En définitive, cette construction est imposante par sa qualité artistique, mais aussi par ses dimensions, les côtés de la construction mesurant 80 mètres.

> « *La culture nationale contient des éléments uniques de la culture propre à une certaine nation dans sa structure spécifique. Chaque culture nationale possède aussi des éléments de différenciation qui se distinguent des autres nations et des éléments d'intégration qui relient la culture donnée aux autres nations. La culture nationale se distingue de la culture populaire malgré le fait que les deux aient un bon nombre de caractéristiques communes ; à la différence de la culture populaire, la culture nationale est spécifique par la tendance de son intégration consciente dans le cadre du programme national* »[48].

Ainsi, la culture de caractère local profite de sa position dominante dans son espace d'action, mais relève aussi l'ambition d'entrer en contact avec le plus grand nombre possible de personnes

---

47. Les destins des saints portraiturés sont étroitement liés au sort de la Slovaquie : Saint Cyrille, Saint Méthode, Saint André Svorad, Saint Benoît, Saint Gorazd, Saint Bystrík et Saint Vojtech.

48. Jolana Darulová & Katarína Koštialová, *Multikultúrnosť a multietnicita. Kontexty kultúry národnostných menšín na Slovensku.* Banská Bystrica, Ústav vedy a výskumu, 2010, p. 43.

dans le but d'obtenir un certain profit social, financier, culturel, touristique, etc.

Cette compréhension du local avec sa connotation globale contient alors tous les efforts de nos ancêtres, mais aussi de nos contemporains, dans le domaine du potentiel spirituel et matériel avec l'ambition de propager leur intégrité et leur identité pour laisser une trace dans la pierre, dans le bois et dans la pensée d'aujourd'hui et *in perpetuum*.

La production locale est liée à un certain endroit limité par des frontières qui forment un espace restreint dans le sens matériel et concret. Avec la mondialisation, l'espace social s'élargit dans le sens de la mobilité quand les participants quittent leur endroit habituel et dépassent les limites territoriales. Les produits de leurs activités et les éléments de la culture matérielle et spirituelle, résistent à la réception locale, car l'identité locale change et on constate l'ouverture de l'offre de nouvelles identités transformées. Dans ce cas, il s'agit déjà de relation entre local et global, partiel et universel, le rapport n'a plus de caractère antagoniste, mais il est transformé en un corrélat synergique. La mondialisation diminue l'espace *a minima*, augmente la tendance au détachement du *geni* et du *loci*. L'importance de l'espace local est réduite, sa valeur se relativise.

L'effort sans critique pour la mondialisation et l'ignorance de la culture locale peuvent avoir des conséquences négatives pour la perception de la tendance souvent désignée comme « impérialisme culturel ». De même, la louange du local, de la couleur partielle peut mener cette culture à une impasse. C'est pourquoi il est nécessaire de trouver un consensus de temps, de contenu et de société, de se rendre compte de la mesure de l'importance de ses propres particularités et du besoin de rejoindre le local et le global, comme de tenter une continuité de la gravité de la production locale qui résulte dans la perception globale. Cela existe dans la philosophie (créée dans des conditions locales concrètes de réflexion philosophique individuelle), dans la culture matérielle (qui caractérise la culture de la société, reflète les besoins et les fonctions locales), dans l'art (qui est formé sur la base de motifs sociaux et culturels). La perception globale est issue du relativisme local mentionné pour être acceptée comme univers.

Les éléments de la production locale sont souvent appliqués avec un écart temporel et spatial et prennent la forme d'une perception divergente sans perdre en qualité. La production locale de quoi que ce soit doit quitter ses frontières, la dichotomie local–global doit être dépassée par la possibilité de l'hétérogénéité des cultures, par l'existence des catégories transculturelles et c'est ainsi que les paradoxes du local rigoureux et de la mondialisation toute-puissante seront éliminés.

Helena Bálintová & Janka Pálková

Bibliographie complémentaire

Bednárik, Rudolf, *Slovenská vlastiveda II, Duchovná kultúra slovenského ľudu*, Bratislava, Ed. Kníhtlačiarsky účastinársky spolok v Turč. Sv. Martine, 1943.

Dubovický Oskár & Ján Podmanický, *Stará Bystrica a okolie*, Bratislava, Ed. Print-Servis, 1998.

Eichler, Jan, *Mezinárodní bezpečnost v době globalizace*, Prague, Ed. Portál, 2009.

Fox, Jeremy, *Chomsky a globalizace*, Prague, Ed. Triton, 2003.

Horváthová, Emília, *Úvod do etnológie*, Bratislava, Université Comenius, 1995.

Husák, Gustáv *et al.*, *Slovenská kultúra a osveta na prahu socializmu*, *Zborník článkov a prejavov o kultúrnej politike*, Bratislava, Ed. Obzor, 1979.

Koštiaľová Katarína, *Človek - profesia – rodina*, *Kapitoly z urbánnej etnológie*, Banská Bystrica, Ed. Ústav vedy a výskumu, 2009.

Král, Miloslav, *Civilizace a mravnost, Prospektivy moderní civilizace. (Člověk v proměnách kosmického času)*, Prague, Ed. Ideál, 2010.

Martinec, Martin, « Šesťstoročný », in *Plus 7 dní*, rubrique Histoire, pp. 52–54, 22.10.2010.

Mezřický, Václav, *Globalizace*, Prague, Ed. Portál, 2003.

Podmanický, Ján, *Kysucké povesti*, Martin, Ed. Matice slovenskej, 2002.

Šalgovičová, Jana *et al.*, *Kultúra a spoločnosť*, Bratislava, Ed. nakladateľstvo Pravda, 1986.

Šmajs, Josef, *Ohrozená kultúra*, *Od evolučnej ontológie k ekologickej politike*, Banská Bystrica, Ed. Pro, 1997.

Tkáč, Vladimír, *Průvodce poklady UNESCO*, Olomouc, Ed. nakladatelství FontÁna, 2006.

UMB, Pedagogická fakulta, *Kultúra-Umenie-Vzdelávanie, Zborník z medzinárodnej vedeckej konferencie*, Banská Bystrica, Ed. UMB PF, 2009.

Chapitre 2

Culture-Création-Culture

Que la globalisation soit positive ou négative, il est nécessaire d'avoir une attitude critique face à ses contenus et de les valoriser. Les contenus doivent être riches en variétés, nourrir la connaissance et la mémoire et avoir la possibilité d'être transmis en langage clair, ordonné, spécifique, généraliste et motivant.

Comment penser le couple local/global dans ses rapports à la culture et à la création ?

Le butin du déclassé

La globalisation s'adresse de façon globale à une société qui peut être plus ou moins massifiée : la globalisation et la massification sont des aspects différents. La globalisation est un mouvement ou une intention, la massification est un fait - massifier signifie effacer les différences. La globalisation est un fait dynamique et la massification un fait statique. Les messages de la globalisation tendent à être acceptés par la masse : un message positif, enrichissant, produira un effet positif et enrichissant. Un message qui tend à homogénéiser en effaçant les différences et en étant dépourvu de variétés supprime les libertés, les préférences, les catégories : il perd de l'attrait.

Une masse acritique saura difficilement voir les différences entre les contenus de chaque essai globalisant et acceptera passivement le message de la globalisation.

Un message positif aura comme conséquence et résultat une masse moins passive, plus critique, plus riche en connaissances contenues et en attente ; dans cette masse, commenceront à émerger des « individus » qui, grâce au message reçu, essaieront d'arrêter de faire partie de cette masse : ils seront « déclassés et déracinés ».

Jusqu'à maintenant ces « individus déclassés », qui sont sortis de la masse et admis dans les minorités, se forment presque automatiquement et en grande partie grâce aux moyens de communication pris comme exemple, presque comme idole, pour la masse dont ils proviennent ; ils restent presque toujours dans la nouvelle classe à laquelle ils ont accédé. Nous proposons ici une nouveauté très importante : ces « déclassés » sortis de leur environnement par leur effort, transmettent à ceux avec lesquels ils étaient, dans un acte de générosité, le butin intellectuel, émotionnel et surtout culturel qu'ils ont acquis, puisque nous considérons ce déclassement comme un voyage et que, comme tout voyage, c'est une forme de connaissance que produit ce butin comme un produit culturel. De cette façon, le déclassé peut réussir, grâce à la transmission de ce butin, de ce savoir, à ce que son histoire se répète avec d'autres futurs déclassés. Cette répétition dans l'espace et dans le temps ferait que cette masse serait moins un fait local et mineur à chaque fois, étant donné que le déclassement est un acte volontaire et individuel qui consiste à avoir choisi un mode de vie et des idéaux qui, de façon automatique, placent cet individu dans un autre statut (surtout culturel).

Il reste clair que les raisons et les conséquences presque toujours douloureuses de ces déracinements sont différentes si le déracinement est volontaire, ou presque, ou si le déracinement est forcé et dramatiquement nécessaire.

S'il est volontaire, il arrive accompagné de défenses et de valeurs qui ne sont pas seulement culturelles (mais elles le sont tout de même et cela a une grande importance), mais aussi sociales et économiques ; elles faciliteront en grande partie son adaptation au nouveau moyen avec lequel il échangera ces connaissances et ces valeurs. En réalité, ils viennent d'une minorité et s'intègrent à une autre minorité ou élite. Si le déracinement est involontaire, il arrive dépourvu de telles défenses : nouvelle langue, nouvelles coutumes, nouvelles valeurs, environnement différent au sien, absence de liens familiaux, une nouvelle culture avec des traditions différentes. En échange de ces absences, son unique défense est l'offre de son travail, qui est le produit qu'il apporte, en provenance d'une masse et qui s'intègre à une autre masse.

Dans un cas comme dans un autre, les aspects négatifs dont souffre le déraciné se voient réduits par une permanence légère, mais persistante de ses origines : il s'intègre dans des groupes de même provenance, culture, ethnie, langue, religion, folklore, concept familial, métier, gastronomie, etc. D'où les ghettos dans lesquels ils s'intègrent. Les enfants de ces déracinés, de façon automatique et non consciemment, souffrent moins de ce déracinement. Ils grandissent et se développent dans le nouvel environnement avec une dualité dans tous les aspects : identité, culture, éducation, langue, divertissement, etc. Jusqu'à arriver à sentir comme leurs ces nouvelles circonstances vitales.

Les masses dont ils proviennent sont différentes, certains de ces déracinés arrivent, avec des efforts, de la volonté et du temps, à être les nouveaux déclassés du pays d'adoption. Tout cela peut arriver grâce aux connaissances en général et à la culture en particulier. Ces cas auront toujours un double caractère, une double identité. De fait, ces incorporations, indépendamment de leurs causes, peuvent se convertir en un enrichissement de la culture en général[49].

Le local & le global

Les considérations antérieures démontrent que l'opposition entre le global et le local est plus apparente que réelle, et que les termes « global » et « local » sont plus complémentaires qu'opposés : ils s'enrichissent mutuellement.

La globalisation est logiquement un phénomène global, peut-être imparable, aussi vieux que l'humanité. L'histoire de la planète, une fois habitée par l'homme, est une globalisation continue dans l'espace et dans le temps, à une vitesse et un tempo en accord avec notre histoire biologique. La nouveauté relative aujourd'hui est une accélération progressive de cette vitesse et une augmentation, progressive également, de son extension. Nous avons ailleurs montré que « la nouveauté, c'est la vitesse et la pression avec lesquelles on veut nous imposer cette globalisation »[50].

Le problème de l'universel (global) et du particulier (local) est présent dans notre société depuis toujours. La connaissance de la culture déjà existante caractérise la culture à faire ; tout passé depuis notre présent influence notre futur. Chacune de ses deux réalités a des caractères différents. À l'origine, le local naît dans le champ de la culture, la tradition, l'histoire, en somme de l'humanisme, touché par l'émotionnel et l'instinct de l'individu. Au contraire, le global naît depuis des collectifs rationnels, chaque fois plus nombreux, plus conscients, plus organisés, plus efficaces, en politique, en économie, en technologie ; en somme, depuis le pouvoir et les faits consommés.

---

49. Amin Maalouf, *Les identités meurtrières,* Paris, Grasset, 1998.

50. Notre texte, in *Arts, Cultures & Politiques,* sous la direction de François Soulages, Paris, L'Harmattan, coll. Local & global, 2012.

Le local ne vise pas un but prédéterminé, il s'agit plutôt de recevoir et de transmettre en conservant son identité et ses limites ; le global a, lui, des objectifs concrets et il se déplace précisément vers eux. En conséquence, on peut observer que ces deux réalités, locale et globale, ont des caractères différents et par conséquent, qu'elles se produisent avec des outils et des modes distincts. Dans le local, la culture est moins changeante, plus statique, et elle s'accorde avec sa nature. Le global est plus dynamique, expansif, investigateur et il apporte plus de nouveautés et repousse plus de limites.

À ce jeu du donner/recevoir, le local donne au global des caractères propres minoritaires, partiels et avec une certaine dose de nouveauté ; mais, en même temps, le global ajoute, donne au local des caractères nouveaux parce qu'ils sont plus nombreux et partagés par un plus grand nombre ; les deux termes, global et local, gagnent et perdent, mais, dans le fond, le conflit apparent n'est pas le même pour les deux : le local enrichit le global avec une plus grande nuance et ce dernier (le global) communique au local une plus grande quantité de nouveautés, plus d'uniformité de ses éléments et il ne lui apporte pas seulement des nouveautés, sinon plus d'armes ou d'artefacts intellectuels, et maintenant technologiques, qui se confondent avec une nouvelle espèce de « néo culture ». Cela devient, au fond, un problème de quantité et de qualité, et, plus encore dans le fond, un problème d'extension et de profondeur, un problème quantitatif : le local est mineur, mais plus caractérisé. Le global gagne en extension ce qu'il perd en profondeur, en particularité, en personnalité. Mais l'histoire nous montre, sans aucun doute, que le global remporte la partie.

La même histoire est, presque toujours, une généralisation progressive, contre laquelle l'individu (ultime refuge du local) essaie de résister, mais finit par se rendre à la fin. Le global est chaque fois plus abstrait, plus attirant, en plus grand nombre et il se nourrit du local qui, peu à peu, s'abandonne face à l'avancée toujours plus forte du global, avec des épisodes de résistance chaque fois plus courts.

Les créateurs artistes

Ces considérations généralistes, dans les deux réalités, le local et le global, ont leurs protagonistes concrets que nous appelons créateurs dans le monde de l'art. Comment la globalisation affecte-t-elle les créateurs ?

Une des conséquences les plus importantes de la globalisation est que, par son propre caractère, elle va réduire chaque fois un peu plus les possibilités d'un créateur absolument individuel, libre, autonome, indépendant, qui agit en marge de cette globalisation. Cette réduction de l'individu et l'augmentation constante du collectif représente, d'après nous, une perte dramatique de l'individualité avec ses connotations de nature, liberté, instinct, intuition, bref, comme une perte de son identité. Cette annulation progressive des valeurs du local peut représenter un danger pour l'équilibre entre le local et le global.

Claude Lévi-Strauss écrit dans *Mythe et signification :*

> « *Dans l'actualité nous nous trouvons menacés par la perspective de rester de simples consommateurs, des individus capables de consommer n'importe quoi, sans se soucier de quelle partie du monde ni de quelle culture ça provient, et dépourvus d'originalité* ».

Ceci fut publié en 1987 ; depuis cette époque jusqu'à aujourd'hui, la menace n'a cessé d'augmenter.

Allons-nous vraiment sur le chemin du global, de la mondialisation, vers la perte de notre identité ? Dans une espèce de dissolution, dans le tout plus ou moins nirvanique ? Et s'il en est ainsi, est-ce un bien ou un mal pour l'homme, et par extension, pour l'humanité ? Et, surtout, - question capitale - que pouvons-nous faire pour éviter, ou du moins conditionner, ce destin collectif prévisible ? On peut compléter le panorama en se demandant comment le créateur est affecté par la globalisation, en trouvant positif le fait que la globalisation soit proportionnelle au créateur : nouvelles attitudes mentales, nouveaux processus de travail, matériaux, mécanismes, destinataires et finalement nouveaux produits. En définitive, un enrichissement de la création.

Analysons, ou du moins essayons d'analyser, comment nous sommes arrivés à cette situation, et quels en ont été les éléments et leurs étapes. Les quatre grandes nouveautés des deux cents dernières années sont :

- d'abord, l'ascension à la tribune publique d'immenses foules qui ont de la voix et le droit de vote dans le forum social et mondial, par le biais de systèmes politiques représentatifs qui favorisent et défendent justement ces voix et ces votes (eux-mêmes justes) ;

- ensuite, l'apparition, et surtout, l'augmentation en extension et en pouvoir des moyens de communication, qui reçoivent ces voix et ces votes et qui, en même temps, les conforment, les représentent et les modèlent ;

- puis, conséquence de la deuxième nouveauté, la grande connaissance des problèmes, propositions de solutions, fronts contre le système à l'échelle planétaire, qui suppriment les frontières, les limites, les différences, les barrières et qui font apparaître en scène des aspects insoupçonnés, presque toujours locaux, qui transcendent et augmentent le nombre des acteurs protagonistes qui ne veulent plus être des spectateurs passifs. Comme, par exemple, le « 15-M » de Madrid, les soulèvements dans le nord de l'Afrique, à Tunis, en Syrie, au Yémen, ou encore à Londres, à Berlin, etc. Ce serait, sans aucun doute, une des apparitions les plus évidentes du problème Global-Local ;

- enfin, comme conséquence des nouveautés antérieures, nous avons déjà un très vieil acteur en scène, mais jusqu'à présent déguisé : l'économie, globalisée par elle-même et menaçant tout le local qui ne convient pas à ses intérêts, sans déguisement, sinon complètement à nu. Cette apparition récente de la globalisation économique est déjà, sans faire de mystère, la force, le pouvoir brutal des faits consommés de quelques minorités étendues et bien organisées, mais avec peu de santé morale et éthique, s'imposant partout dans le monde, presque sans un seul contrepoids. Face à ses circonstances, il y a quelques attitudes opposées : les moyens les plus rapides et mondialisés peuvent être une arme contre l'ignorance, mais ils peuvent aussi être une invitation constante à ne rien faire contre. Internet connecte, met en relation, il est presque toujours en train d'effacer les profils locaux, individuels, en les affaiblissant et en les égalisant ; en un mot, il globalise, jusqu'à maintenant, seulement des aspects superficiels et intéressés par la force de la mondialisation. Une culture critique, authentique, riche en ressources morales, éthiques, politiques, effectives, appuyée par des moyens mondiaux serait finalement la meilleure arme contre le danger que représente la mauvaise globalisation.

La culture

Les moyens de communication jouent un rôle déterminant, autant dans un sens que dans un autre, dans la transition du global vers le local et *vice versa*. C'est dans cet échange que réside le futur de la création et de ses produits. N'oublions pas dans cet accomplissement, le rôle fondamental de la culture : les moyens transmettent, mais ce qui est transmis, c'est la culture.

La culture est toujours sociale, et on ne peut séparer ces deux termes ; de même, le social est toujours culturel. Au fond, tout ce qui est humain est social parce que l'être est humain seulement dans la mesure où il est social et qu'il fait partie d'un ensemble que l'on appelle société. La culture est le mode par lequel nous réalisons notre cohabitation.

N'oublions pas également que le sujet actif de cet accomplissement est toujours un être humain avec ses désirs, ses croyances, ses valeurs, ses idéaux, ses rêves dans lesquels il doit croire jusqu'au point de leur concéder une supériorité sur les autres ; c'est seulement comme cela qu'il pourra défendre logiquement son produit. Ce sujet créateur se trouve potentiellement dans les deux réalités, locale et globale ; une fois que son œuvre est réalisée, celle-ci deviendra, en effet, locale ou globale selon le destin qu'on lui donnera et selon les moyens utilisés pour sa réalisation, les nouveaux spectateurs, la diffusion et l'acceptation dans le nouveau champ d'action. L'apparition du local dans un contexte global doit être respectée et soignée au maximum pour qu'elle soit diffusée sans être dénaturée, de manière à ce que le produit reste un produit local qui agisse au niveau des instances globales. Comme exemple pertinent et éclairant, on peut prendre le cas de l'ethnie Mosuo – au Bhoutan, région au sud-ouest de la Chine – où les coutumes sexuelles sont d'une liberté absolue et se produisent de façon absolument naturelle, à partir simplement d'une volonté partagée ; l'apparition des anthropologues et chercheurs et des moyens de communication face à ce fait local perturbe, modifie et change cet état équilibré, comme système de vie, entre un groupe humain et son environnement. Autre exemple, l'apparition des Espagnols avec Christophe Colomb et sa rencontre avec l'Amérique ; ce fait s'est répété fréquemment dans les colonisations.

Cela ne se passe pas toujours ainsi. Quelquefois, la rencontre des deux réalités, locale et globale, se fait par le biais d'un accord tacite entre les deux, sans que l'on ne puisse éviter que le local, dans son apparition dans le global, perde une partie de son originalité en échange d'une plus grande extension. Les exemples sont nombreux : les langues diverses (le latin, l'espagnol, le français, l'anglais, l'arabe, etc.), les religions diverses, l'imprimerie, le jazz et sa diffusion mondiale, le flamenco, d'origine gitane, les gastronomies diverses (la paella, la pizza, le hamburger, le hot-dog, etc.), la mode, l'esthétique, les sports, principalement le football, les monnaies diverses, les lois, etc.

La culture peut avoir des origines distinctes que l'on pourrait regrouper dans quatre catégories : la culture génétique (celle qui nous constitue par les gènes) ; celle reçue lorsque nous apparaissons dans notre espace vital (clan, tribu, famille, groupe, etc., local) ; celle qu'un environnement plus ample (global) nous communique et se produit en se mettant en relation avec un tel environnement, et qui est l'addition de nombreuses cultures locales successives et contemporaines ; celle que nous-mêmes faisons pour notre usage personnel et que nous pourrions appeler culture personnalisée ou culture du « moi » inéchangeable, qui se transfère quand nous communiquons avec les autres, quand nous passons du local au global et qui, précisément, devient transférable lorsque nous le communiquons aux autres.

D'après nous, ce danger serait mineur ou disparaîtrait si on arrivait à ce que les masses dont nous parlons, par le biais d'une culturalisation (formation à la culture) profonde et intense, soient capables de recevoir cette globalisation avec un sentiment suffisamment critique qui les rendrait capables de s'instruire grâce à des jugements et de valoriser ses contenus, en acceptant ou non un tel message. Mais comment se transmet cette culturalisation ? Par deux voies parallèles et contemporaines : l'éducation et la communication.

L'éducation primaire et secondaire donnée par des éducateurs qui le font par vocation, bien préparés et convaincus que l'importance de leur travail va donner ses meilleurs et plus profonds résultats, précisément dans les études basiques, encourageant l'étude des langues, l'introduction au plaisir et au contact de l'art et de ses réalisations. Tout cela engendrera une plus grande sensibilité touchant non seulement l'esthétique, mais aussi les relations sociales, l'environnement naturel, les autres, etc. Si cette culturalisation ne vise pas l'homme entier, il n'y a pas de vraie culture, ni d'art, ni même d'enseignement.

L'autre voie de cette culturalisation serait celle faite à travers les moyens actuels de communication : presse, télévision, radio, Internet avec ses réseaux sociaux, etc. Le champ d'application de cette deuxième voie serait l'enseignement supérieur, les échanges d'étudiants et de professeurs, la création de bourses. En relation avec la création esthétique, à ce niveau supérieur, il serait souhaitable que l'étudiant ait une vocation, et que l'enseignant, en plus, possède de véritables savoirs et savoir-faire professionnels. Ceci devrait s'étendre à tous les pays, se convertissant en objectifs prioritaires de toute proposition éducative. Une telle extension devrait toujours respecter, et aussi encourager, les caractères propres et inéchangeables du local. De cette façon on atteindrait, de façon harmonieuse, l'équilibre entre le local et le global.

En guise de conclusion et comme preuve vivante de presque tout ce qui a été dit auparavant, notamment sur notre condition d'artiste espagnole, nous nous permettons de présenter un exemple significatif de ce que l'on a appelé le déclassement et le passage du local au global : référons-nous à Velázquez. Il opère le passage du local au global ; le « butin », résultat de ce passage, s'ouvre sur la transmission de ce « butin » au monde local d'origine. À cette époque, l'Espagne est politiquement globalisatrice, et elle globalise, mais elle est esthétiquement locale. Au contraire, l'Italie est, au même moment, et d'un point de vue artistique, celle qui globalise.

Pilar García

Bibliographie

Ben Jelloun, Tahar, *El retorno*, Madrid, Ed. Alianza Editorial, 2010.

Ben Jelloun, Tahar, *La primavera árabe, El despertar de la dignidad*, Madrid, Ed. Alianza editorial, 2011.

Descola, Philippe, *Diversité des natures, diversité des cultures*, Paris, Éd. Bayard, 2010.

Ferrándiz Martín, Francisco & Carles Feixa Pampols, « Una Mirada antropológica Sobre Las Violencias », in *Alteridades*, Mexico, Universidad Autónoma Matropolitana Iztapalapa, 2004, pp. 159-174.

Haddad, Joumana, *Yo maté a Sherezade*, Barcelona, Ed. Debate, 2011.

Kapuscinski, Ryszard, *Ébano*, Barcelone, Ed. Anagrama, 1998.

Kapuscinski, Ryszard, *Encuentro con el Otro*, Barcelone, Ed. Anagrama, 2007.

Levinas, Emmanuel, *El tiempo y el Otro*, Barcelone, Ed. Paidós Ibérica, 2002.

Levinas, Emmanuel, *Los imprevistos de la Historia*, Salamanque, Ed. Sígueme, 2006.

Lévi-Strauss, Claude, *Mito y significado*, Madrid, Ed. Alianza Editorial (Antropología), 1987.

Lévi-Strauss, Claude, *Tristes trópicos*, Barcelone, Ed. Paidós Surcos 24, 2006.

Maalouf, Amin, *El León Africano*, Madrid, Ed. Alianza Cuatro, 1988.

Maalouf, Amin, *Identidades Asesinas*, Madrid, Ed. Alianza Editorial, 1999.

Naguib, Mahfuz, *Hijos de nuestro barrio*, Ed. Alcor, coll. "Las otras culturas", 1959.

Reverte, Javier, *El sueno de África* , Ed. AReTé, 2003.

Reverte, Javier, *Los caminos perdidos de África*, ed. AReTé, 2002.

Soulages, François, *Dialogues sur l'art et la technologie*, Paris, L'Harmattan, 1998.

Soulages, François, *Les Frontières Esthétiques de l'Art*, Paris, L'Harmattan, 1999.

Zarco Fortes, Antonio, *Arte Artista y Sociedad,* « Por un Nuevo Humanismo », Thèse de doctorat, Madrid, Universidad Complutense, Faculté des Beaux-Arts, 1988.

Chapitre 3

Triangle personnel et démarche globale

Mon cas personnel me paraissait, jusque naguère, n'être qu'un cas particulier parmi bien d'autres, mais de récentes prises de conscience m'incitent à penser qu'il pourrait s'inscrire, tout en restant singulier, dans un processus plus général qui articule le local et le global. Autrement dit : puis-je relier ma propre et spécifique construction identitaire et culturelle à un mouvement de fond, collectif, de dimension planétaire ?

Triangle personnel et perception globale

Il est possible de circonscrire mon problème identitaire fondamental par un triangle. Celui-ci est à la fois géographique et culturel, et a pour base un métissage initial, originel.

Je suis né d'un père français métropolitain qui a travaillé pour l'administration coloniale française à Madagascar dans les années 1950 et qui, après l'indépendance du pays en 1960, est parti s'installer à la Réunion avec ma mère malgache. Je passe les premières années de ma vie – enfance et adolescence – dans le nombril de l'Océan Indien, un nombril métissé naturellement de par le mélange extrêmement varié de son peuplement : Indiens du Tamil Nadu ou de la côte Malabar, Chinois, esclaves malgaches et mozambicains, Français de métropole. Le créole réunionnais, produit linguistique de ce métissage insulaire, est pour moi à l'époque la langue de la rue que je pratique avec les copains. Elle est de fait une langue subalterne par rapport au français, langue du père et de la Mère Patrie. La langue malgache est, quant à elle, moins que subalterne : je ne la parle pas, à peine quelques mots, la mémoire d'un rythme et d'intonations. Mon départ pour la France, afin d'y effectuer mes études supérieures et y vivre complète véritablement mon triangle personnel.

Je pense que, enfant, j'ai inconsciemment cru que j'étais blanc, par imprégnation intime du modèle paternel dominant. Lors d'un premier et court séjour en France à quatorze ans, j'avais l'impression de porter un masque que j'ai même souhaité m'arracher ! Violents et ô combien profonds malaises et mal-être de l'adolescence ! Plus tard, en m'installant en France, j'expérimentais dans la durée cette altérité étonnante : soi-même en tant qu'Autre pour l'Autre qu'on pensait être quelque part un peu soi-même ! Je découvris que, pour le Français métropolitain, j'étais l'Autre insulaire, voire de façon plus générale, l'Autre basané dont on n'arrive pas bien à localiser l'origine.

Au fil du temps, en fonction des rencontres et des soubresauts de la vie, mais sans réelle démarche volontariste, j'en arrivai cahin-caha à tenter un repositionnement identitaire vers la culture malgache et la culture réunionnaise. Trois problèmes surgirent alors. En premier lieu, ma culture malgache a beau être un héritage maternel, un héritage des lèvres transmis dans l'écoute d'une intimité affectueuse, elle n'en est pas moins un paysage vu de loin, un beau et poétique paysage certes, mais comme tout paysage perçu à travers la brume, une vision floue, un mirage aux contours incertains. En second lieu, la culture réunionnaise, pour avoir vécu à la Réunion les dix-sept premières années de ma vie, était censée m'être connue. Il n'en était rien ! Le filtre paternel, finalement relais de la politique culturelle française d'avant les années 1980, m'avait occulté des pans entiers de la culture locale. C'est là que je situe ma deuxième expérimentation de l'altérité : qu'est cette langue que je croyais comprendre et que je ne comprends plus ? Que sont ces cérémonies – ces *servis kabaré* où on invoque les esprits des ancêtres – dont je n'avais jamais entendu parler, héritées du passé de l'esclavage ? D'où ont-ils jailli, par quelle faille temporelle du passé, ces écrivains et ces poètes remarquables, moi qui désespérais de la créativité de mon île, les yeux tournés vers la prodigieuse inventivité des Caraïbes ? Enfin, un combat faisait rage en mon for intérieur entre d'un côté, la rationalité moderne de la culture française et de l'ingénieur que je suis, et de l'autre, la géomancie, la cartomancie malgaches et le *maloya* tribal ! J'étais dans une impasse, bloqué à l'intérieur de mon triangle personnel, devenu forteresse emprisonnante.

J'eus alors l'occasion de partir au Mexique où je restai un peu plus d'un an : à vingt-cinq ans, ce fut mon deuxième départ pour l'ailleurs et ma troisième expérimentation de l'altérité, une expérimentation décisive. À l'autre bout du monde, je rencontrais une altérité extrême avec laquelle je me découvrais des affinités. Des affinités culinaires : le piment créole saluant, admiratif, les multiples variétés du *chile* mexicain ; la *salsa mexicana*, sauce froide épicée à base de tomate, retrouvant sa sœur jumelle perdue, la *rougay tomat* de la

Réunion ; la vanille qui, selon la légende, parfuma le chocolat chaud qu'offrit l'empereur aztèque Moctezuma à Hernán Cortés lors de leur première rencontre, mais une vanille incapable de se reproduire sans l'intervention d'une abeille ne vivant qu'au Mexique, et qui ne put être cultivée ailleurs que grâce au génie inventif d'un jeune esclave noir réunionnais, Edmond Albius, par chance pour les colons français installés dans l'Île Bourbon. Des affinités sensorielles : les brouillards d'air chaud dansant sur l'asphalte fondant, les couleurs des façades des maisons épuisées par le soleil implacable, l'éblouissement des écailles de l'océan. Des affinités génotypiques : avec ma peau cannelle et mes traits métis de l'Océan Indien, je me fondais dans la population indo-espagnole mexicaine… tant que je ne parlais pas !

Quinze années après ce séjour, pour mes recherches personnelles, je fis le choix d'un travail universitaire sur l'écrivain mexicain Carlos Fuentes, choix que je pensais naïvement sans relation avec mes interrogations identitaires et culturelles et qui allait, bien au contraire, me sortir de mon impasse triangulée. Ce travail déboucha sur une thèse défendue en Sorbonne en février 2011 et publiée peu après[51], qui, comme par hasard, s'était focalisée sur la problématique de la centralité culturelle.

En effet, depuis les indépendances, un des problèmes culturels fondamentaux de l'Amérique espagnole est la question de la centralité, souvent posée en termes d'« excentricité », par rapport à la référence occidentale à laquelle, dans le temps, vient s'ajouter la référence nord-américaine. Les intellectuels hispano-américains du XIXe siècle et de la première moitié du XXe siècle la traitent en tentant de montrer que l'histoire et la culture hispano-américaines appartiennent à l'histoire et à la culture universelles (occidentales). Après la fin de la Deuxième Guerre mondiale, la fin de l'optimisme moderne et l'effondrement de l'ethnocentrisme européen leur font prendre conscience que leurs cultures sont spécifiques et originales, comme toutes les autres cultures du monde. Fuentes, en Amérique latine, en tant qu'intermédiaire culturel, en tant qu'intellectuel et en tant qu'écrivain, est le point culminant de cette prise de conscience : il construit, dans son œuvre de pensée, la centralité de la culture hispano-américaine, et dans son œuvre de fiction, la centralité de la culture et de la réalité mexicaines. Comment procède-t-il ? L'œuvre de Fuentes est la mise en place d'un réseau de « relations distantes », de continuités culturelles qui installent l'Amérique espagnole et le

51. Michel Gironde, *Carlos Fuentes entre hispanité et américanité*, Paris, L'Harmattan, coll. « Palinure », 2011.

Mexique au centre du monde. C'est sa pensée critique qui donne sa centralité à l'Amérique espagnole. C'est son imagination fictionnelle qui la donne en deux temps au Mexique : d'une part, en affirmant et en légitimant sa culture et sa réalité à l'aune de l'héritage espagnol, et d'autre part, en faisant interagir sa mémoire avec la mémoire du monde, dans ses dimensions symbolique, idéologique et anthropologique.

En quoi cette réflexion fut-elle un déclencheur pour moi ? Je repris à mon compte deux points clés chez Fuentes : le fait que la création fuentésienne parvient à rendre centrales des cultures historiquement subalternes et que ces dernières ne prennent leur véritable dimension que dans leurs interactions avec les cultures du monde, en particulier avec les cultures dites dominantes. Appliqué à mon cas personnel, cela a donné la démarche suivante en quatre temps :

- mettre mes cultures subalternes au premier plan, au même niveau que ma culture française métropolitaine ;
- ne plus considérer chacune de mes cultures en soi, mais les unes par rapport aux autres ;
- chaque culture est un éventail dont chaque branche se relie aux branches des autres éventails ;
- ces cultures sont interconnectées aux cultures hispano-américaines.

C'est ainsi que j'ai commencé la création d'un paysage culturel singulier à partir d'un triangle personnel, non plus fermé, figé, statique, mais fonctionnant maintenant sur le mode d'une circulation intellectuelle, culturelle et physique entre trois points, rendue possible par l'ouverture du triangle au monde, ouverture elle-même activée par l'interrelation. Ce paysage culturel que je continue de dessiner dans mon esprit et qui a pris forme dans des textes pour certains publiés[52], prend ses assises sur une géographie culturelle à la fois locale et mondiale, et la création culturelle qui lui donne naissance est une production non pas locale, mais la production de mon local personnel qui s'opère grâce à une perception globale.

52. « Ma mère et Edward Saïd », *Point d'orgue. Revue créole de l'Océan Indien* (« Batarsité »), n° 3, janvier–juin 2010, pp. 37-38; « C'est ché mé, ici ! », *Point d'orgue. Revue créole de l'Océan Indien* (« Gatir »), n° 4, juillet–décembre 2010, pp. 20-23.

Inscription dans un processus global ?

Au fur et à mesure que ma démarche s'élaborait en quelque sorte en « solo », je découvrais, par mes lectures, que bien que singulière, elle pouvait se rattacher à plusieurs points de vue sur la globalité que je vais tâcher de parcourir dans ce qui suit.

Provincialisation

Le mot est de Dipesh Chakrabarty dans son ouvrage *Provincializing Europe. Postcolonial thought and Historical Difference.* Plus exactement, par provincialisation de l'Europe, il entend la mise au même niveau des cultures occidentales et des cultures autres qu'elle dominait jusqu'ici. L'idée sous-jacente est que le monde est maintenant dépourvu de centres culturels ou bien qu'il y a une infinité de centres culturels, autant que de cultures existantes en fait. C'est ce qu'exprime Fuentes :

> « *Nous vivons dans le cercle de Pascal, dont la circonférence est partout et le centre nulle part. Mais si nous sommes tous excentrés, alors nous sommes tous au centre* »[53].

Cependant, en dépit de cette affirmation, nous avons vu que Fuentes transforme le Mexique et l'Amérique espagnole en centres culturels dans son œuvre. Question de point de vue ou nationalisme/américanisme prégnant ? Les deux probablement.

En ce qui me concerne, il m'est impossible de provincialiser la France, je ne peux provincialiser ni *À la recherche du temps perdu*, ni *Le Roman inachevé*, ni *Voyage au bout de la nuit.* Ce que je peux faire en revanche : donner plus de poids à Madagascar par rapport à la France, mais aussi à la Réunion. Comment ?

Madagascar est un monde filtré par la voix de ma mère : dois-je alors essayer de m'en rapprocher ? Non, la proximité est impossible. La distance est conservée quoi que je fasse. En revanche, ce que je peux faire, c'est construire des voies à travers la voix de ma mère :

Ma mère est née un an après 1947. Elle ne sait pas grand-chose de la révolte, quelques rumeurs, des lambeaux de mythes. Je dois ici essayer de comprendre les raisons de ce vague, et pour cela, passer

53. Carlos Fuentes, *Géographie du roman*, trad. Céline Zins, Paris, Gallimard, coll. « Arcades », 1997, p. 233.

par ce médiateur, l'Histoire. Un autre filtre ! La distance toujours, certes, mais avec un changement de focale qui rend visible certains aspects de ce monde vu de loin.

Innombrables et anonymes sont les membres de ma famille malgache ! La photographie pourrait me permettre d'établir un pont, ou du moins une petite passerelle : photographier mes cousins, mes oncles, mes tantes ; saisir ce qui les relie à ma mère, pas seulement un air de famille, mais pourquoi pas ? Un rêve français commun, une sorte de bonté, une posture du corps ou de l'esprit, qui sait ? Médiation une fois de plus, celle de la photo : chercher à distance encore une fois, pas d'autre chemin.

Il me faut aussi donner plus de poids à la Réunion. Elle est mon berceau, l'espace de mes jeux enfantins, le temps incertain et inconfortable où la légèreté s'enfuit pour laisser la place à une vacuité qu'on essaye de remplir avec cette gravité inconnue, incompréhensible caractérisant l'âge adulte. C'est moi-même dévalant les pentes abruptes des montagnes qui tombent sur le littoral liquéfié par le soleil, écorché par le vent ou fouetté par les vagues. C'est l'éblouissante fête de couleurs des tombes de cimetières le jour de la Toussaint, les temples-jouets hindous, les mosquées chantantes. Ce sont les forces vives de mon enfance jetées contre le déroulement infini des lames salées sur le sable noir. C'est la boutique chinoise regorgeant de gâteaux et de bonbons à fondre dans la bouche. Mais qu'en est-il de ce qui m'était invisible ? Les rituels secrets, les pratiques interdites, la littérature... Ce qui est possible : comprendre au plus près les particularités réunionnaises pouvant éclairer ma singularité et ma « généralité ». Accroché à la terre insulaire et arrimé au vaisseau du monde.

Et la France ? Elle est la figure du père, figure coloniale et incarnation de la France moderne, rationnelle, anticléricale, et dans son ombre, la famille paternelle, quasiment invisible. La voix paternelle s'est faite silence sur ce sujet. J'ai pu cependant tenter d'approcher un demi-frère et une demi-sœur que la jouissance exclusive du père et une mère malgache (une ex-colonisée !), au final, séparent à jamais de moi. Il me semble que, de ce côté, la distance est infranchissable : il n'est peut-être pas souhaitable après tout d'essayer de la franchir. La solution ne serait alors pas familiale, mais culturelle. Je respire la culture française, mais je suis critique de l'inconscient collectif français. Ma posture est alors celle de l'amour critique.

Aimer, avec passion même, mais passer le passé au crible de la critique.

Il y a beaucoup d'expérimentations dans ce que je me propose de faire, sans avoir de réelles certitudes sur les résultats à venir. Mais l'important est de faire, de pratiquer, de triturer, de malaxer, de garder, de jeter, de conserver, de jeter à nouveau, puis de reprendre encore pour finalement transformer en quelque chose qui sera à la fois inattendu et familier, inattendu, car je ne sais pas vraiment ce que je cherche, familier, car c'est moi que je cherche, à l'extérieur et à l'intérieur de moi.

Localité flottante

Pour Arjun Appadurai, ce qui définit le monde contemporain, c'est la circulation[54]. Le monde vit actuellement des situations migratoires généralisées concernant tous les pays et toutes les classes sociales. Cette circulation n'est pas que physique, elle est aussi intellectuelle : entre les hommes bien sûr, mais aussi à l'intérieur de chaque homme où s'opère une circulation transnationale de la pensée. D'où le rôle clé de l'imagination qui, pour Appadurai, est centrale dans le processus de globalisation. Dans l'exil, le sujet migrant s'invente un monde à lui en s'appropriant au besoin un élément d'origine extérieure (par exemple, le cricket pour les Indiens). La création d'un monde propre revient à élaborer un *ethnoscape*, d'après le mot d'Appadurai, c'est-à-dire un paysage particulier, singulier, fonction de l'origine, de la situation et de la condition du migrant. En conséquence, le local n'existe pas, ou n'existe plus : chaque homme produit son local, dépendant de son contexte socio-économico-historique et de sa créativité personnelle. C'est ce que j'appelle sa « localité flottante ».

À partir de cette expression, « localité flottante », on peut imaginer un vaisseau nomade clos, une arche de Noé identitaire et culturelle. Qu'on ne s'y trompe pas, il s'agit d'un monde ouvert au monde : historiquement et constitutivement traversé par le monde, peut-il en être autrement ?

Cette localité renvoie à un paysage, mot que j'ai employé il y a quelques pages pour définir ma propre démarche. D'un point de vue

---

54. Nous nous référons à son livre *Après le colonialisme. Les conséquences culturelles de la globalisation*, Paris, Éditions Payot & Rivages (2001), coll. « Petite Bibliothèque Payot », 2005.

géométrique, avec l'Amérique latine, en particulier le Mexique, mon triangle personnel devient un quadrilatère : au départ, un hybride statique à trois composantes qui se transforme ensuite, avec l'adjonction déterminante de la quatrième composante en espace dynamique de flux. Un espace, enfin, qui prend du volume et se métamorphose sans cesse en prenant la forme d'un paysage non figé, se modifiant à chaque fois qu'on le regarde ; qui se rapproche, qui s'éloigne ; qui bascule en avant, en arrière, sur le côté ; qui disparaît et réapparaît : un paysage riche, vide, luxuriant, désertique, volcanique, inerte, bouillonnant d'êtres humains de toutes sortes avec un point commun, le sentiment confus, mais vivace, d'appartenance à un monde parcouru par les vents de la terre.

L'Histoire

La localité flottante est un espace de rencontre d'histoires : d'histoires lointaines de l'origine et d'histoires à l'origine.

L'esclavage à la Réunion est, pour moi, un premier moment historique clé. L'île est inhabitée à l'origine. Lorsque les premiers colons arrivent au XVIIe siècle, ils viennent sans femme. Ceux qui réussissent à prospérer en font venir de la Métropole. Les colons pauvres, par défaut, prennent pour femmes celles qu'ils peuvent avoir à leur disposition, c'est-à-dire des esclaves malgaches ou mozambicaines. Mon père et ma mère recréent une des cellules familiales de base de l'île, dans un contexte socio-économique et idéologique complètement différent bien entendu. On peut facilement imaginer la duplication à grande vitesse de ce phénomène non seulement dans l'Océan Indien, mais aussi dans les Caraïbes et, pourquoi pas, sur le continent américain. N'oublions pas l'Europe, surtout l'Europe, porteuse de la modernité et de la colonisation, qui chassée des terres qui furent colonisées, emporta le rêve de la prospérité avec elle, ce rêve que des femmes de plus en plus nombreuses, provenant de ces terres, tentent de réaliser en partant pour le pays d'au-delà de la mer, comme disent les Malgaches.

La création d'une telle cellule est à la jonction temporelle du présent de cette création et du passé de l'esclavage qui imprègne le monde : elle articule ainsi le local et le global par le truchement de la mémoire.

Un deuxième moment historique, antérieur au précédent et d'une certaine façon sa cause, est la découverte de l'Amérique. Il est courant de présenter 1492 comme le début de la globalisation, car c'est à ce moment que le monde se découvre monde en récupérant sa moitié perdue ou oubliée. Cette prise de conscience se manifeste en particulier par l'appropriation de traits culturels des Indes occidentales : fruits, légumes, musique, littérature... Bartolomé Bennassar a défendu la thèse selon laquelle les années 1520 marquent l'émergence des temps nouveaux, et non 1492 : il en veut pour preuves l'élection de Charles Quint à l'empire en 1519, l'avènement de Soliman le Magnifique en 1520, la réforme de Luther en 1521 et le fameux tour du monde de Magellan et El Caño entre 1519 et 1522[55]. L'entreprise de Cortés appartient, selon Bennassar, à cette série d'événements, par son importance. Pour lui, même si depuis l'indépendance, le Mexique a rejeté Cortés jusqu'à présent, malgré les Carlos Fuentes et Octavio Paz, le conquistador a été « l'accoucheur d'un autre monde » et l'« architecte du futur »[56] : il provoque une rupture irréversible, remplaçant un ordre ancien par un ordre nouveau. Après la conquête définitive de Mexico-Tenochtitlán en 1521, le gouvernement cortésien pose, toujours selon Bennassar, les « fondements d'une nation nouvelle »[57] par le biais d'une structuration administrative, de l'extension du territoire, de l'évangélisation, du développement économique et de la reconstruction de Mexico en tant que capitale de la Nouvelle-Espagne. 1521 est aussi pour Fuentes l'année de la naissance du Mexique métis dont Hernán Cortés serait le père symbolique. Ce Mexique métis préfigure ce que d'aucuns ont nommé la modernité métisse.

La modernité métisse

Cette notion a depuis longtemps été prise à son compte par Fuentes sous l'expression de « modernité inclusive » qu'il pense être la condition universelle de l'humanité du XXIe siècle. Ce type de modernité qu'il défend systématiquement depuis les années 1980 vise à rendre compte de la totalité de la réalité identitaire des pays hispano-américains. Mais pour Octavio Paz, la « modernité est un concept exclusivement occidental »[58]. Comment dès lors définir une modernité hispano-américaine ? En suivant Paz, il est nécessaire de

55. Bartolomé Bennassar, *Cortés, le Conquérant de l'impossible*, Paris, Éditions Payot & Rivages, 2001, pp. 95-96.
56. *Ibid.*, p. 19.
57. *Ibid.*, p. 93.
58. Octavio Paz, *Point de convergence. Du romantisme à l'avant-garde*, traduit de l'espagnol par Roger Munier, Paris, Gallimard, 1987 (1976), p. 42.

définir en premier lieu le concept occidental de la modernité[59]. Dominique Combe explique dans *Histoire de la France littéraire. Modernités. XIXe – XXe siècle* que ce concept est sous-tendu par la « vision téléologique de l'histoire de l'art et de l'Histoire »[60] et fondé sur « le postulat rationaliste du progrès et de la perfectibilité »[61]. La modernité ainsi envisagée se pose en rupture des modèles du passé et se projette avidement dans le futur : Octavio Paz a pu ainsi parler pour la littérature d'une « tradition de la rupture »[62] et de « révolte du futur »[63]. En fonction des époques et des philosophes qui s'y sont attaqués, la modernité, tout en campant sur les bases conceptuelles précédemment données, a pu prendre de multiples visages. Dominique Combe utilise à ce propos l'expression de « modernités plurielles »[64]. Carlos Fuentes, comme Octavio Paz, prend ses distances vis-à-vis de ces modernités occidentales que l'Amérique latine, au fil du temps, a essayé de copier comme s'il s'agissait de modes. Fuentes appelle cette manie l'« imitation extralogique »[65] : on essaye d'imiter ce qui ne correspond pas à son être et à sa réalité. L'Amérique latine aurait ainsi tenté d'adopter, selon Fuentes, la plupart des modernités occidentales : celles des Lumières, du libéralisme (naissant), du positivisme, du socialisme et du capitalisme consumériste. L'écrivain mexicain, pour pouvoir définir une modernité authentique, prend le contre-pied de ces dernières et propose le concept de « modernité inclusive »[66]. La réunion des deux termes « modernité » et « inclusive » donne un paradoxe : la modernité, traditionnellement, exclut ce qui vient avant elle. Fuentes, grâce à l'adjectif « inclusive » renverse la perspective de la modernité

---

59. Nous n'avons pas la prétention de faire le tour de la question de la modernité en quelques lignes alors que des auteurs de renom comme Jürgen Habermas, Henri Meschonnic ou Antoine Compagnon, pour ne citer qu'eux, y consacrent des ouvrages entiers. Notre objectif est surtout d'avoir un axe directeur pour la compréhension de la modernité.

60. Dominique Combe, « L'œuvre moderne » in Patrick Berthier et Michel Jarrety (dir.), *Histoire de la France littéraire. Modernités. XIXe – XXe siècle*, Paris, Presses Universitaires de France, coll. « Quadrige », 2006, p. 434.

61. *Ibid.*

62. Octavio Paz, *Point de convergence. Du romantisme à l'avant-garde*, *op. cit.*, p. 13.

63. *Ibid.*, p. 35.

64. Dominique Combe, « L'œuvre moderne », *op. cit.*, p. 434.

65. Carlos Fuentes, *Le Sourire d'Erasme. Epopée, utopie et mythe dans le roman hispano-américain*, trad. Eve-Marie et Claude Fell, Paris, Gallimard, coll. « Le Messager », 1992, p. 14.

66. « modernidad incluyente » (Carlos Fuentes, *Los cinco soles de México : memoria de un milenio*, Barcelona, Editorial Seix Barral, coll. « Biblioteca Breve », 2000, p. 28).

qui doit pour lui se reposer sur le socle identitaire ancestral hispano-américain – indien, africain, espagnol –, d'où un de ces curieux néologismes utilisés par l'auteur mexicain pour désigner l'Amérique espagnole : « Indo-Afro-Ibéro-Amérique »[67]. Un autre renversement de perspective s'opère, car l'inclusion signifie aussi pour Fuentes la prise en compte, ici et maintenant, de la totalité de la réalité identitaire du pays : le futur doit se réaliser en quelque sorte dans le présent. À partir de ce soubassement identitaire, le concept de « modernité inclusive » se construit, dans le discours de Fuentes, sur plusieurs étages pour constituer l'édifice idéal où abriter la communauté hispano-américaine : l'étage philosophique de l'ouverture à l'autre ; l'étage ontologique fondé sur une « éthique de l'inachèvement »[68] ; l'étage historique de la continuité avec le passé ; l'étage économique, à partir duquel se mettrait en place une répartition équitable des richesses (ou beaucoup moins déséquilibrée qu'elle ne l'est actuellement en Amérique latine) ; l'étage social, où chacun aurait l'accès à l'éducation, même le plus déshérité ; et, le dernier, politique, qui verrait l'émergence d'une véritable société civile. Ni modernité des Lumières, ni modernité hégélienne, encore moins modernité marxiste ou capitaliste, la « modernité inclusive » veut prendre en compte la diversité raciale et culturelle de l'Indo-Afro-Ibéro-Amérique et lui donner les moyens de s'épanouir sur les plans existentiel, éthique, social, économique et politique. La « modernité inclusive » est ce qui caractérise la conception de l'homme et de la société la mieux à même de donner corps et droit de cité à l'identité et à la culture plurielles hispano-américaines telles que les imagine Fuentes.

En synthèse, cette modernité est d'abord pour l'auteur mexicain la réappropriation du legs colonial, puis la prise en compte des cultures autres marginalisées, et enfin celle de toutes les différences (culturelles, sexuelles, politiques…) qui se font jour dans un pays, afin de mettre au point, de « bricoler », pour reprendre un terme cher à Claude Lévi-Strauss, une façon de vivre les incluant.

En somme, une modernité « autre » similaire à celle définie par d'autres penseurs comme Édouard Glissant, Jean-Louis Amselle ou Serge Gruzinsky dans la mesure où elle serait à la fois prolongement

67. *Le Sourire d'Erasme. Epopée, utopie et mythe dans le roman hispano-américain*, trad. Eve-Marie et Claude Fell, Paris, Gallimard, coll. « Le Messager », 1992, p. 12.
68. Claude Fell, « Carlos Fuentes, Mexicain universel » in Claude Fell et Jorge Volpi (dir.), *L'Herne* (« Fuentes »), Paris, Éditions de l'Herne, 2006, p. 9.

de l'ancienne modernité européenne et rupture avec l'occidentalo-centrisme de celle-ci.

Cette vision de la modernité peut être particulièrement intéressante dans mon cas si on considère avec Jean-Claude Guillebaud que cette dernière emprunte des « cheminements infiniment variés »[69] : une démarche singulière qui s'inscrirait en porte à faux vis-à-vis d'une modernité de type « colonial » (occidentalo-centrisme) tout en héritant d'elle serait tout à fait en droit de s'inscrire dans un tel processus que des intellectuels de différents horizons envisagent mondialement ou globalement, un processus qu'on pourrait imaginer comme le tissage d'une infinité de démarches singulières. La notion de modernité inclusive est aussi opératoire dans la mesure où elle m'oblige à tenter d'appréhender une réalité « zappée » ou invisible pour moi pendant ma jeunesse et à surmonter l'aliénation par l'arrachement linguistique (« le créole, ce n'est même pas une langue ! ») ainsi que la honte de l'ancêtre esclave ou « engagé ».

Cependant, malgré toutes ses vertus théoriques et pratiques, la conception de modernité métisse me gêne, car le mouvement dialectique de rupture et de continuité qu'elle recouvre ne débouche pas sur une synthèse satisfaisante selon moi. Si on revient au cas de Fuentes, l'intégration du passé dans le présent, le métissage des origines, la prise en compte des différences prend forme, dans son écriture, dans l'hybridité, c'est-à-dire que les multiples composantes de la différence (historique, culturelle, sociale, sexuelle…), dans son œuvre, se juxtaposent plus qu'elles ne produisent par leurs croisements une identité différente, « quelque chose » d'autre qui soit radicalement nouveau.

Il faudrait peut-être réussir à abandonner le mot « modernité », à le faire pour de vrai, pas seulement éviter de l'utiliser, mais créer une vision neuve de la réalité qui intègre l'innovation qu'elle recèle et que je sens en moi. Cette vision aurait-elle à voir avec la créolisation ?

L'entre-deux

Édouard Glissant est le penseur et le poète de la créolisation. Nous allons utiliser dans ce qui suit la lecture de ses écrits sur le sujet qu'a faite Alain Renaut dans son ouvrage *Un humanisme de la diversité*.

69. Jean-Claude Guillebaud, *Le Commencement d'un monde*, Paris, Éditions du Seuil, 2008, p. 377.

Essai sur la décolonisation des identités[70]. Afin d'élaborer ce qu'il nomme un humanisme de la diversité, ce philosophe se pose la question suivante : comment concilier les droits universels de l'humanisme abstrait (égalité, justice) avec le droit à la différence culturelle, religieuse ou sexuelle, à la différence de l'âge ? Dans ce cadre, la question créole est d'importance pour lui par les perspectives qu'elle dégage en termes de traitement de la diversité culturelle globale.

Du point de vue de la langue, le créole naît pour répondre aux besoins de communication des maîtres avec les esclaves (transmission et exécution des ordres). Dans toutes les colonies d'Amérique, la « fabrique » du créole se fait par simplification de la langue des maîtres (français, espagnol, portugais…) et mixage avec les langues des esclaves par importation de mots et de tournures. En 1977, il y avait ainsi 127 langues créoles parlées par 10 millions de personnes, dont 8,5 millions de créolophones à base française. Cette multiplicité des créoles est le résultat d'un processus mondial de créolisation lui-même prolongement du processus mondial de colonisation : sont concernés l'Afrique, l'Océan Indien, l'Asie du Sud-est, l'Océanie (Singapour, la Nouvelle-Calédonie, les Philippines), l'Amérique du Nord (Louisiane) et du Sud (Brésil). Ce phénomène linguistique a contribué à forger une conception de l'identité créole définissant le fait d'être traversé par « l'entrecroisement de divers ancrages culturels »[71]. Cependant, cette identité culturelle est envisagée en tant que relation et non pas en tant que substance : relation d'ouverture à l'altérité et de métissage interculturel. C'est ainsi qu'à partir du créole considéré comme instrument de passage d'une culture dans l'autre, Glissant préfère l'idée de créolisation à celle de créolité. Autant celle-ci serait une essence, un dogme, celles du multilinguisme ou du multiethnisme, une substance, autant celle-là serait relation, c'est-à-dire la rencontre de plusieurs cultures distinctes dans un lieu, produisant un résultat complètement nouveau par rapport à ces cultures. Selon ce point de vue, Glissant oppose à l'identité-racine, qui enracine un peuple dans une origine et une histoire déterminées, l'identité-rhizome ou l'identité-archipel qui construit des interrelations tissant des liens entre les cultures, une identité « conçue comme un long processus d'identification, de constitution de soi, à travers le

70. Cf. Alain Renaut, *Un humanisme de la diversité. Essai sur la décolonisation des identités*, Paris, Flammarion, pp. 296-349.
71. *Ibid.*, p. 302.

croisement de plusieurs histoires et de plusieurs cultures »[72]. La créolisation est alors définie comme un

> « *processus qui implique le monde dans son entier en faisant advenir des cultures dont la singularité inclut la transversalité : il n'y a de créolisation que par le passage réciproque d'une culture dans une autre, et par le surgissement, à la faveur d'un tel passage réciproque, d'une dimension nouvelle de l'existence où se mêlent identification et différenciation. Une dimension d'entrelacs [...]* »[73].

Dans ce cadre, Alain Renaut considère que la pensée de la diversité de Glissant est un

> « *modèle en droit universalisable où l'affirmation de ce qui est culturellement divers s'articulerait avec la reconnaissance de ce par quoi les êtres humains sont aussi des semblables* »[74].

Sans m'aventurer sur les hauteurs de l'humanisme de la diversité qu'envisage Alain Renaut, je me reconnais pleinement dans les notions d'archipel ou de rhizome et dans les processus culturels de passage, de transversalité et d'entrelacs : dans l'entre-deux de la nouveauté. Est-ce que je peux m'inscrire pleinement dans le modèle de Glissant ? Dans le monde particulier (antillais) à partir duquel celui-ci a construit sa réflexion, la langue créole constitue le symbole et la manifestation la plus visible de la créolisation. Dans mon cas particulier, ma maîtrise imparfaite du créole me fait m'éloigner de Glissant, mais il s'agit peut-être, paradoxalement, d'une chance pour commencer à prendre de la distance... La clé de la localité flottante (triangle, quadrilatère, ou quelle que soit la forme, géométrique, non géométrique, qu'on lui veut donner), c'est bien la distance, ou encore le Détour, comme dirait Glissant, vers un ailleurs géographique, historique ou culturel, voire idéologique, pour un Retour au local avec un point de vue différent, une compréhension neuve...

De façon globale, pour penser ma quête, j'imagine le bricolage d'un *dispositif hybride*. Au sein de ce dispositif, le modèle de Glissant me permet de concevoir non seulement le processus d'interrelation culturelle initialement à l'œuvre dans mon triangle, mais aussi celui

72. *Ibid.*, pp. 330-331.
73. *Ibid.*, p. 331.
74. *Ibid.*, p. 335

que je veux créer. L'Amérique latine, sa culture et son histoire jouent ici à un premier niveau le rôle de télescope global grâce auquel observer les entrelacs réunionnais, malgaches et français que mon imagination et mon histoire familiale peuvent faire surgir dans mon esprit. À un deuxième niveau, et c'est l'analyse d'Arjun Appadurai dont je me sers ici, elles représentent l'élément d'origine extérieure que je m'approprie pour donner forme à ma construction identitaire, la construction de ce que j'appellerai une *indianité latino-créole*.

Je reprendrai à mon compte une (vieille) constatation faite par Claude Lévi-Strauss dans ses notes de cours de 1959-1960 recueillies dans *Paroles données* : le fait différentiel est à l'intérieur même des ensembles nationaux. Je crois qu'on peut aller plus loin. De par le phénomène accéléré de circulation ou de déplacement, nous sommes, chacun de nous, porteurs du fait différentiel.

La différence se loge à l'intérieur de moi et me rend apte à la perception globale des possibilités de l'entre-deux, de l'interrelation que je porte en moi, à condition que je laisse mon imaginaire flotter dans l'univers en déplacement qui est le mien.

Michel Gironde

Chapitre 4

Penser global, traduire local

Le traducteur flotte entre deux univers, fait passer des mentalités, des visions d'une communauté à l'autre, d'une culture à l'autre.

D'une part, il représente un certain danger pour les communautés et les cultures en question qui, pour survivre, sont contraintes de résister à l'uniformisation et à la mondialisation. Le traducteur menace une culture plus ou moins fermée dans la mesure où il interprète et il transfère à sa manière des symboles, des allusions, des affections, des références, bref des contenus et des formes partagés par une seule communauté ; il les décode, les transforme pour que les informations de toute nature de la culture source puissent être reçues et comprises par la culture cible.

D'autre part, le traducteur accomplit une heureuse mission épistémologique et sociale quant à l'ouverture et la compréhension mutuelle entre des cultures différentes. Ainsi contribue-t-il à la réalisation d'un monde tolérant et paisible et il en assume profondément la responsabilité.

Georges Mounin, il y a quarante ans déjà, a tenté d'esquisser une théorie de la traduction partant des théories linguistiques de son époque, et a cherché à prouver « pourquoi et comment, et surtout dans quelle mesure et dans quelles limites, l'opération pratique des traducteurs est [...] relativement possible »[75]. Le fait que les langues s'articulent autour de visions du monde différentes et que les civilisations sont en partie impénétrables appelle à penser que tout effort pour transmettre ces visions et ces mentalités serait impossible. Notre théoricien résout ce dilemme en révélant la théorie des universaux et en l'élargissant vers le domaine de l'ethnographie. Sa conclusion nous démontre que le traducteur qui ne s'est pas fait aussi l'ethnographe de la communauté dont il traduit la langue est un

---

75. Georges Mounin, *Les problèmes théoriques de la traduction*, Paris, Gallimard, 1963, p. 191.

traducteur incomplet étant donné que l'accès aux significations véhiculées par une langue n'est possible qu'à travers la connaissance des phénomènes culturels localisés dont les mots sont les symboles. Comme nous l'enseigne Claude Lévi-Strauss, la société occidentale était la seule à avoir produit des ethnographes[76], et nous pouvons ajouter : des traducteurs.

Notre étude interroge essentiellement les textes philosophiques (français/hongrois). La philosophie, science des sciences, abstraite et universelle posant en toute langue les mêmes questions extrêmes sur l'essence, l'existence et l'esthétique, est-elle apte à être traduite globalement touchant toutes les cultures et tous les individus ? On se demande s'il y a une possibilité de traduire la pensée philosophique apparemment globale et si de mêmes concepts d'abstraction et de métaphorisation existent d'une langue à l'autre.

Nous tâchons de trouver quelques réponses possibles à ces questions, d'une part en esquissant l'histoire de la traduction en Hongrie qui évolue au même rythme que la langue hongroise elle-même, évolution fort influencée par la pensée universelle classique latine, française et allemande, ensuite par l'idéologie communiste internationale.

D'autre part, on prendra des exemples[77] pour démontrer que les niveaux d'abstraction (particulier/général ; abstrait/concret) ne coïncident pas (le hongrois étant une langue plus imagée que le français, etc.) et que l'acte de traduire est un acte local, solitaire et particulier tout en assurant la communication des cultures et des pensées, ce qui confie au traducteur la responsabilité, même au sens

---

76. *Tristes tropiques*, Paris, Plon, 1965, p. 420.

77. Nos réflexions sur la traduction philosophique sont inspirées par un livre fort intéressant en général, mais surtout de notre point de vue, écrit par François Soulages sur l'*Esthétique de la photographie* (Armand Colin, 2005) et traduit en hongrois par l'auteure du présent article. François Soulages utilise dans son ouvrage toutes les stratégies possibles d'un philosophe tout en tâchant d'élaborer un réseau logique des concepts déjà existants, tirés de plusieurs domaines théoriques (philosophie, esthétique, psychanalyse, sociologie, politique, arts, littérature, etc.) et tout en mettant en œuvre des systèmes de pensée faisant déjà partie du patrimoine mondial intellectuel, mais dans le nouveau contexte d'un art jeune, celui de la photographie. Avec ces catégories déjà appropriées communément et traditionnellement par la pensée philosophique universelle, le philosophe français crée en même temps de nouvelles catégories, des sortes de néologismes, par exemple : fotograficité, objet problème, métaphotographique, etc. De plus, son texte, par la densité et le rythme de son style, touche les frontières de la poésie. Toutes ces caractéristiques ont rendu la traduction de son livre problématique, donc excitante et enrichissante.

écologique du terme, d'assurer le développement durable culturel dans le temps et dans l'espace.

Il ne s'agira pas d'une approche philosophique de la traduction, ni même d'esquisser une typologie des textes et des démarches philosophiques, mais des réflexions sur les langues, sur les cultures, sur le rapport du langage et de la connaissance, sur la traductibilité en général surgissant de la pratique du traducteur face à un texte philosophique français qu'il doit rendre en sa langue maternelle avec courage et responsabilité. On affronte alors la problématique de la terminologie comprise globalement et universellement, mais exprimée chaque fois localement en une langue particulière.

La grande quantité des définitions formulées sur la traduction prouve que l'acte de traduire est une activité locale et qu'on ne peut pas l'encadrer dans une théorie où dans une définition à valeur globale. On peut par contre y réfléchir globalement, justement grâce au fait qu'elle met en marche l'interprétation et la connaissance qui ne peuvent se développer qu'en langue[78].

La traduction est un dialogue et délocalise le texte dans un autre contexte culturel. La traduction est toujours conflit épistémologique qui tend vers une réconciliation, vers une compréhension mutuelle, ou plutôt, pour nuancer, vers l'illusion d'une compréhension.

La traduction délocalise le texte et atteint le niveau du global et de l'universel quelque part dans l'entre-deux, dans ce *no man's land* des langues où le texte de départ devient de nouveau pensée, prenant patiemment la forme d'une langue étrangère concrète sous la plume du traducteur. En ce sens, la traduction est essentiellement allégorique, elle est la représentation d'une idée abstraite naissant à partir d'un discours concret et c'est d'autant plus vrai pour les textes philosophiques qui se meuvent dans l'univers des images et des catégories formelles. La nécessité de la traduction naît justement d'un conflit entre un terme ou une expression et son intraduisible équivalant. Il reste alors à trouver des approximations tant au niveau des catégories que des constructions syntaxiques.

Les textes philosophiques sont chargés de néologismes ou de mots étrangers, ce qui indique à quel point certains termes et formulent peuvent résister à la traduction. Pourtant, un travail récent, le *Vocabulaire européen des philosophes*, une sorte de « dictionnaire des

78. Voir Sándor Albert, *Fordítás és filozófia* [*Traduction et philosophie*], Budapest, Éditeur Tinta, 2003.

intraduisibles »[79], montre bien que les différents réseaux des concepts formés par les langues enrichissent au contraire la pensée philosophique. L'universalité de la pensée se donne toujours dans la particularité d'une langue.

Comme l'explique Barbara Cassin, la rédactrice de ce vocabulaire :

> « *Parler d'intraduisibles n'implique nullement que les termes en question, ou les expressions, les tours syntaxiques et grammaticaux, ne soient pas traduits et ne puissent pas l'être – l'intraduisible, c'est plutôt ce qu'on ne cesse pas de (ne pas) traduire. Mais cela signale que leur traduction, dans une langue ou dans une autre, fait problème, au point de susciter parfois un néologisme ou l'imposition d'un nouveau sens sur un vieux mot : c'est un indice de la manière dont, d'une langue à l'autre, tant les mots que les réseaux conceptuels ne sont pas superposables* »[80].

Les philosophes, dans leurs textes, s'efforcent de trouver des catégories univoques pour rester dans l'abstraction, le plus loin possible des particularités de la vie qu'ils cherchent à comprendre. Ils créent des néologismes, sans référence historique, sans connotation gênante pour formuler des affirmations falsifiables et justifiables. Les philosophes se leurrent de partir des vérités globales des systèmes universels, mais ils ne peuvent que rester dans les localités de leur langue.

Comme dans beaucoup de pays au cours de leur histoire, les penseurs hongrois aussi, à la fin du XVIIIe siècle, veulent donner de l'autorité et de la dignité à leur langue – face au latin utilisé dans l'administration et dans les sciences, y compris la philosophie – en faisant de la philosophie en hongrois, en premier lieu grâce aux traductions bien sûr. Ils créent ainsi, d'une manière artificielle, le registre philosophique de la langue hongroise. Jusqu'à nos jours, notre langue soutenue et scientifique utilise un double système terminologique : d'origine latine et hongroise.

En hongrois, les mots tourner (*fordít*) et expliquer (*magyaráz*) ont une signification technique, linguistique et épistémologique, et en même temps une signification commune. Étymologiquement, le

---

79. Jean-René Ladmiral parle du *quodité* du texte source qui évoque les frontières du traduisible, in *Traduire : théorèmes pour la traduction*, Paris, Gallimard, 1994, p. 224. La quodité constitue la détermination de ce que l'on peut et doit traduire, c'est-à-dire la reconstitution du texte source en vue de l'écriture du texte cible.

80. Barbara Cassin (dir.), *Vocabulaire européen des philosophes*, Paris, Seuil, 2004.

verbe hongrois expliquer, interpréter (*magyaráz*) trouve son origine à l'époque des traductions de la Bible et nous signale que traduction, compréhension et interprétation sont en relation intime et nous conduisent vers la connaissance.

Aux XVIIe et XVIIIe siècles[81], époques d'une prise de conscience langagière des intellectuels hongrois, la vie publique (politique, sociale, administrative, scientifique, scolaire) naissante en Hongrie se déroule en latin, et en partie en allemand, au point qu'il est presque impossible de se débrouiller publiquement en hongrois. Le résultat en est, d'une part que la langue hongroise, à part l'enthousiasme pour la langue maternelle de quelques-uns, se réduit aux bourgades, aux villages et aux fermes et, d'autre part, que notre langue se corrompt du point de vue de son rôle public, de sa force d'expression, de sa phraséologie et de son style. C'est justement contre cette tendance que s'élèvent les écrivains et les grammairiens, durant les trente dernières années du XVIIIe siècle, lorsqu'ils déclenchent la lutte pour les droits de la langue hongroise, une lutte qui reste acharnée jusqu'au milieu du XIXe siècle.

À la fin du XVIIIe siècle, les mouvements linguistiques de l'époque des Lumières hongroises sont menés par des intellectuels comprenant en profondeur les choses de la langue, et prêts à agir pour la cause de la langue maternelle, comme Kazinczy, Révai, Verseghy. Ils harmonisent en Hongrie le fondement conceptuel et la réalisation pratique du renouveau langagier et ils déclenchent un mouvement pour la culture de la langue, merveilleusement organisé, coopératif et très efficace par rapport aux conditions hongroises de l'époque. L'époque des Réformes (première moitié du XIXe siècle) continue ce travail d'une manière organique et assidue.

La question du développement de la langue et de la culture (hongroises), c'est-à-dire du développement et du progrès nationaux, attire de plus en plus l'attention dans le dernier tiers du XVIIIe siècle. L'idée centrale des Lumières hongroises se formule peu à peu : pour que la nation évolue et devienne indépendante, la culture d'une langue améliorée est indispensable et une langue étrangère ne peut pas servir à l'évolution de la nation.

Les traductions réalisées sont utiles et à l'individu et à la communauté : les traducteurs (en grande partie écrivains et poètes

---

81. Sur l'histoire de la traduction en Hongrie voir les travaux d'Ildikó Józan et d'Anikó Ádám, menés au sein du groupe de recherche *Histoire de la traduction en Europe médiane* (INALCO, CEEM), cf. http://histrad.info/index.php?option=com_content&view=category&layout=blog&id=49&Itemid=80.

eux aussi) qui cherchent à instruire leur public et qui luttent en même temps contre le provincialisme de la vie intellectuelle hongroise tirent des leçons des œuvres étrangères traduites et apprennent à appliquer les nouveautés techniques. Ce phénomène est appelé par George Steiner[82] réciprocité où les corrélations d'un texte avec toutes ses traductions, ses imitations, même ses parodies sont tellement complexes qu'il paraît impossible de les encadrer par des théories. Ces rapports se réfèrent à la problématique des significations, aux changements chronologiques de celles-ci, ainsi qu'à l'existence et aux influences du fait linguistique en dehors de sa forme originelle et concrète.

> « *Sans l'architecture lexicale* – écrit Siobhan Brownlie – *le discours ne serait plus philosophique, mais littéraire ou poétique [...]. À la différence cependant de la terminologie technique et scientifique où les termes sont élaborés et normés au sein d'une communauté de spécialistes, les termes philosophiques sont associés de façon intime à des individus* »[83].

Des ensembles de termes constituent des réseaux où un terme est défini par ses rapports aux autres termes de l'ensemble.

La traduction de la philosophie se révèle alors entre le texte littéraire (images, métaphores, symboles) et le texte scientifique, technique. De plus, parler de la traduction de la philosophie engendre un discours philosophique concernant plusieurs domaines de réflexions : esthétique, philosophique, linguistique, psychologique, etc. Au couple traduction technique et traduction littéraire, un troisième membre peut être ajouté, la traduction philosophique et, plus généralement, la traduction du discours théorique culturel.

Le grand danger pour le traducteur des textes philosophiques est de ne pas reconnaître qu'il s'agit d'un terme technique. Il doit avoir une riche culture philosophique et technique. Mais cela dépend également de lui, de son choix subjectif, de décider si un mot est un terme faisant partie du réseau terminologique du philosophe ou si le mot est utilisé par le philosophe au sens commun.

---

82. Cf. George Steiner, *Bábel után* (*After Babel*), traduit en hongrois par István Bart, Budapest, Corvina, 2009.

83. Siobhan Brownlie, « La traduction de la terminologie philosophique », cf. http://id.erudit.org/iderudit/008017ar.

« *En cela, effectivement, le traducteur philosophique ne fait que poser le problème de toute traduction, avec une acuité particulière, et nous rappeler au destin herméneutique de traduire, qui impose au traducteur l'obligation de procéder constamment à des interprétations minimales ou ponctuelles avant d'opérer ses choix lexicaux* »[84].

Il nous paraît souhaitable d'examiner en quoi consiste l'aspect philosophique d'un texte, quels sont les caractères distinctifs d'un texte philosophique par rapport à un autre texte et où se trouvent ces mêmes caractéristiques de l'abstraction d'une langue à l'autre. Puisque ce sujet est trop vaste pour pouvoir le traiter dans une telle étude, nous ne nous concentrons que sur quelques aspects. Il faut prendre en considération également le langage traditionnel philosophique, c'est-à-dire l'histoire du développement du langage philosophique qui était en Hongrie fort influencé par la tradition allemande et dans la syntaxe, et dans le vocabulaire.

Un discours scientifique demande une précision au niveau des concepts, des notions univoques, des affirmations justifiables et falsifiables. Le langage le plus apte à dire des propositions univoques, purement symboliques, à savoir scientifiques et théoriques, est celui des mathématiques. Dire la même chose, ce n'est possible qu'en mathématiques, langage symbolique qui ne demande même pas d'être traduit.

Dans le cas de l'écriture de François Soulages, on trouve, en référence à des philosophes, des termes et des catégories devenus universels, traduits, au cours de l'Histoire, toujours d'une manière identique dans les versions hongroises. Puisqu'il cherche à fonder une esthétique de la photographie, il crée, sur la base des théories esthétiques, philosophiques et psychanalytiques, une nouvelle terminologie aussi, ou plutôt de nouveaux nœuds capables d'entrer en réseau avec les termes des autres disciplines, ainsi qu'il crée de nouveaux termes, c'est-à-dire de nouvelles relations de termes et de concepts. Mieux, tout en reliant des mots qui ne s'articulent pas de la même façon dans la langue de la communication quotidienne, il crée de nouveaux syntagmes.

François Soulages se réfère à des systèmes et à des connaissances philosophiques devenus universels, mais qui s'interprètent et se comprennent dans un contexte local, dans notre cas hongrois, pour revêtir ensuite la forme d'une terminologie

84. Jean-René Ladmiral, « Éléments de traduction philosophique », *Langue française*, n° 51, 1981. pp. 19-34.

hongroise, beaucoup plus imagée que la terminologie française. Par exemple le « ça » freudien est connu en Hongrie dans la traduction de l'écrivain Dezső Kosztolányi : *mély én* (moi profond), beaucoup plus topographique, sensuel, donc concret, imagé.

Les termes philosophiques abstraits, pareillement aux mots en général des langues, se remplissent de connotations et de significations particulières, locales dans le temps et dans l'espace. Preuve en est que dans la théorie littéraire structuraliste, les théoriciens ont choisi volontiers des termes du grec ancien par exemple pour se débarrasser des termes techniques usés, pour avoir des concepts purs, donc univoques.

Une autre démarche langagière de la philosophie est de garder les termes, mais de leur attribuer de nouveaux sens. François Soulages aussi, quand il utilise dans le contexte de la photographie la terminologie de la psychanalyse freudienne, applique ce procédé. Cette purification mallarméenne des termes, en les replaçant dans un autre contexte scientifique, demande au lecteur/traducteur une opération d'abstraction qui se déroule à travers un déplacement, non pas forcément vers un autre contexte scientifique, mais vers une autre culture, vers un autre tempérament philosophique concret et local. Il ne s'agit pas d'un mouvement vertical ou horizontal de la réflexion, mais des deux en même temps. Levinas[85] souligne que la transcendance signifie, étymologiquement, une traversée (*trans*), mais aussi une montée (*scando*). Ainsi, en son sens originel, la notion de transcendance conduit au concept de dépassement, de mouvement ascendant ou qui porte au-delà. La transcendance de la subjectivité atteste cette étonnante possibilité de dépasser toute situation de fait et d'excéder toute définition.

La signification est le résultat de l'articulation de deux choses (mot/contexte). Cette démarche dans le texte philosophique suit la création des images poétiques, sauf qu'ici la relation s'établit entre concept et concept, tandis que dans le cas de la poésie entre deux niveaux sémantiques d'abstraction (vivant/non vivant, naturel/humain, partie/tout, etc.). Le texte de François Soulages, par moments, devient aussi poétique, avec un rythme musical, toujours concret puisque sensuel. Les caractéristiques de ce texte philosophique rendent problématique la traduction, non seulement à l'échelle terminologique, mais aussi syntaxique.

85. Emmanuel Levinas, *Altérité et transcendance*, Paris, Fata Morgana, 1995, p. 133.

Comme nous y avons déjà fait référence, pour des raisons historiques, le traducteur hongrois de textes philosophiques doit affronter ce double registre de la terminologie. Ce n'est pas seulement une donnée générale du hongrois, mais cela correspond aussi à un fonctionnement ordinaire de la langue philosophique. D'ailleurs, on trouvera concurremment de nombreux cas où les deux mots sont même strictement synonymes et fonctionnent non pas comme les termes d'une opposition sémantique, voire terminologique, mais comme des variantes stylistiques aussi bien dans une même phrase que dans un texte philosophique.

Les termes philosophiques sont élaborés par des individus dans un contexte culturel particulier et dans une langue spécifique, il n'en existe pas, par contraste avec les termes technologiques et scientifiques, d'équivalents préexistants dans une autre langue. Ce sont les traducteurs du philosophe qui ont donc la responsabilité de créer des équivalents.

On pourrait dire que par ces couples de mots, d'origine latine et hongroise, une synonymie parfaite devient possible. C'est une illusion bien sûr. Rien que la forme et la sonorité différentes de ces doubles rappellent des connotations très variées. Le traducteur donc se trouve devant la même situation de choix embarrassante que dans le cas de n'importe quel autre mot.

Le mot objet par exemple est le terme le plus abstrait possible des textes philosophiques en différentes langues, mais, par sa signification même il se réfère à la fois à des choses concrètes et il a presque autant de significations que de contextes où il apparaît. En hongrois, le mot *tárgy* (objet) n'a pas son double, mais par contre sa dérivation adjectivale « objective » peut se dire en hongrois (en latin *objektív* et en hongrois *tárgyilagos*). Le problème du traducteur est que le terme d'origine latine a une signification technique, philosophique, générale, tandis que l'équivalent hongrois s'utilise au niveau du concret, et veut dire une caractéristique particulière : juste, impartial. On a du mal cependant à rendre d'une manière univoque en hongrois l'expression de la littérature objective de Barthes, où « objectif » doit être compris au sens photographique du terme qui en hongrois se dit *objektív*, un substantif cette fois, terme technique, partie de l'appareil photo, avec par conséquent un sens concret.

Un autre exemple possible est le contraire de l'objet : le sujet. Dans ce cas aussi, le traducteur doit prendre des décisions graves entre la forme latine du mot *szubjektum* qui apparaît forcément dans un contexte psychologique et philosophique, mais qui ne s'utilise jamais dans la linguistique. Par contre son double hongrois, *alany*, est une catégorie grammaticale et linguistique.

Le même dilemme se pose par exemple dans le cas du mot « photographie » qui peut se dire d'après son origine grecque *fotográfia* (l'art et l'image photographique), mais aussi en hongrois *fénykép* (image de lumière) qui s'utilise plutôt dans le contexte artisanal de la photo et pas du tout dans le contexte artistique.

On a tort tout de même de n'évoquer que la traductibilité ou l'intraductibilité de la terminologie. On a vu, grâce à Barbara Cassin, que la traduction se décide surtout au niveau de la syntaxe au sens général du terme. Puisque le hongrois est une langue agglutinante et se construit, au niveau de la morphosyntaxe, en direction inverse du français, rendre les rapports hiérarchiques, sémantiques de la phrase française devient fort problématique pour le traducteur. Pour la deuxième partie du titre du livre de François Soulages, *Esthétique de la photographie, la perte et le reste*[86], il est presque impossible de garder en hongrois cette double construction – répétition dans la structure et opposition dans la signification. Le mot « reste » en hongrois ne s'utilise que dans un contexte particulier, culinaire, surtout pas dans un contexte philosophique et esthétique. Le traducteur est donc contraint de transformer ce titre en construction verbale.

Dans les textes philosophiques, le traducteur hongrois doit affronter un autre aspect également, les décalages des niveaux d'abstraction d'une langue à l'autre. L'usage du singulier et du pluriel reste un moyen langagier de signaler ce glissement entre les registres. Sans entrer dans les détails, un des meilleurs exemples pour illustrer cette stratégie est celui de Marcel Proust qui a longtemps hésité entre philosophie et roman. Le lecteur de Proust peut suivre l'indétermination générique du romancier grâce à l'usage du singulier pour les particularités et du pluriel pour passer aux enseignements philosophiques et universels tirés à partir de ces particularités de la vie.

En lisant les traductions hongroises de *La recherche du temps perdu*, on constate que le texte proustien échappe effectivement à sa propre abstraction, l'altérité du texte à traduire étant mise en rapport avec le particularisme historique, syntaxique, rythmique ou idiomatique de la langue étrangère, dans ce cas, hongroise, ainsi qu'à la sensibilité singulière du traducteur évoquant celle de l'auteur.

---

86. François Soulages, *op. cit.*

« *La traduction questionne universellement la condition existentielle de l'individu qui est celle de sa nécessaire appartenance à un cadre linguistique donné. Davantage, l'étrangeté peut être mise à profit pour renouveler la langue cible et les mentalités dans la mesure où celles-ci sont disposées à le recevoir* »[87].

Le problème d'une langue globale possible nous rappelle les réflexions de Mallarmé sur la langue poétique parfaite et universelle qui synthétise deux langues parfaites, celle des mathématiques, pure abstraction sans aucune référence directe à aucune réalité, et celle de la musique, purement sensuelle sans aucune référence à aucune réalité. Merleau-Ponty nous enseigne qu'« il nous faut penser la conscience dans les hasards du langage et impossible dans son contraire »[88]. Pour comprendre le monde d'un point de vue vraiment extérieur à nous, il faudrait que nous puissions quitter notre langue. Et cela signifierait notre mort. La pratique de la traduction est une activité complexe dont un des aspects les plus centraux est épistémologique. Le traducteur est contraint de faire abstraction des propositions particulières de la langue source pour comprendre tous les registres et nuances du texte de départ. Le traducteur purifie d'une certaine manière le texte à traduire ; à la manière de Mallarmé, il l'enlève de son contexte, il l'enlève de son milieu langagier, il cherche à le transformer en un modèle global, sans vie, il essaie d'en trouver l'algorithme, l'ordre, il le tue pour pouvoir le réanimer dans un autre monde particulier, local, dans l'effrayant désordre d'une autre langue.

Il n'y a aucun modèle qui puisse encadrer l'ensemble de tous les phénomènes linguistiques, comme nous explique encore Merleau-Ponty : « L'algorithme, le projet d'une langue universelle, c'est la révolution contre le langage donné »[89]. La traduction devient alors révolution quand la langue est en vacances, avec l'expression de Chateaubriand qui parle du peuple en vacances lors des révolutions, hors temps et espace historiques, dans un monde à l'envers.

Nous vivons dans un univers inachevé et inachevable, un univers incomplet que nous connaissons par proximité, par addition, par collection des parties et des morceaux. Un univers dont la composition doit suivre la topographie des singularités, des petits mondes.

---

87. Cf. Sathya Rao, *La traduction aux mains de la philosophie : théorie d'une manipulation*, www.post-scriptum.org (n° 3, 2003), paragraphe 12.
88. Cf. George Steiner, *Bábel után* (*After Babel*), *op. cit.*, 97.
89. *La Prose du monde*, Gallimard, 1969, p. 10.

Le traducteur, capté par la langue source, doit adopter la même stratégie de connaissance et de composition. Il se met à traduire parce qu'il croit en la possibilité de s'échapper de cette captivité, il essaie de vaincre, de dissimuler l'autre langue, et finalement de s'en libérer. Il finit par se procurer une liberté illusoire. Cette liberté illusoire dans un système totalitaire, par exemple, devient existentielle. Si l'on accepte que la traduction, au sens général du terme, c'est-à-dire que l'évolution de l'usage des langues signifie à la fois une contrainte réductrice au cours de la perception et de la connaissance du monde, y compris la saisie de soi-même, la traduction devient incontournable pour survivre[90].

Nous pouvons conclure que les philosophes s'expriment, d'une façon ou d'une autre, et rien ne peut les empêcher de nous parler grâce aux traducteurs qui s'efforcent d'équilibrer la relation conflictuelle, tension entre la langue source et la langue cible. Avec l'expression de George Steiner, c'est l'étape finale de la traduction, la compensation de la part du traducteur. La traduction dédommage le texte original en lui assurant l'éternité et en l'introduisant dans un nouveau milieu géographique, culturel, et ajoutons politique, ce qui l'enrichit d'un contexte nécessairement fermé devant lui.

Anikó Ádám

90. Cf. George Steiner, *Bábel után* (*After Babel*), *op., cit.*

Chapitre 5[91]

Généalogie d'un mythe moderne

Toute la vie sociale semble touchée par la globalisation. Le phénomène de globalité s'empare progressivement de sa préfiguration ancienne de mondialité et élargit ses sens originels dans des dimensions inattendues. Des possibilités inhabituelles de vision du monde perfectionnée par la technique et les médias ont changé les paramètres de valeur de la production et de la réception de la culture, constituées à l'origine sur la base de traditions et de rituels, et soumises à présent à des règles techniques et commerciales. La culture globalement ouverte offre à l'homme des possibilités extraordinaires d'une nouvelle identité culturelle, mais la complexité et la versatilité infinies qui résultent de cette ouverture fonctionnent plus souvent comme une source de doutes que comme un moyen d'identification spirituelle.

De nos jours, des tendances globales résultant de l'intrusion généralisée de la technologie et de la commercialisation de toutes les sphères de la vie sociale colonisent la tradition extrêmement rapidement pour la soumettre à la politique des médias et à un commerce omniprésent. On ne comprend qu'avec difficulté que les possibilités offertes peuvent représenter en même temps des possibilités pour l'homme de se réaliser et de s'identifier avec la culture, mais que ces possibilités ne sont qu'une vision artificiellement maintenue, un mythe au service des intérêts économiques et politiques anonymes.

On peut prendre l'exemple du rituel du baptême. Dans son sens originel, défini par la culture traditionnelle, c'était un rituel uniquement religieux, un moyen d'initiation de l'homme à son entrée dans le monde chrétien. À présent, ce rituel est transformé en un espace conceptuel pour la publicité et pour la popularisation de masse des produits industriels fabriqués en série. Aujourd'hui, des voitures, des livres, des productions de musique, simplement tout ce qui est doté d'une valeur potentielle de marchandise est devenu l'objet de

91. Chapitre traduit du slovaque par Monika Tchuríková.

cérémonie rituelle. Le rituel d'initiation concerne la valeur d'échange au moment de son entrée dans des réseaux d'affaires. L'efficacité de l'action de ce mécanisme est basée sur les structures traditionnelles de l'entité transcendantale kantienne parce qu'elle fait revivre le souvenir de la cérémonie qui était dans son sens originel un sacrement religieux constitué d'un rituel et d'une tradition culturelle. Ici, la publicité emprunte le rituel comme un phénomène esthétique et un moyen de sacralisation d'une atmosphère d'environnement civilisationnel, commercialisée et privée, de spiritualité.

Même s'il apparaît du point de vue historique que c'est un triomphe de la sécularisation, il s'agit plutôt de celui de la publicité qui profite d'un archétype rituel de la réalité religieuse. Dans un monde globalisé, on ne se rend pas souvent compte de comment les différents types de politiques, à partir de la publicité, de l'industrie des médias et jusqu'aux idéologies de la « grande » politique, s'approprient les valeurs traditionnelles à travers l'interprétation esthétique de la réalité, ni comment ces procédés en quelque sorte « externes » relativisent le statut social de l'art et de la culture.

Le développement des forces de production, provoqué par le progrès technique, a changé le rapport du capital aux institutions, dont l'importance était contestée lors de l'application de ses paradigmes profanes. Dans les sociétés prémodernes, la population vivait à la campagne où le rituel maintenait, à travers la tradition, l'équilibre entre l'homme, la nature et le groupe social dont il faisait partie et qui lui donnait un sentiment d'identité. Quand le capital a entraîné les populations rurales à se déplacer vers les villes, il a intégré l'individu dans une masse à laquelle il n'était plus lié par des traditions et par un rituel commun, mais seulement par une même destinée qui faisait de tous sans exception une force productive technique. La nouvelle identité et l'aliénation ont fait naître le psychisme de l'homme moderne qui subit rapidement de nombreuses manipulations, prenant des formes cyniques de ce qui le rapprochait jadis du monde et des gens.

Les expositions sont devenues un des premiers rituels spectaculaires de l'époque moderne. Le capital les a découvertes pour sa politique de démonstration et de représentation, en introduisant les expositions industrielles, dont est issue la tradition des expositions mondiales. D'après Walter Benjamin, à l'époque moderne, les expositions ont pris la forme d'un lieu rituel vers lequel se dirigent les masses circulantes pour se plonger dans l'admiration de la valeur d'échange[92]. Dans son essai, Benjamin décrit d'une manière critique cette liaison de l'entreprise commerciale et de l'arrangement esthétique de la réalité en y constatant une des dimensions principales du lien interne entre le pouvoir économique et l'esthétique.

Selon Benjamin, sur les expositions mondiales,

> « *la valeur utilitaire des objets de consommation quotidienne cède aux fantasmagories créées par l'arrangement des objets non vivants et à l'éclat divertissant qui les entoure* »[93].

Les expositions mondiales ont introduit un principe esthétique dans la vie comme principe fondamental de la politique publicitaire moderne et de l'entreprise commerciale. Benjamin a identifié, avec une clarté extraordinaire, le phénomène de l'expansion générale de l'esthétique à l'époque moderne. Cette expansion a été intensifiée par l'activité des médias modernes et par la manière dont les différences entre la valeur artistique et celle d'échange ont commencé à être relativisées.

Avec la possibilité de reproduire l'œuvre artistique et l'apparition des médias comme la photographie et le film dans un espace réservé à l'exclusivité spatio-temporelle et à l'unicité d'une œuvre, les sculptures ou les tableaux ont abandonné leur base rituelle originelle et acquis, avec la fonction de l'exposition, une qualité nouvelle d'influence sociale, liée à ces techniques de reproduction. La possibilité d'être reproduite ne devrait pas, bien sûr, entraîner de problème esthétique. Anciennement, la technique de la gravure sur bois a rendu accessible la forme visuelle des textes à tous ceux qui ne savaient ni lire ni écrire et, malgré cela, on ne considère pas la gravure sur bois comme une dévalorisation de l'art. L'œuvre reproduite n'a pas de liaison ni de connexion uniques ; elle peut être omniprésente et accessible à tout moment pour les récepteurs. Ainsi, la valeur artistique peut être appropriée à tout moment et de toute manière par le commerce ou la politique qui ont pénétré ensemble l'art et la culture avec le développement des médias d'information et de communication.

À l'époque moderne, c'est le moyen esthétique de l'interprétation de la réalité qui a été symptomatique, via lequel le

---

92. Walter Benjamin, « Grandwille aneb světové výstavy », in *Dílo a jeho zdroj*, (Traduit par Věra Saudková), Prague, Odeon, 1966, p. 71.
93. *Ibidem.*

capital a imposé le culte de la valeur d'échange, offert aussi à l'art par la valeur d'exposition. Les expositions, ce rituel repris et le premier média moderne de démonstration de la valeur d'échange, ont été érigées en institutions officielles de la représentation esthétique de la réalité, acceptée aussi par l'art autonome lors de son identification avec la fonction sociale de l'objet exposé. La théorie esthétique a réagi à cette situation en se concentrant sur la redéfinition du terme d'« art » en tant qu'objet de l'esthétique, retrouvé après la substitution de la catégorie de l'esthétique à la catégorie de la beauté. En même temps, l'esthétique signifiait l'émancipation de la pensée esthétique dans l'art et dans la vie grâce à l'ouverture des frontières d'une compréhension esthétique et d'une évaluation des aspects jusque-là marginalisés de la vie quotidienne. Cette ouverture a également suscité au sein de l'esthétique des doutes et des craintes quant à la disparition des traditions des valeurs les plus hautes et de l'institution de l'art de haut niveau, si le statut d'autonomie n'est pas suffisamment protégé. Cette autonomie devrait être une promesse de la valeur la plus haute de l'œuvre artistique. De fait, la question de l'immanence de l'œuvre artistique et des aspects méthodiques de la philosophie analytique, basés sur une stricte distinction scientifique et sur une classification des régulateurs sociaux externes et des conditions internes individuelles, a pris la première place dans le domaine de la compréhension et de l'évaluation de l'art.

Le critère de la valeur la plus haute de l'œuvre artistique, dont le point de départ était la catégorie kantienne de la beauté non interventionniste comme une valeur nette sans intention externe et sans but spécialisé, a transféré le centre de la compréhension et de l'interprétation de l'œuvre d'art à des performances analytiques, en se basant sur une analyse précise des éléments internes de la création artistique. De cette façon, des aspects d'interprétation et d'évaluation de l'œuvre d'art ont atteint un niveau plus élevé de recherche scientifique et d'exploration, de révélation, de justification, de vérification et d'attestation professionnelle des qualités purement transcendantes de l'œuvre artistique.

Le lien entre l'idée d'une valeur interne pure et l'orientation esthétique de l'œuvre d'art sans orientation fonctionnelle excluait par principe la compréhension et l'évaluation de l'art en rapport avec n'importe quelle fonction externe. Puisque les aspects professionnels de l'interprétation et de l'évaluation se concentraient sur une œuvre artistique comme objet d'une imagination interne pure, les aspects de l'action et de l'influence des régulateurs sociaux externes sur l'art, y compris sur ses propres institutions, se sont trouvés, en tant que sphère externe, en dehors de l'objet et de l'intérêt de la théorie esthétique. Hormis ses aspects professionnels, il y a aujourd'hui aussi une explication du changement de la relation entre l'art et les institutions traditionnelles de la religion et de la science académique. Cette explication est mise en cause par le temps présent, par l'affrontement de ses propres limites. Par la voie de l'interprétation esthétique de la réalité, le capital continue à renouveler ses liens avec les institutions traditionnelles et englobe l'art de nouveau.

Le terme d'« art autonome » se trouve également hors des compétences esthétiques. Avec la médiatisation progressive de l'art, les compétences de sa compréhension et de son évaluation se sont diffusées vers des institutions toutes nouvelles, vers leurs administrateurs et propriétaires, conseillers, sponsors, commerçants et experts intéressés par le profit engendré par l'espace de la culture globale des médias. Les expositions, phénomènes de représentation culturelle tout à fait autonomes et spécifiques, relèvent également de ces exigences économiques et politiques calculées à l'avance, pour que chaque passion pour l'art puisse être payée, en commençant par un propriétaire ou par un administrateur d'un site d'exposition jusqu'au chauffeur de taxi. L'activité professionnelle et organisationnelle des théoriciens et des experts doit être payée dans sa totalité, tout comme la médiatisation et la publicité de l'événement. Il semble que la seule personne, en dehors de l'audience, qui participe à l'exposition sans revendication et pour sa passion pour l'art, est l'artiste. Dans ce cas, il faut aussi parler du profit, plus précisément du profit symbolique, qui consiste en l'apparition de l'artiste et de son œuvre dans les médias. Le profit symbolique qui met l'artiste en vue est à présent encore plus important que le profit financier. Même les personnages connus qui investissent les événements publics, comme les politiciens, ne demandent pas à être payés parce qu'ils ont besoin d'être vus. Dans certains pays, de telles activités des politiciens sont réglementées parce que le public peut les considérer comme une forme de publicité indésirable. Pour un artiste, le moment de sa présentation au public est une question liée à son succès professionnel. Si le nom de l'artiste n'apparaît pas dans les médias, il est pratiquement inexistant.

Ce n'est que grâce à une perspicacité et une sensibilité personnelle et professionnelle de certains producteurs et commissaires que de temps en temps des œuvres d'artistes contemporains des pays en voie de développement apparaissent dans le cadre d'expositions importantes. Après une certaine période, les œuvres de ces artistes ou les artistes eux-mêmes commencent à être actifs dans des centres culturels occidentaux plus importants où l'originalité et l'authenticité de leurs œuvres s'intègrent dans l'offre du marché des autres produits culturels. La valeur artistique s'articule avec des profits économiques et politiques calculés par avance, desquels dépendent le fonctionnement social de l'art et les moyens de son évaluation. Dans ce contexte, on peut parler d'activités et d'opérations spécifiques, où il s'agit de maintenir l'impression que l'art et la culture représentent un soutien de l'environnement social uniquement spirituel et alors absolument sans bénéfice. Dans cette politique culturelle, les médias et les institutions culturelles spécialisées, comme les musées, jouent un rôle de premier plan. Au musée, l'œuvre acquiert une valeur artistique de long terme, c'est-à-dire que l'œuvre obtient un droit au prestige et à la reconnaissance, ainsi que le droit d'être lancée sur le marché.

> « *Les musées peuvent acheter et préparer mes œuvres ; il y a des gens compétents, qui vont les présenter et comprendre. En plus, je [...] m'intéresse [...] à* Futur-II-Moment *[exposition à Venise en 2005 ...] surtout comme à une possibilité politiquement créative dans le sens suivant : cela pourrait être le passé. Je trouve le musée attractif, car la perspective offerte est de long terme. Il n'y a que peu d'institutions se basant autant sur la durée. Et la maintenance de la politique de long terme est également offerte à ces institutions* »[94].

Tino Sehgal, artiste allemand de la Biennale de Venise (2005), caractérise ainsi sa relation envers le musée en tant qu'institution. Comme il le dit lui-même, l'auteur crée un art de nature immatérielle et c'est pourquoi ni un catalogue, ni un autre type de publication liée ne pouvaient faire partie de son exposition dans un pavillon allemand pendant la Biennale de Venise. Dans cet exemple, le catalogue a été remplacé par une interview avec un philosophe, Peter Sloterdijk, qui a été publiée dans un supplément culturel du journal allemand *Die Zeit* et dont voici quelques extraits :

---

94. Tino Sehgal, « *Kunst im Futur II.* Der Künstler Tino Sehgal und der Philosoph Peter Sloterdijk – ein Zeit – Gespräch zur Biennale in Venedig », in *Die Zeit*, n° 24, 9 juin 2005, p. 50.

« **Peter Sloterdijk :** *Si vous parlez de la politique, pourquoi êtes-vous tellement sûr que vous devez être un artiste?*
Tino Sehgal : *J'ai plusieurs raisons. Premièrement, les arts plastiques se basent sur la notion de durée, sur la communication intergénérationnelle. Deuxièmement, ils peuvent se différencier eux-mêmes sans disparaître. C'est pourquoi une position telle que la mienne est possible. Mais son rôle principal est surtout celui de refléter les relations entre les gens et les choses. Alors si je n'ai aucune chose, j'ai quand même une réflexion sur quelque chose par quoi je peux la remplacer. Ce qui est aussi intéressant dans le domaine de l'art, c'est qu'on peut remplacer quelque chose par une action, mais cela reste entre parenthèses. On peut l'essayer sans blesser quelqu'un.*
Die Zeit : *Monsieur Sehgal, souhaitez-vous remplacer le catalogue de votre exposition à Venise par des interviews comme celle-ci dans des journaux ? Est-ce que cela fait partie de l'œuvre d'art ? Est-ce que vous considérez la terrasse de Peter Sloterdijk, où nous sommes assis, comme une partie du pavillon allemand ?*
Sehgal : *(en riant) Pour moi, l'art n'est pas quelque chose de passager, comme cette interview. C'est quelque chose qui dure et peut se répéter, ne fût-ce qu'au musée. Et si je vois bien, il n'y a pas de musée ici.*
Sloterdijk : *Vous voyez bien, mais on est en quelque sorte dans un espace sur lequel prend appui le catalogue. Et le théorème d'Arnold Gehlen selon lequel l'art contemporain devient art avant tout dans les textes et dans les interviews qui l'accompagnent. Cela est déjà impliqué dans le mot « catalogue ». Il ne faut pas aller loin pour trouver «* katalogos *», à partir duquel il est créé.*
Die Zeit : *Et alors pourquoi notre* katalogos *ne peut pas être publié dans une forme de catalogue relié, Monsieur Sehgal ?*
Sehgal : *Parce que le principe fondamental de mon travail est de ne pas produire des choses matérielles, même pas les livres, mais les œuvres qui sont quelque chose et rien en même temps. Je charge les gens de faire quelque chose à l'exposition, comme les gardiennes de musée de chanter, disons,* This is propaganda, you know, you know. *Mon art se matérialise dans les corps des interprètes.*
Sloterdijk : *Mais cela ressemble trop à la performance, n'est-ce pas ?*
Sehgal : *Vous vous trompez. La performance, c'est une fuite devant des marchés et des musées. Moi, par contre, je cherche à opérer à l'intérieur du marché et du musée.*
Die Zeit : *Mais comme ça, il n'y a pas d'œuvre créée...*
Sehgal : *Si, il y a une œuvre, mais pas une œuvre qui soit fixée sur quelque chose de matériel. Le point de départ de mon travail est le fait*

que, depuis les années 1950-1960, à l'Ouest, on vit dans des sociétés où l'offre dépasse la demande. Cela a déjà été démontré par l'économiste John Kenneth Galbraith que Monsieur Sloterdijk cite dans son avant-dernier livre. Ainsi, un cas sans précédent apparaît dans l'histoire : on produit plus que ce dont on a besoin. La minorité ne trouve pas cela juste ; au moins on attend que l'économie cède à la pression de la logique. On traverse quelque chose comme un coup d'époque.

Sloterdijk : *Vous disiez que l'offre artistique se trouve sur la même ligne continue avec l'offre des produits restants. Est-ce que vous profanez l'art ?*

Sehgal : *Parler de profanation, cela ne me convient pas. Pour moi, l'art est une fête qui célèbre la liberté des gens, transforme la nature et crée les choses ; et il en résulte sa constitution subjective. L'art est une forme...*

Sloterdijk : *Dandy est un esthète absolu, qui atteint une transformation totale de la vie à l'image. À Munich, il existe depuis dix ans le mouvement ouvert neo-Dandy. Vous y trouverez des jeunes hommes habillés d'après le style britannique, qui portent à leur revers des œillets choisis avec soin.*

Sehgal : *Je ne m'intéresse pas tellement à la manière avec laquelle l'homme transforme lui-même le visuel. Je préfère poser la question de savoir s'il est possible de continuer à créer par exemple la subjectivité par le commerce, par des manières de comportement, par des formes de communication.*

Sloterdijk : *Dandy reste ce qu'il était depuis toujours. Il s'est transformé en statue. Il pose devant le monde et de cette façon il change les gens qui le rencontrent en « porteurs » qui le gardent en mémoire. Une existence se trouve à* Futur II. *Cela ne touche pas votre personnage, mais votre travail. Cela ne peut pas être autrement : ce qui reste dans la mémoire, c'est ce qu'il avait vu. Si vous rejetez le catalogue et les formes essentielles de documentation, vous ne conservez qu'un souvenir des visiteurs, qui sont devenus, involontairement, un livre historique.*

Sloterdijk : *Cela veut dire que vous, en tant qu'artiste, cherchez le travail qui ne représente pas les valeurs.*

Sehgal : *Il existe chez moi une création de valeur ; quand même je ne serais pas là aujourd'hui si je ne liais pas quelque chose d'immatériel avec le marché. Ici, la création de la valeur est liée à l'économie des ressources fossiles.*

Sloterdijk : *Mon collègue Boris Groys a développé une théorie qui dit que dans l'industrie moderne de l'art, quelque chose comme un cours de consommation est réalisé. Au début, les gens apprennent au musée comment distinguer les différences esthétiques. Ils reviennent dans une* *réalité quotidienne avec cette nouvelle capacité, basée sur l'art, la regardent d'une façon différente et sont ouverts à l'esthétisation de la réalité. C'est l'espace où le design est né.*

Die Zeit : *L'art au service de la société de consommation ?*

Sloterdijk : *Pour un amateur d'art, cette analyse est, bien sûr, insupportable. Mais du point de vue fonctionnaliste, elle montre largement que le progrès se trouve dans une conscience du mélange. Cela veut dire qu'il s'agit d'un changement de la production en feu d'artifice. Vous parlez souvent du sujet et de la différenciation. Cela pourrait souligner que le sujet crée parce qu'il sent très bien. Là on peut revenir à la fin du Moyen Âge, quand de nombreux bourgeois en imitant le Christ prouvaient qu'ils pouvaient être maîtres de leur propre douleur. Autrement dit, le sujet moderne vient de la capacité graduée à souffrir. Parce que celui qui sait souffrir, il sait presque tout, il sait également commercer...*

Sehgal : *Je m'occupe plutôt de la façon de vivre et de la célébration de la totalité. De l'ensemble avec la joie vient quelque chose qui m'intéresse dans mon travail : la liaison du travail responsable avec la joie, pas avec l'austérité ou avec le protestantisme.*

Sloterdijk : *Vous avez trouvé une vision du monde pour ceux qui sont au chômage, mais qui peuvent en même temps célébrer.*

Die Zeit : *Cela me rappelle que, finalement, tous les problèmes devraient être résolus par le marché.*

Sehgal : *Bien sûr, il existe toujours un ressentiment de la minorité culturelle envers le marché parce que le marché reste pour toujours le manifeste le plus fort des valeurs culturelles de la majorité. Personnellement, je ne suis pas capable d'y résister non plus. C'est pourquoi personne ne devrait condamner le marché. C'est un principe très démocratique, dans lequel chacun apporte quelque chose. Il nous reste une question : qu'est- ce qu'on va apporter précisément et quelles conséquences en résultent ?*

Sloterdijk : *Ici, le cercle de notre réflexion se referme. On est arrivé jusqu'au terme de « marché subtil ». Sur ce marché subtil, les valeurs très immatérielles vont être échangées d'une manière exacte, comme des marchandises réelles. On y trouve la question de la valeur utilitaire qui atteint un niveau de plus en plus élevé, parce que le marché devient subjectif et qu'il s'agira de plus en plus de l'élaboration d'une personnalité. Maintenant, il ne vous reste qu'à me persuader que j'aurais l'air un peu plus certain en tenant votre œuvre. Après, je la trouverai. »*

L'artiste voit comment intégrer sa subjectivité et son œuvre dans l'environnement social en liaison avec l'institution du musée et en même temps avec le marché. Il s'est débarrassé du problème de la relation directe entre la valeur artistique et du « cadeau » à la société ; il s'est débarrassé du marché en le transférant vers le domaine de l'institution.

Plus tard, il cherche différentes manières de distinguer la valeur de son œuvre de la valeur d'échange courante du produit, avec laquelle la première se trouve au même niveau après le lancement de l'œuvre sur le marché. Les risques globaux du marché, tels que le chômage, résultent de la surproduction contemporaine de produits matériels. L'artiste, par sa participation, essaie d'éliminer en conditionnant la valeur artistique par quelque chose d'immatériel qui ne contribue pas à la surproduction ni au conflit social.

L'interprétation de l'artiste développe d'un côté son regard critique sur la surproduction contemporaine des marchandises matérielles et sur le problème du chômage et, d'un autre côté, défend la légitimité de la connexion de l'art avec le marché. Selon lui, dans ces conditions, l'art est possible grâce à la transformation des autres en « porteurs » (selon Peter Sloterdijk). Tino Sehgal considère ce point de départ comme « le transfert de la subjectivité », qui est en même temps économique et progressif, parce qu'il « ne blesse personne », ne contribue ni à la production des surproduits dont la société moderne n'a pas besoin et ni, alors, à l'exacerbation des conflits sociaux. Il en déduit une interprétation de l'art dans des conditions du marché, basée sur l'hypothèse qu'au sein du marché, l'art peut remplacer certaines productions de valeurs inoffensives du point de vue de l'économie et de la société. En même temps, il n'admet pas du tout que l'immanence de la valeur artistique soit placée sur la même ligne que n'importe quelle valeur d'échange, ce que le philosophe lui reproche également. De leur déduction commune résulte enfin un compromis qui accorde à l'œuvre d'art une valeur correspondante à sa fonction (à son classement) parmi les marchandises « plus hautes ou totalement immatérielles »[95] où il s'agit d'une sorte de version adoucie du marché contemporain.

L'attitude ambivalente où l'artiste et l'institution qui le soutient réclament le droit traditionnel à une position spécifiquement autonome de l'évaluation d'une œuvre d'art placée sur le marché, est

95. Dans l'interview citée, cette désignation renvoie à une variante immatérielle (spirituelle) de la valeur d'échange, qui représente une marchandise réelle, mais puisqu'elle a le caractère d'une œuvre d'art, elle est aussi une marchandise de plus haut niveau.

typique pour les versions modifiées contemporaines du mythe de l'autonomie de l'art. C'est Pierre Bourdieu, sociologue français de l'esthétique, qui a révélé les conditions d'une connexion entre le mythe de l'autonomie de l'art avec l'économie de marché de la manière la plus approfondie. Bourdieu, qui traitait la question de la position sociale de l'art et de la culture dans les conditions du marché de la culture occidentale, caractérise l'état contemporain en tant que marché des produits symboliques[96]. Selon lui, la logique spécifique de ce marché se base sur la double qualité du produit symbolique, spécifique, qui est en même temps produit et signification, alors que le prix symbolique et sa valeur utilitaire restent relativement indépendants. Cela résulte d'un côté d'une production culturelle volontairement orientée vers le marché et d'un autre côté d'une production d'œuvres d'un art autonome, basé sur le rejet du commerce.

Bourdieu décrit deux logiques contradictoirement polarisées de la production et de la circulation des marchandises culturelles. Un pôle est représenté par la « logique économique » orientée vers la vente rapide et qui est source de profits économiques à court terme. Le pôle opposé est alors représenté par l'économie de l'art pur « antiéconomique », basée sur le rejet du commerce et des profits économiques à court terme et qui privilégie une production spécifique liée aux exigences de la tradition autonome. Ce genre d'industrie artistique est orienté vers l'accumulation du capital artistique en tant que capital économique reconnu et légitime qui, dans certaines conditions, peut déboucher sur un profit « économique » à long terme. Selon Bourdieu, les profits économiques sont les plus sûrs pour le commerçant de l'art quand ce dernier transforme son capital économique en capital symbolique, représenté par un niveau élevé de prestige, de respect et de reconnaissance. Cela veut dire que, quand il l'investit ou l'inscrit dans une valeur d'art déjà vérifiée et publiquement acceptée, l'intérêt du marché s'oriente surtout vers les valeurs collectivement acceptées de la générosité et du désintéressement du talent, alors que ce talent n'est plus la propriété de l'artiste lui-même, mais de toute la société à laquelle il l'a offert en cadeau. L'investissement dans le « cadeau » qui est en même temps une propriété culturelle de la société, n'éveille pas de soupçon quant à la possibilité d'être, dans le futur, liée à une valeur d'échange, même si Bourdieu rappelle que chaque cadeau cache en

96. Pierre Bourdieu, « Der Markt der symbolischen Güter », in *Die Regeln der Kunst*, Francfort, Suhurkamp Verlag, 1999, p. 227.

soi une contre-valeur importante : la reconnaissance. C'est pourquoi Bourdieu parle de la « mode d'obsolescence » ou de vieillissement de la production culturelle, il s'agit d'une accumulation qui produit l'intervalle temporel commercial de l'implication et de la dissimulation du profit économique. Voilà l'investissement le plus intéressant et le plus désintéressé, profitable pour l'auteur, le critique et le commerçant d'art. Il s'agit d'une création de la réputation, suscitant respect et reconnaissance, et du capital de consécration qui implique la consécration des objets et des personnes, et où le pouvoir attribue le prix et gagne le profit de cette opération[97].

Contrairement à l'industrie littéraire et artistique, le commerce des œuvres d'art plastique ne permet pas aux auteurs ou aux producteurs d'obtenir un succès commercial comparable à celui d'*Harry Potter* ou de *Da Vinci Code*. Le marché et l'accumulation des produits symboliques ont alors une forme un peu plus spécifique. La demande d'œuvres d'art plastique n'est pas un phénomène de masse, mais le fait de secteurs commerciaux de la culture visuelle, de la publicité et de l'industrie du divertissement. Cela ne signifie pas qu'il n'y ait pas assez d'artistes, mais que l'audience s'oriente plutôt vers des formes légères du divertissement visuel de masse.

Avec des recherches statistiques relatives au marché et à la demande, il est possible dans l'industrie littéraire et artistique de créer une prévision de l'évaluation économique directe des investissements alors qu'il n'est pas possible de compter sur ce genre d'évaluation économique de masse sur le marché des œuvres artistiques.

Le commerce des œuvres d'art plastique utilise des mécanismes économiques traditionnels : relations d'échange via la réalisation directe sur les ventes ou par des réseaux spécialisés de commerçants. Le commerce des valeurs artistiques achevées, acceptées collectivement et depuis longtemps, n'a pas besoin de compter sur des profits économiques liés à la vente de tableaux de Rembrandt, Rubens ou encore Picasso. En effet, la demande et la vente sont orientées par les intérêts des commerçants et des collectionneurs, pour qui des voleurs et des imitateurs représentent le seul risque mettant en péril leurs investissements. Ce commerce est également influencé par l'état sur le marché de la production des œuvres d'art, car il l'oriente plutôt vers des profits économiques de long terme qui ne peuvent être assurés que par des œuvres de l'art pur. Il faut alors

97. *Ibid.*, p. 239.

une logique qui consacre l'obsolescence, qui crée un intervalle temporel nécessaire pour que la valeur de l'« art pur » soit affirmée et se transforme ensuite en capital symbolique déposé dans la valeur artistique. En ce qui concerne les œuvres d'art plastique contemporain, et plus précisément, des auteurs vivants, le marché des valeurs artistiques est très prudent. Il ne choisit que les noms les plus médiatisés, parce que du point de vue de la perspective à long terme, le succès dans les médias signifie que ces œuvres deviennent socialement acceptées et donc légalement reconnues comme ayant une valeur artistique élevée et qui va encore s'accroître après la mort de leurs auteurs. Pour Bourdieu, « celui qui n'a pas de succès dans les médias n'a pas de talent »[98]. Cette condition est, bien sûr, également valable dans l'autre sens : si le talent doit être publiquement reconnu, il doit alors avoir du succès dans les médias. Dans ce cadre, l'art plastique contemporain n'est plus dépendant de l'audience, mais de la politique des institutions des médias qui « vont faire » sa réputation.

L'artiste médiatisé par une institution qui se spécialise dans la reconnaissance du talent et sous laquelle apparaissent les noms charismatiques des personnages connus par les médias acquiert un statut d'autorité et une reconnaissance publique parce que sa production est comparable aux valeurs reconnues et acceptées par la même institution. La place et le nombre d'expositions auxquelles l'artiste a participé, les nombres de visiteurs, la liste des institutions où l'artiste s'est formé, les producteurs des valeurs culturelles avec qui il a coopéré, les listes des prix et des reconnaissances, des citations, des ventes, etc., tout cela fait aujourd'hui partie de l'équipement médiatique essentiel de l'artiste postulant à la consécration.

Les indices des médias se rassemblent dans les archives des musées et des galeries et passent sur le marché contemporain des produits culturels pour la reconnaissance objective du talent. Les institutions où le capital de consécration peut être actif sont situées hors des réseaux commerciaux et des entrepôts dans lesquels les sociétés d'édition stockent les produits à valeur culturelle. Elles disposent d'archives, d'entrepôts, d'un potentiel intellectuel et de statuts qui les habilitent à orienter et à influencer le développement intentionnel de l'environnement social. Ces institutions n'ont pas besoin d'un succès vite fait, ni d'une vente vite faite, parce que le centre de leur action se trouve dans des activités symboliques se

98. *Ibid.*

basant sur l'accumulation du capital symbolique, accumulation, donc, de prestige, de respect et de reconnaissance sociale.

Dans les sociétés prémodernes où les formes religieuses et séculières du pouvoir lors de la création et de la propagation des contenus symboliques dépendaient de l'art, l'art de haut niveau avait une forte connexion avec la création et l'accumulation du capital symbolique. L'art, cultivé soit dans les écoles monastiques, soit au sein des cours, était toujours un instrument unique pour la représentation du pouvoir politique. Dans cette position originale, qui peut être d'une certaine façon désignée comme unique, l'art et ses institutions ont acquis d'un point de vue historique le niveau le plus haut de la reconnaissance publique et du respect.

Le développement de la technique de reproduction et des technologies de communication de l'époque moderne a « libéré » l'art dans ses rapports avec les représentations du pouvoir ; les médias de communication de masse, par exemple la photographie et le film, lui ont offert des possibilités socialement et économiquement plus efficaces. Plusieurs institutions prémodernes qui se spécialisaient sur des formes de représentation et de diffusion des contenus symboliques via l'art ont successivement disparu ou se sont transformées en institutions modernes, ce qui est visible par exemple concernant les institutions d'éducation. De plus, un nouveau type d'institutions modernes de médias a été créé. Mais le contenu de leurs ambitions sociales ne change pas : il s'agit toujours de produire un capital symbolique et, de cette façon, d'obtenir une participation au pouvoir symbolique.

Le haut niveau d'autonomie que l'art est arrivé à acquérir à la fin du XIXe siècle a établi, en comparaison aux conditions de production du capital du passé, une nouvelle dimension qualificative de la participation de l'art à sa production et à son accumulation. Le renversement historique de l'art, qui peut être aussi bien désigné comme son détournement de toutes les ambitions du pouvoir symbolique dépendant de la politique bourgeoise contemporaine du marché de la fin du XIXe siècle, a achevé un processus d'acquisition du prestige social et de respect dans le cadre d'anciens compromis politiques religieux et laïques.

Le style moderne a renoncé à ces compromis avec une position non conformiste et a gagné du respect grâce à son autonomie. Après le style moderne, un nouveau niveau d'acquisition de prestige social et de respect à travers l'art est apparu et les activités et les actions symboliques se sont soudainement retrouvées dans des positions opposées par rapport au passé. Pour le pouvoir symbolique et ses institutions, constituées sur la base du prestige et du respect social, officiellement, il n'y avait pas de production orientée vers le marché, car sinon, il perdrait ce pouvoir symbolique et serait un partenaire compétitif trop faible et inégal pour le pouvoir économique et politique. Ainsi, le pouvoir symbolique et son capital, comme l'histoire en témoigne, étaient toujours actifs dans les intentions de ce pouvoir économique et politique dont ils dépendaient. Il a fallu une brève période pour que ce phénomène d'autonomie de l'œuvre d'art comme produit d'un pur désintéressement soit institutionnalisé et pour que l'œuvre d'art devienne un produit gratuit.

Du point de vue de la production et de l'accumulation du capital symbolique, la dimension de « haut art antiéconomique » (Bourdieu) est aujourd'hui déterminante. Cette dimension n'admet pas de liens entre les valeurs les plus hautes de l'art pur et le marché ou la commande politique. Au contraire, c'est la distance avec n'importe quelle forme de dépendance économique et politique, proclamée depuis il y a au moins cent ans, qui est la condition de l'acquisition du respect social et du prestige. Cette tendance fonctionne jusqu'à nos jours comme une condition naturelle pour l'élimination des aspects fonctionnels qui sont hors de l'esthétique et donnent une position contradictoire à l'art de haut niveau par rapport au pouvoir symbolique. Aujourd'hui, ses ambitions et son caractère sont principalement influencés par la science, liée à la technique, et également par le capital culturel qui se compose de l'industrie du divertissement et de la publicité. Ils participent largement à la création des ressources matérielles et financières, les plus fortes relativement au sein du marché des médias.

John B. Thompson développe l'exemple des investissements des sociétés japonaises transnationales Sony Corporation et Matsushita qui ont de cette façon acquis pour le prix de quelques milliards de dollars une partie du capital culturel américain de l'industrie du divertissement d'Hollywood et de la publicité[99]. Il en résulte que la production de ce capital culturel, qui comprend, à côté des ventes de détail, de vastes activités du divertissement populaire et

99. John B. Thompson, *Média a modernita*, Prague, Karolinum, 2004, p. 138.

du temps libre, s'est trouvée sous le contrôle total des plus grands producteurs d'électronique de consommation et qu'elle est soumise complètement à la production et à l'accumulation des ressources matérielles et financières de cette industrie. Même si ce genre de faits appartient plutôt au domaine économique ou à la sociologie, on ne peut pas éviter que la participation de l'art contemporain de haut niveau à la production et à l'accumulation de ces ressources ne soit seulement minimale en comparaison des participations qui résultent des secteurs de la culture visuelle de masse, de la publicité, du design et des autres performances artistiques qui sont, du point de vue de leurs fonctions, mises en opposition avec son autonomie et sa position antiéconomique. Autrement dit, les représentations contemporaines du pouvoir économique et politique ne sont plus dépendantes de l'institution de l'art de haut niveau comme c'était le cas dans une période prémoderne. Le capital culturel, en ce qui concerne la possibilité de l'évaluation économique directe, est à présent beaucoup plus profitable que le capital symbolique.

Bien sûr, on ne peut pas nier que le pouvoir approche l'institution de l'art de haut niveau avec générosité et sensibilité. Autrement, les députés du Bundestag en Allemagne n'auraient pas été d'accord avec le projet de Christo, un artiste bulgare vivant aux États-Unis, d'emballer leur parlement comme un cadeau. Son installation au parc de la ville de New York a dû provoquer la sensibilité des politiciens avec ses portes en bois ornées de pièces de tissu de couleurs, ou bien quand il a couvert le pays de plus de trois cent cinquante parapluies. Comparée au passé, la face cachée de l'autonomie de l'art contemporain de haut niveau est désormais, dans l'absolu, la perte d'une position originalement privilégiée dans l'espace du pouvoir symbolique contemporain.

Les institutions qui se sont approprié l'art par la protection de son autonomie n'ont plus besoin de la protéger. Ils ont besoin de renouveler et de maintenir leur participation à la production et à l'accumulation du capital culturel, ainsi que leur participation au pouvoir symbolique à travers l'institution de l'art de haut niveau. Cet aspect, pertinent du point de vue de la position contemporaine de l'art de haut niveau au centre du pouvoir symbolique, conditionne la manière dont l'institution participe à la production et à l'accumulation du capital culturel. Il s'agit du capital qui, selon Thompson, consiste en des moyens d'information et de communication nécessaires pour la production, pour la diffusion et pour la réception des contenus symboliques, y compris des connaissances et des capacités de ceux qui se spécialisent dans ce genre d'activités symboliques. Les actes et les activités symboliques, et avant tout leurs acteurs qui ont élevé la position antiéconomique de l'art de haut niveau au rang d'institution et se le sont donc approprié, se présentent au nom des droits socialement justifiés de privilèges, de protection et d'intégrité des plus hautes valeurs de l'art pur qui représentent un cadeau désintéressé et ne sont pas soumis aux spéculations intéressées de la politique du marché. L'institution de l'art de haut niveau, innocent du point de vue des intérêts commerciaux, est indispensable pour les besoins de l'accumulation du capital culturel ou symbolique et le mythe d'autonomie comme d'indépendance de l'art par rapport au commerce est indispensable pour maintenir cette institution. Paradoxalement, ce sont ces droits, ou plus précisément les droits qui en résultent, qui sont soumis à l'évaluation économique et politique. Les expositions, les biographies, les catalogues, les discours analytiques sur les particularités artistiques, sur les appartenances des auteurs à une des nombreuses marques des « arts » contemporains, des diverses activités liées à la chasse aux indicateurs médiatiques : autant d'activités soumises aux conditions et aux règles du marché des médias.

On chercherait en vain une pure générosité. Il s'agit de la production de publicité dans les médias, intégrée au marché des marchandises culturelles et au marketing sophistiqué des médias. Cette production ne s'identifie pas, en apparence, à l'offre et à la demande du marché, pour produire et pour accumuler le capital culturel qui redevient à nouveau capital économique ou politique. La pratique des institutions culturelles, auxquelles la consécration sur le marché des médias assure des profits existentiels et la participation au pouvoir symbolique, est adaptée aux conditions du marketing des médias et, de cette façon, l'art est enfin à la portée de tous. Le statut de son autonomie reste dans ces conditions presque sans changement ; ce n'est pas l'artiste, mais les institutions qui décident des conditions de son intégrité, de l'acquisition de sa position et de son prestige social, et donc de la fonction sociale de l'art constituant la base de l'autonomie. Dans la société de marché économiquement développée, l'art subit principalement le fonctionnement des médias. Les règles de la médiatisation et du marché des médias sont strictes, il n'est pas possible de les contourner. L'artiste ne peut pas les éviter, pas plus que l'institution qui le lance sur ce marché au nom de son intégrité.

Les conditions de la production et de la réception de l'art et de la culture dans un espace global ouvert sont ainsi limitées, du point de vue des possibilités de leurs ressources locales primaires, par les règles de l'économie du marché et des médias dans le cadre d'un fonctionnement global. Puisque l'art représente aussi des produits comme les autres, même le marché de l'art rencontre des problèmes économiques résultants de la compétitivité et de la surproduction. Le critère de valeur artistique est toujours essentiel, mais le marché global est toujours suffisamment fourni par des œuvres artistiques de bonne qualité. En relation avec la sphère de la transformation globale de marché en capital culturel, en un objet de l'évaluation économique, la majorité de la production des cultures locales devient un surplus culturel. L'orientation du marché global vers les personnalités célèbres est aussi un effet accompagnateur de la pratique globale dans la sphère de l'art de haut niveau ; la position de l'intégrité ou de la générosité de la culture locale dans son ensemble au sein de ses règles de marché et de sa logique économique n'existe pas. Les institutions qui, dans l'environnement domestique, imposent les orientations cosmopolitaines de l'art et de la culture, réagissent à cette situation. Leur imposition a également accompagné des procédés innovateurs dans les cultures des régimes postcommunistes de l'Europe orientale qui s'efforçaient au début des années 1990 à entrer dans l'espace de la culture globale commune. L'élimination des barrières politiques et de communication entre les espaces culturels d'Europe occidentale et orientale était aussi vue comme une présupposition de l'accessibilité générale des dimensions des valeurs occidentales. Résultat des larges bouleversements politiques et sociaux, leur médiation a été littéralement une partie des nouvelles expectations sociales. L'idée du rattachement à la culture occidentale a résulté de l'appartenance historiquement fondée de l'espace d'Europe centrale à la culture occidentale.

Au sein de l'ancienne Tchécoslovaquie, la majorité des intellectuels et des artistes tchèques et slovaques considérait ce rattachement comme symbole de la liberté acquise, longtemps même après la disparition de l'euphorie et malgré les problèmes quotidiens liés au chaos après le renversement du régime. Ce qui était important dans ce cadre, c'était le trauma généralement ressenti de l'isolation sociale et de la dichotomie, qu'on voulait surmonter en créant des nouvelles liaisons avec l'environnement culturel de l'Ouest. Les aspects de valeur étaient les traits caractéristiques du point de vue contemporain, ils voyaient dans le développement libre de la culture occidentale les valeurs auxquelles il était interdit de faire face ou de s'identifier à cause de la politique de normalisation. En ce temps-là, presque personne dans le pays ne réalisait suffisamment la portée des changements qui sont arrivés au sein de la culture occidentale depuis l'époque avant la globalisation. Un avis pertinent concernant cette situation a été présenté par un participant à une des nombreuses conférences qui ont eu lieu à Prague à cette époque : « *il faut avant tout apprendre les règles du jeu, sans lesquelles on ne peut pas être accepté comme des partenaires égaux en Europe occidentale* »[100].

Après une certaine période de temps, il est évident aujourd'hui, en observant la lutte historiquement renouvelée pour la place et l'intégrité de la culture tchèque et slovaque dans des modèles de valeur de la culture occidentale, que les décisions sur ses manières, son résultat, ses victoires et ses pertes ont été prises pratiquement *ex post*, sur le marché de la consécration des médias.

Quand la culture slovaque de l'art plastique pouvait se présenter après presque vingt ans dans des pays de l'Ouest, ses organisateurs partaient de la production d'auteurs « non officiels », utilisant des marchés de création de la stylistique contemporaine grâce à laquelle l'image de l'art plastique était comparable au contexte artistique européen et mondial. L'intention des expositions faites pour l'étranger pourrait être caractérisée de la manière suivante : il s'agissait de présenter et de lancer l'art slovaque non officiel et interdit dans le contexte des relations européennes, surtout aux yeux de l'audience occidentale. Alors le choix des auteurs exposants et de leurs œuvres a été basé sur la ressemblance de style en supposant que celle-ci allait correspondre au goût des experts et des visiteurs du monde occidental.

Paradoxalement, le contexte de l'art non officiel et interdit lié aux années de non-liberté pendant le régime totalitaire a été pratiquement présenté comme l'art européen contemporain. L'Ouest a été déçu : il attendait de la culture non officielle de l'Est une expérience de quelque chose de nouveau et d'inconnu jusqu'alors. Le phénomène de la culture non officielle de l'Est s'est réduit à la culture qui existait partout.

---

100. Cet appel de Ivan Tomaschke a été présenté lors d'un colloque du 29 au 31 octobre 1990 à Prague, dont le but était de réunir des expériences d'exil extérieur et intérieur. Cf. Anděla Horová, « České umění v exilu », in *Atelier 1990*, année 3, n° 3, 05/02/1990, p. 2.

Un artiste slovaque rappelle sa rencontre avec les étudiants de l'Académie française des beaux-arts en 1992 :

> « *Ils attendaient des gens exotiques de la Tchécoslovaquie. Enfin, ils étaient un peu déçus. Un atout maître, qu'ils voulaient m'opposer, c'était la constatation que c'était pourtant un art européen normal que notre exposition avait montré. Je soulignais qu'il fallait nous considérer comme un art européen normal...* »[101].

Les tendances et les démarches progressistes de l'art plastique, qui caractérisaient le développement artistique dans la culture occidentale, étaient source d'inspirations, impulsions pour s'inscrire dans le langage contemporain et libre qui a trouvé son expression adéquate dans les années 1960. Cependant, le trait caractéristique de cet art n'était pas le désir de rapprocher la culture domestique de la mondialité, mais le désir de confirmation de soi-même à travers le langage en tant que nécessité d'existence de l'art libre. Qu'il s'agisse de la peinture complétée d'éléments écrits, attribuée par certaines théories de l'histoire de l'art aux influences du lettrisme américain, de la peinture en tant que collage et assemblage à partir des influences du *pop'art* américain (au niveau des objets de lumière de Milan Dobeš, représentant solitaire des tendances de l'*op'art* ou au niveau du *happening* comme action ou art conceptuel), ou enfin de leurs auteurs, avec notamment le Tchèque Milan Knížák, comparés le plus souvent à l'Américain Allan Kaprow ou au Polonais Tadeusz Kantor, sont apparues pourtant des différences importantes résultant, d'un côté, de la différence diamétrale des environnements socioculturels saturant ces expressions de l'extérieur et, d'un autre côté, des particularités de l'état physique et psychique des auteurs se confrontant chaque jour à la réalité absurde du régime totalitaire.

Les *happenings* de Kaprow, auxquels l'auteur slovaque Alex Mlynárčik a souvent été confronté, étaient nourris par un esprit de révolte contre le capital et la consommation sociale. Les *happenings* d'Alex Mlynárčik avaient un contenu différent, ils étaient orientés vers la célébration, la glorification de l'art comme d'une fête. Au sein de la monotonie quotidienne stupéfiante, dans laquelle le régime totalitaire avait transformé les enfants en otages et la société en une majorité muette, un aspect différent du monde et une vision possible du futur émergeaient de temps à autre dans l'art et dans d'autres

---

101. Rudolf Sikora, « Expo´92 », interview avec Jana Geržová, in *Profil*, année 2, n° 9, 1992, p. 5.

activités des intellectuels. Un jour, par exemple, une affiche a paru, appelant au *happening sociologique*[102], dans lequel les auteurs se sont orientés vers « la réalité limitée du stéréotype de son existence ». Leur but était de relever des nouveaux aspects de la réalité non stylisée (esthétique de la réalité trouvée). La ville de Bratislava a été déclarée œuvre artistique entre le 1er et le 9 mai 1965, deux dates sacrées du socialisme[103]. Dans la déclaration, Bratislava a été concrétisée par la publication du nombre d'hommes, de femmes, de balcons, d'antennes de télévision et de tulipes dans la ville. En 1971, a eu lieu un événement appelé « Jour de joie » ou « Si tous les trains du monde » pendant lequel Mlynárčik et le groupe de ses amis ont reconstruit un petit train et une voie ferrée étroite que les visiteurs de l'événement pouvaient essayer. Dans chaque gare, il y avait de la musique, des activités divertissantes et tout simplement des gens qui s'amusaient.

Durant l'été 1971, Alex Mlynárčik a organisé un événement appelé « Mariage d'Éva » d'après la tradition populaire, dont le modèle était une tapisserie du fondateur du style moderne slovaque en art plastique, Ľudovít Fulla. Un samedi, dans la ville de Žilina, des charrettes sont arrivées avec les invités et les mariés, chargées d'édredons et du reste du trousseau de la jeune mariée. Ces événements ne demandaient de l'art que d'être ce qu'il est, une modalité expérimentale commune de la réalité plus heureuse et libre.

Durant les années 1960, l'esprit de liberté se répandait continuellement, doucement et sans grand discours au sein de la culture slovaque, mais cela n'a pas duré longtemps, avec le Printemps de Prague en 1968. Après l'occupation de l'ancienne Tchécoslovaquie par les forces d'occupation alliées du Pacte de Varsovie, s'ouvre une période de normalisation politique accompagnée d'interdictions et de répressions des citoyens, intellectuels et artistes libres penseurs. Dans ces conditions, un petit groupe d'artistes et d'intellectuels a développé des activités communes, tel que le balayage nocturne des rues ou le nettoyage des ruisseaux, activités déclarées plus tard « art interdit ». Cependant, leur but premier était écologique, et non pas artistique.

Nous choisissons l'exemple de ces événements et activités pour rappeler que le langage commun de l'art dans la culture globale était un moyen, pas un but. Cette erreur a été perçue aussi par la critique locale slovaque. En 1996, elle a été directement dénoncée par

---

102. Alex Mlynárčik, Stanislav Filko & Zita Kostrová, 1965.

103. Le 1er mai est la fête du Travail et le 9 mai 1945 est la libération du pays par l'Armée rouge soviétique.

une critique de l'art plastique, Iva Mojžišová, dans un article appelé *La fin ne justifie pas les moyens*[104]. L'interprétation domestique de la culture slovaque de l'art plastique, basée sur la démonstration de l'équilibre et de la synchronicité avec les tendances des évolutions et celles de la culture globale, a été abandonnée au début des années 1990 avec le besoin de surmonter la dichotomie de l'évolution, dérivée plutôt des analogies sociopolitiques et économiques que des différences culturelles entre l'Ouest et l'Est. Afin de surmonter la frustration du fossé culturel, les aspects qui caractérisaient l'activité d'une culture non officielle et interdite ont disparu et, en reconstruisant cette histoire, on peut se rendre compte qu'il n'en reste pas un seul souvenir.

Bien sûr, les deux parties ont participé à ce paradoxe. C'est l'intuition et l'expression qui ont déterminé ce choix, pour reprendre l'étude de Pierre Restany dans le catalogue d'une grande exposition *Europa Europa* qui a eu lieu à Bonn en 1994[105] et a présenté des œuvres d'une quinzaine d'artistes d'Europe centrale[106]. Il s'agit de l'intuition de la conscience européenne et de l'expression de l'humanisme radical. Le développement de la situation en Pologne, représentée par des auteurs autour de Tadeusz Kantor, est caractérisé par Restany comme « une vision polonaise de l'humanisme radical »[107]. Le musée *Muzeum Sztuki* de Lodž en faisait partie. Ce musée a été créé à l'initiative de Ryszard Stanislawsky comme « une place idéale pour les relations entre l'Est et l'Ouest », dont la mesure devait être « l'humanisme sans frontière »[108]. La performance et le premier *happening* slovaque *happ-soc*[109] sont évalués par Pierre Restany comme les expressions d'une présentation expressive de l'état alarmant de la culture marginale de l'Europe centrale dans les années 1960-1970. Dans ses articles, Restany caractérise aussi le développement du *mail-art* et de la performance en Hongrie comme une annonce de la relation « nouvellement visible » des Hongrois vers l'Ouest, qui s'est produite en 1968. Dans ce contexte, le nom du

---

104. Iva Mojžišová, « Prostriedky nesvätia účel », in *Galéria*, année 3, n° 1, p. 8-9.
105. Pierre Restany, « Expression und Intuition », in *Europa, Europa. Das Jahrhundert der Avantgarde in Mittel- und Osteuropa. Kunst – und Ausstellungshalle der Bundesrepublik Deutschland*, Bonn, 27 mai – 16 octobre 1994, p. 287.
106. *Ibid.*, p. 286.
107. *Ibid.*, p. 287.
108. *Ibid.*, p. 288.
109. *Happening Sociologique*, Stano Filko & Alex Mlynárčik, 1965, cf. Pierre Restany, « Dix ans d'art plastique », in *Communication et langages*, Année 1979, Volume 41, Numéro 41-42, pp. 199-208.

théoricien hongrois de l'art plastique László Beke est considéré comme représentatif pour le domaine de l'influence internationale et pour la communication alternative (*expanded-art*) qui a été particulièrement appréciée par l'artiste américain d'origine lituanienne Georg Maciunas.

Pierre Restany trouve également spectaculaire, surtout en relation avec le personnage extravagant de Milan Knížák, la contribution décisive de l'ancienne Tchécoslovaquie à la constitution de l'humanisme en Europe orientale. Selon lui, après que ces *happenings* ont tourmenté au tournant des années 1960 et 1970 la scène culturelle de Prague, les institutions tchèques ont accepté, pour la première fois dans l'histoire de l'*expanded-art*, le *happening* comme terme désignant une nouvelle forme artistique[110].

Le Français Pierre Restany a peut-être été le seul théoricien occidental de l'art plastique à très bien connaître cette forme d'art à l'Est européen et à comprendre particulièrement les spécificités de la culture slovaque qui se développait dans des conditions plus dures et impitoyables, en comparaison avec la situation au sein d'autres régimes totalitaires d'Europe centrale. En tant qu'expressions, le *happening* et l'action ont été, grâce à lui, intégrés dans des contextes européens de développement via des contenus culturellement et politiquement modifiés. Mais son interprétation cachait aussi la hiérarchie des valeurs correspondant aux critères du développement officiel de l'art plastique à l'Ouest. Ce sont des critères de nouveauté et d'originalité formelle qui représentent dans la hiérarchie globale contemporaine les plus hautes valeurs et d'après lesquels la culture d'Europe centrale est vue comme marginale.

L'image de la culture non officielle ou interdite dans les pays postcommunistes a vraiment attiré, après novembre 1989, et pour une courte période, l'attention de l'Ouest, des médias, du grand public culturel et du public professionnel. L'Ouest a perçu alors la scène non officielle de l'art plastique à l'Est à partir d'une base politique, mais c'est plutôt l'orientation de la culture occidentale vers les manifestations de la liberté et de l'humanité qui a joué un rôle essentiel dans la réflexion de l'art de l'Est et dans l'idéologisation des modèles culturels globaux.

Ces procédés présentaient une occasion idéale pour le renforcement d'une auto-identification qui s'appuyait sur l'idée que ce

110. Pierre Restany, *op. cit.*, 1994, p. 288.

qui venait de l'Ouest avant 1989 aidait la culture de l'Est à acquérir une conscience de soi-même et à avoir le courage de demander sa propre liberté. Le développement culturel de l'Ouest a été plus encore présenté comme un modèle universel socioculturel des valeurs. C'est pourquoi le terme d'« art interdit » a été accepté à l'Ouest alors que les formes non officielles et interdites de l'art n'étaient pas clairement définies dans la culture occidentale.

Dans les catalogues, leurs caractéristiques apparaissaient plus ou moins indirectement, en contradiction avec l'image de Lénine, de Staline ou d'une ouvrière à la manufacture avec un foulard et en habit de travail. Le cadre politique de l'art non officiel et interdit en Europe centrale et orientale a été perçu seulement superficiellement, en dehors des analyses de Pierre Restany, y compris en ce qui concerne la distinction des différences entre art officiel et art interdit.

Lors de l'exposition itinérante *DAgegen - verbotene Ostkunst* 1948-1989 qui a eu lieu en 1991 à l'initiative de la Fondation East allemande, le critique allemand d'origine hongroise Lórand Hegyi a mis en évidence les nombreuses insuffisances des évaluations de l'art du bloc de l'Est de la part des cercles professionnels occidentaux et des médias, y compris l'imprécision du terme « art de l'Est ». Une des erreurs que Hegyi reprochait à l'Ouest était une

> « *différenciation insuffisante de l'art officiel et non officiel à l'Est, qui diffère par des moments formels, par leurs esthétiques et par des contenus clairement définis* »[111].

L'identification simplifiée du terme « art de l'Est » (*Ostkunst*) avec l'art dit officiel ou national d'Europe orientale est, selon l'auteur, un point de départ largement dénaturé pour une image totale, pluraliste et véritable de l'art et de la culture d'Europe orientale et centrale, dans lequel l'art national (officiel) ne représentait qu'un phénomène parmi d'autres. Ce qui faisait la différence, c'était le fait que le système en préférait certains et en marginalisait d'autres[112]. Autrement dit, dans l'art de l'Est, certaines formes de performance de l'art plastique étaient officiellement légitimées comme représentatives, c'est-à-dire soutenues et financées par l'État, d'autres se trouvaient à la périphérie, sans subvention d'État et sans le soutien officiel de leur

---

111. Lórand Hegyi, « Begriffsklärung », in Otto Staininger (dir.), *DAgegen - verbotene Ostkunst 1948-1989*, Vienne, Bundesministerium Unterricht und Kunst, 1991, p. 5.
112. *Ibid.*, p. 6.

légitimité. Cependant, le phénomène de l'art non officiel et interdit a été conditionné en Slovaquie par des points de départ sociaux, politiques et personnels tout à fait différents de ceux qui caractérisaient l'art non officiel et interdit, par exemple en Pologne ou en Hongrie. Les visions de l'Ouest de la culture de l'Europe centrale n'allaient pas plus loin que les images des travailleurs passionnés avec des visages aux traits durs, déterminés et fiers, aux portraits d'enfants heureux en pionniers, etc. Cette image imposée du réalisme socialiste était déjà dépassée en Europe en 1953 et un véritable art s'est développé, qu'on a commencé à qualifier de « non officiel » dans les années 1990.

Dans les conditions rapidement changeantes de l'offre et de la demande du marché occidental, les logiques de valeur de l'art interdit et non officiel n'avaient qu'une validité limitée. Elles ont cessé d'être valables aussi vite que les différences entre l'officiel et le non officiel ont commencé à disparaître dans les cultures de l'Est. À première vue, même un espace global de la communication des médias, paradoxalement toujours de plus en plus étendu, semble être trop restreint pour les cultures locales. Avec l'image contemporaine de la culture domestique de l'art plastique, on peut avoir souvent l'impression que la conscience de la continuité historique et de l'origine a disparu.

La culture artistique slovaque a commencé à revendiquer sa place dans un large espace multiculturel où elle est devenue discrète. Au cours des dernières années, il est courant de rencontrer l'idée que pendant la période de non-liberté politique, l'art slovaque avait montré plus de capacité à être lui-même et autonome que dans la situation libérale contemporaine.

L'enthousiasme original et l'intérêt de l'Ouest qui désirait les sensations d'une « exotique Europe orientale » ont été remplacés par les strictes règles du lobbyisme culturel. Quelle est donc la conclusion vingt ans plus tard ? Si l'art et la culture veulent remplir leur mission et rester un soutien spirituel de l'homme et du groupe, la culture doit maintenir son appartenance à son environnement comme à son ethnie sociale et nationale. C'est seulement dans cet environnement que sa production et sa réception peuvent maintenir les privilèges de l'autonomie comme elle le décide elle-même. L'expérience de l'art et de la culture d'Europe de l'Est montre que l'autonomie n'est pas offerte par des politiciens ni par le capital, mais qu'il s'agit de l'expression du courage civil et personnel et la responsabilité envers soi-même et envers les autres. Les règles du marché global ne changent pas, c'est un processus qui ne peut pas être influencé. Enfin, ce n'est pas toujours dans l'environnement de la culture locale que l'individu décide. Cet art et cette culture peuvent décider par eux-mêmes.

Soňa Svoráková

2ème Moment

INTERCULTURALITÉ ET MUSIQUE

Chapitre 6[113]

Genius loci dans la musique d'artistes contemporains locaux, réception et contexte européen

Production et réception de la musique, concepts et réalité

Le contact entre une œuvre musicale et le destinataire a besoin d'un support, d'une interprétation, dont dépend la musique, plus que d'autres arts. Aucune œuvre musicale n'existe comme réalité objective sans forme audio. L'*interprétation musicale* vise à traduire l'œuvre musicale en réalité acoustique et elle est un intermédiaire entre la production (c'est-à-dire la création du compositeur) et la réception dans un contexte socioculturel.

Le *contenu musical,* même si souvent déduit de catégories extra-esthétiques et extra-musicales, est transmis exclusivement par la voie musicale. Cette voie musicale, ou autrement dit ce discours musical, dispose de matériaux réels que sont les tons, ces phénomènes acoustiques. La qualité esthétique, musico-sémantique et émotionnelle des tons à l'œuvre dans l'acte d'interprétation est communiquée au destinataire par les processus de l'aperception et de la réception de l'œuvre musicale.

La réception de la musique comprend, entre autres, un aspect d'écoute. Il s'agit d'une attention intentionnelle visant la musique elle-même. L'écoute rend l'œuvre musicale accessible à un auditeur du premier contact jusqu'à sa compréhension. Par compréhension, on entend la maîtrise de sa structure et l'appréciation de sa valeur esthétique. L'ambiguïté conceptuelle concernant le terme de la réception a duré jusqu'en 1990. À partir de 1990, le concept de la réception est employé dans la triade proposée par Ivan Poledňák. La

113. Ce chapitre est le résultat du projet *Retrofitting and Extension of the Center of Excellence for Linguaculturology, Translation and Interpreting,* financé par *Research & Development Operational Programme*, ERDF.

réception y figure avec la perception et l'aperception, trois concepts clairement définis[114].

Cependant, la *perception* n'est que la première étape dans la réception de la musique. Cette condition biologique de la perception musicale est le résultat de l'activité cérébrale. Dans la phase de l'adaptation de la perception, l'acte même de la perception s'accomplit d'une manière complexe. L'expérience musicale précédente est constamment confrontée à la nouvelle expérience. La musique, de par sa fonction cognitive et esthétique, déclenche des processus psychiques qui, lorsqu'analysés dans la perspective du sujet qui perçoit, c'est-à-dire, quand l'individuation des stimuli est en cours, sont appelés *l'aperception.* Dans cette étape, on ne s'approprie pas seulement le côté sensuel de la musique, mais on dévoile aussi son sens grâce à l'expérience musicale.

La *réception* est une notion qui ne peut pas être identifiée avec la perception, parce que c'est l'étape dans laquelle une relation initiale avec la composition musicale se constitue, accompagnée par l'intérêt ou le refus. C'est l'étape où la compréhension de la pièce musicale a lieu et que se produit une expérience esthétique. La musique y entre dans la conscience du destinataire comme un phénomène stimulant les sensations. Toutefois, la compréhension du contenu, le discernement de sa structure et l'évaluation sont plus difficiles que la perception et dépendent de nombreux facteurs. Nous reposant sur les trois notions, il nous semble adéquat de recourir au mot *réception* quand on parle de l'appropriation de la musique et quand on vise son intégration dans le contexte culturel.

Le texte musical est actualisé dans l'acte de l'interprétation et rend l'œuvre perceptible en temps réel et artistique. Cet acte autorise l'œuvre à regagner l'aspect social de l'art. Considérant les principes esthétiques, il est nécessaire de garder à l'esprit que les fonctions d'art émanent du besoin humain inné de création et d'expériences esthétiques. L'œuvre musicale peut être perçue de plusieurs façons : elle peut être analysée comme un processus auditif (ce qui est entendu), ou comme valeur culturelle, et enfin comme « ce qui est vu » (ce qui est écrit et fixé par la notation). Selon Mieczyslaw Tomaszewski[115], une œuvre musicale peut être considérée littéralement comme un texte (musical, acoustique, culturel) et

114. Ivan Poledňák, *Hudba jako problém estetiky*, Prague, Karolinum a Univerzita Karlova, 2006, pp. 246-260.
115. Mieczyslaw Tomaszewski, « Nad analýzou a interpretáciou hudobného diela », in *Slovenská hudba*, n° 2, vol. XVIII, Bratislava, 1992, p. 217.

comme un message véhiculé par le texte. Ce message essentiel et profond est caché au-delà du sens littéral.

La musique peut être naturellement perçue comme une transmission de l'information, d'un message plus ou moins pertinent que l'auteur adresse à la société. Les quatre étapes principales de cette transmission, la conception, la réalisation, la perception et la réception, correspondent aux étapes représentées par les attitudes du créateur, de l'artiste, de l'auditeur et du critique. Dans chacune de ces étapes, on trouve un autre aspect de l'œuvre. Mieczyslaw Tomaszewski[116] les appelle « textes » et en distingue quatre formes différentes, en fonction de leur rapport aux quatre étapes ontologiques de l'œuvre :

1. le texte musical comme texte intentionnel, équivalant à l'acte de la conception, telle que réalisée par le créateur ;
2. le texte acoustique qui dispose d'un caractère physique, réel, objectivement concrétisé dans la réalisation de l'œuvre par un artiste ;
3. le texte auditif, reposant sur l'impression que l'œuvre produit, c'est-à-dire que le texte devient une réalisation physiologique et psychologique, le corrélat d'une conscience et de l'acte de perception réalisée par un auditeur dans son expérience personnelle et subjective ;
4. le texte culturel comme phénomène intersubjectif, équivalant à l'acte de la réception, qui peut éventuellement prendre la forme d'un refus par la culture, tandis que la nature de la réception est exprimée affirmativement par les critiques.

Quand on vise une perspective objective concernant la valeur des œuvres musicales récentes, il ne suffit pas de considérer la conception de la composition de leurs auteurs et de résumer les critiques du point de vue de l'historiographie qui comprend l'histoire de la musique comme histoire de la réception de la musique. L'œuvre musicale existe toujours dans le contexte de culture musicale qui est constituée d'idoles, d'inspirations, d'échos, d'influences de la tradition précédente, d'influences sur les disciples. L'œuvre musicale ne serait jamais apparue sans les éléments qui la déterminent fonctionnellement, mais aussi du point de vue de l'expression. En fin de compte, il semble nécessaire de placer l'œuvre dans le système de valeurs culturelles d'une tradition particulière et décider de sa valeur

116. *Ibidem*, p. 215.

esthétique, c'est-à-dire exprimer si une œuvre est de qualité unique, médiocre, douteuse, ou tout simplement « kitsch ».

Exprimer un verdict critique sur la musique contemporaine, c'est aussi intégrer le jugement critique réunissant le goût (l'attitude positive ou négative), le côté esthétique issu de l'expérience esthétique, l'élément social dans son aspect moral, politique, historique, ainsi que le côté artistique, dont la formulation dépend des connaissances en musicologie. Néanmoins, l'évaluation finale est impossible sans prise en compte de l'expérience de la réception collective, quoique minimale. Par ailleurs, l'intégration culturelle est un processus à long terme et variable, étant donnés les changements dans les coutumes de réception dans la société mondialisée des mass-médias, en particulier dans les habitudes des plus jeunes générations.

La production artistique contemporaine dans une perspective globale et locale n'est pas nécessairement aussi différente que cela puisse paraître. Même les artistes locaux sans renom trouvent souvent les moyens de devenir visibles. Dans ce contexte on ne peut pas déclarer que la culture locale est ignorée. Considérant les fonctions sociales et culturelles de la musique, la culture locale existe et naît du besoin de la communauté particulière dans un territoire concret. Dans ce sens, elle est fonctionnelle et ne doit pas tenter d'exprimer des vérités universelles. Elle répond souvent aux besoins commerciaux, sociaux, éducatifs, formatifs ou artistiques, sans ambition de transgression de son caractère local. Toutefois, lorsque la qualité est remarquée, l'impact local de la production peut potentiellement devenir global.

La région de Prešov et ses talents musicaux remarquables

En matière de musique contemporaine, on se réfère souvent à Prešov comme au Seattle slovaque. Si Seattle était la Mecque de la musique pop en Amérique des années 1990, Prešov est devenue la Mecque des talents de la musique pop en Slovaquie dans les dernières décennies. Au cours des années, des groupes tels que IMT Smile, Peha, Chiki-liki-tua, Komajota, Hrdza, Free Voices ont progressivement tracé leur chemin sur la scène musicale, secondés par Katka Knechtová, ou par la première lauréate de la *Nouvelle star* en Slovaquie devenue une artiste exceptionnelle du jazz-pop, Katka Koščová. En même temps, la génération précédente de musiciens continue à être populaire. Parmi eux, on peut citer le groupe Mloci, idole de la musique pop en Tchécoslovaquie dans les années 1980, Peter Nagy, ou encore le chanteur de jazz Peter Lipa.

La région de Prešov a également vu naître de nombreux interprètes de musique classique et des compositeurs. La cantatrice Rose Pauly (Rózsa Pollak), mondialement reconnue, a remporté de grands succès sur les scènes d'opéra en Europe comme en Amérique pendant la période de l'entre-deux-guerres. La mezzo-soprano de réputation européenne Ida Kirilová vient également de Prešov, ainsi que Sergej Kopčák, basse de renommée mondiale qui a passé la plus grande partie de sa splendide carrière à l'Opéra Métropolitain de New York. De nombreux autres artistes qui poursuivent leur carrière à l'étranger sont originaires de Prešov. Parmi eux, sans bien sûr présenter une liste exhaustive, il faut mentionner Igor Karško (violon, Suisse), Vladan Kočí (violoncelle, République tchèque), Vladimír Ljubimov fils (violon, Espagne). Parmi les compositeurs, Iris Szeghy qui travaille en Suisse et Jana Kmiťová, représentante de la jeune génération et qui travaille en Autriche, sont bien établis sur les scènes européennes comme au Japon. Il est surprenant de constater que tous ces artistes reconnus proviennent d'une seule et même ville. Cette coïncidence peut s'expliquer par la musicalité générale des nations slaves, par l'émotivité et l'ouverture d'âme, comme par la tradition musicale de la ville où la musique a pris ses racines.

Vladimir Ljubimov, patriote local et compositeur unique

Vladimír Ljubimov, né en 1934, est un homme modeste, travailleur et un excellent enseignant, mais avant tout un artiste sensible. Sa famille vient de Kalinov en Russie. Après avoir déménagé en Slovaquie, son père, Alexander A. Ljubimov (1898-1976), a travaillé comme apiculteur et guérisseur dans les villages de Kalinovo et de Čertižné, situés en Slovaquie de l'Est, où il a créé des ensembles d'instruments folkloriques russes pour les enfants. Après 1945, il exerçait de nombreuses activités. La plus importante a été l'établissement du premier ensemble professionnel de chants et de danses de la population ukrainienne en Tchécoslovaquie (*Súbor piesni a tancov ukrajinského obyvateľstva Československa*), à Medzilaborce en 1953. Dans cette même ville, il a plus tard fondé et dirigé une école de musique qui porte aujourd'hui son nom. Cette personnalité culturelle a établi une tradition musicale qui n'a pas cessé avec les générations suivantes des Ljubimov.

Le fils d'Alexander Ljubimov, Vladimír Ljubimov, est pianiste, compositeur, chef d'orchestre, chef de chœur et enseignant de musique. Sa fille, Viera Červeňáková, est une excellente pianiste qui a travaillé comme répétitrice et enseignante dans la région de la Slovaquie de l'Est. La femme de Vladimir, Jana, née Koudelková, est une chanteuse, maîtresse de chœur et professeure de musique à l'université. Vladimír Ljubimov fils est un excellent violoniste et Xénia, sa fille, est diplômée en piano et en musicologie.

Vladimir Ljubimov père a reçu son éducation musicale à Prague. Après ses études, il a cofondé la Faculté de pédagogie de l'Université de Prešov, où il a enseigné l'histoire de la musique et l'improvisation. Il était également chef de chœur et chef d'orchestre de l'ensemble folklorique *Poddukelský umelecký ľudový subor* (PULS). Actuellement, l'ensemble existe au sein du théâtre *Divadlo Alexandra Duchnoviča* qui est le seul et unique théâtre professionnel ruthène au monde. À présent retraité, il continue à donner des leçons de piano et à écrire de la musique. Ljubimov a composé plusieurs œuvres pour chœur, de nombreuses compositions pour piano, parmi lesquels les cycles *Kvitnúce melódie môjho kraja* (Les mélodies fleuries de mon pays) et *Impresia* (Impression). Il a créé de nombreuses adaptations de chansons folkloriques, des pièces orchestrales, etc. Son œuvre la plus longue est l'opéra *Knieža Laborec* (Le Prince Laborec).

Le cycle pour piano de 1999, intitulé *Malé hudobné obrázky zo starého Prešova* (Petites images musicales de l'ancienne ville de Prešov), s'inspire de ses souvenirs d'enfance à Prešov, de ballades autour des lieux historiques de la ville, ou de visites de l'église gréco-catholique. Le cycle est composé de six miniatures. Du point de vue de la composition, les plus achevées et esthétiquement les plus impressionnantes sont *Zlaté rybky v Neptúnovej Fontáne* (Les poissons d'or dans la fontaine de Neptune), avec une fragilité exceptionnelle et des couleurs impressionnistes, *Čierna Madona* (La Vierge noire) qui intègre des arrangements musicaux de la liturgie orthodoxe et *Smutný spev rytiera pri Floriánovej Bráne* (La chanson triste du Chevalier de la porte de Florian) qui est une réminiscence moderne des traditions du romantisme musical. Les techniques de composition sont ancrées dans les traditions de la musique moderne du début du XXe siècle : la pensée claire et harmonieuse, la simplicité formelle, des mélodies magnifiquement voûtées, colorées d'harmonies et de nuances émotionnelles, des parties autoréférentielles et authentiques, exprimant l'union de l'auteur avec la nation et la tradition culturelle et spirituelle de la région[117].

Ces miniatures expriment un vif intérêt pour l'histoire de Prešov. Celle-ci est constituée de lieux qui témoignent de drames humains et où des milliers de personnes qui vivaient et étudiaient dans la ville ont également participé à sa constitution. De tels talents qui ont aidé à établir et illustrer la culture locale et qui ont diffusé des valeurs artistiques devraient être mieux appréciés par les concitoyens. Toutefois, pour ce faire, il est indispensable de rendre les compositeurs « inconnus » accessibles aux musiciens sous la forme de partitions imprimées et au grand public par le biais de concerts donnés à toutes occasions. Symboliquement, Prešov doit son rang à Vladimír Ljubimov.

AMC Trio, le jazz slovaque, délicatesse européenne moderne

Trois musiciens de Prešov, réunis dans le Trio AMC, ont tracé leur chemin jusqu'à la scène du jazz européen depuis quelques années. Le nom du trio est un acronyme des noms de ses membres : Peter Adamkovič (piano), Martin Marinčák (contrebasse) et Stano Cvanciger (percussion). Leur carrière commune a débuté en 1993 quand ils ont remporté un grand succès lors d'un concours de jeunes orchestres de jazz. Le Trio a évolué du répertoire traditionnel des musiciens de jazz vers un répertoire original, expressif et touchant, ensemble de compositions qui dépasse souvent les frontières du jazz et s'inspire de sources extérieures, comme, par exemple, de la musique populaire ou du folklore. En tant que musiciens, ils aiment à dire que le Trio AMC « n'a pas de chef, parce que tous les membres sont égaux et leurs différences les réunissent dans un ensemble équilibré »[118].

Au cours de leur existence, ils ont coopéré avec de nombreux artistes lors de leurs concerts en Slovaquie comme à l'étranger. Ils ont enregistré leur premier disque en 2006, *Thor-Iza*. À partir de 2007, le Trio AMC collabore avec Ulf Wakenius, virtuose de la guitare et ancien membre du quartette d'Oscar Peterson. Ils enregistrent

---

117. Pendant la présentation de ce texte le 19 octobre 2011, nous avons utilisé un extrait de *Smutny spev rytiera pri Floriánovej Brane*. Il s'agit d'une référence à la tradition des miniatures romantiques representées par Fréderic Chopin.

118. *AMC Trio, Biografia,* [en ligne 20.09.2011], disponible sur <http://www.amctrio.sk/amcsk/>.

ensemble deux disques, *Soul Of The Mountain* (2008) et *Waiting For A Wolf* (2011). C'est grâce à cette coopération avec Ulf Wakenius que leur musique gagne en dynamisme et réussit auprès du public européen. Ulf Wakenius s'est tellement assimilé au groupe qu'on peut désormais parler d'un quatuor. Sa présence est considérée par les critiques comme « un gain majeur »[119]. L'album *Waiting For a Wolf* tend vers la musique pop et n'est donc pas strictement du jazz. Le groupe profite de procédés vérifiés par l'expérience, surtout dans le domaine mélodique : les thèmes sont bien établis et faciles à retenir, l'accompagnement harmonique est transparent, accessible et, cependant, original.

Les chansons des premier et troisième albums sont présentées sur le site du groupe en quelques phrases, avec des commentaires pleins d'esprit. Ils expliquent les sources d'inspiration, les sentiments et les expériences, qui souvent proviennent de leur vie familiale, de leurs musiques ou de la littérature qu'ils apprécient. Ils s'expriment même sur des questions politiques. Dans la chanson *Hrdinovia minulosti* (les héros du passé) de l'album *Waiting for a Wolf*, ils témoignent de l'expérience du passé totalitaire.

La chanson la plus intéressante de l'album *Waiting for a Wolf* est la chanson éponyme. Le commentaire sur cette chanson est formulé, entre autres, comme une question : « avez-vous déjà passé la nuit sous les étoiles dans les forêts profondes des Carpates en compagnie d'arbres centenaires ? »[120]. Lors d'une promotion de l'album à la radio, Peter Adamkovič explique que son intense inspiration lui vient de la nature de la Slovaquie de l'Est. Les moyens musicaux créent des associations avec les sources d'inspiration, comme *l'ostinato pulsant*, la clé mélancolique en mi mineur, l'excellent solo de Wakenius, la contrebasse jouant *glissando* qui rappelle un loup hurlant, ainsi que le *vibrato* joué sur la corde mi-grave parachevant un effet de son coloré.

La chanson éponyme de l'album *Thor-Iza* (2006) a repris les motifs d'une ancienne chanson populaire qui parle d'une femme qui aurait aimé naviguer sur la Torysa, rivière qui traverse Prešov, pour changer ainsi son destin. Thor-Iza est le nom celtique de la rivière et signifie « rivière de montagne »[121]. Cette chanson est une des plus

---

119. Róbert Kolář, « AMC Trio & Ulf Wakenius. Waiting for a Wolf », in *Hudobný život*, n° 5, vol. XLIII, Bratislava, 2011, p. 38.
120. *AMC Trio, Diskografia,* [online 20.09.2011], disponible sur <http://www.amctrio.sk/amcsk/>.
121. Les chansons *Waiting For A Wolf* et *Thor-Iza* ont été utilisées à l'Université comme des exemples de l'expression du *genius loci* par des moyens musicaux.

jouées pendant les concerts et l'interprétation d'Ulf Wakenius la rend unique et exceptionnelle. Le motif mélodique de la composition est incessamment transformé par des variations subtiles et sophistiquées. Il est également intéressant de noter que les concerts du groupe sont souvent meilleurs que les enregistrements studio. On peut y sentir une ambiance de jazz.

Genius loci, valeur ajoutée et/ou contribution essentielle culturelle

Ces deux cas, Vladimír Ljubimov et le groupe AMC Trio, sont des exemples de dépassement des frontières de la culture locale. L'un d'eux a connu un succès modéré, l'autre est reconnu dans le contexte européen du jazz. Vladimír Ljubimov réunit dans son œuvre artistique la musique et la culture ukrainiennes, l'idiome musical slovaque, la tradition européenne du romantisme tardif et le postimpressionnisme avec des courants contemporains. Son cycle, *Petites images musicales de l'ancienne ville de Prešov*, est probablement le meilleur exemple qui illustre comment le *genius loci* se traduit dans les compositions musicales. L'œuvre de Ljubimov dispose d'un potentiel pour être reconnue, rendant ainsi à l'auteur la place qu'il mérite au moins dans le contexte slovaque. Toutefois, chaque compositeur slovaque connaît des obstacles qu'il lui faut inévitablement dépasser pour ne pas rester inaperçu.

En revanche, l'AMC Trio est devenu un groupe qui, surtout après l'intégration du guitariste suédois reconnu dans le monde, Ulf Wakenius, dépasse le niveau local et régional avec sa production. Le succès du groupe est aussi une preuve que la médiatisation de la production artistique contribue à la diffusion de l'œuvre dans le monde entier. Cependant, le groupe reste fidèle à l'héritage folklorique, à l'expérience historique de la nation, mais aussi à la tradition du jazz slovaque. La réception en Europe ne s'explique pas seulement par le caractère international du groupe, mais surtout par la distribution des disques sur le marché et à l'échelle mondiale.

Le jazz a été désigné par Igor Wasserberger[122] comme précurseur de la mondialisation parce qu'il a fait de la réunion des cultures un principe de base. La capacité à se propager, de nos jours, dans le monde entier par le biais de moyens techniques modernes a

122. Igor Wasserberger, *Fenomény súčasného jazzu*, Bratislava, Hudobné centrum a vydavateľstvo, Slovart, 2003, p. 35

conduit la musique moderne dans des directions inattendues. Le jazz, naturellement capable d'absorber les impacts de cultures différentes, abolit toutes les restrictions imposées et contribue à cette interconnexion croissante.

Ces remarquables contributions à caractère musical et culturel dans la région de Prešov, en Slovaquie de l'Est, qui est d'ailleurs une des régions les plus pauvres de l'Union européenne, ont le potentiel d'enrichir le patrimoine culturel mondial. Leur renom s'accroît en fonction de la réception par le public, par l'intégration dans le contexte socioculturel de la région, plus tard du pays. Et enfin, avec une bonne gestion, leur musique peut devenir célèbre dans certains pays d'Europe.

Il est cependant vrai qu'il est impossible de comparer l'accueil de la musique dite « naturelle », c'est-à-dire musique pop, danse, jazz, musique du monde, folklore, et de la musique dite « artificielle », en d'autres mots classique, en ce début du XXIe siècle. La stratification de la musique, sa voie de diffusion, son caractère de masse ou bien son élitisme apparent sont dus aux exigences que la perception et la réception imposent aux récepteurs. Les différences frappantes entre les deux mondes musicaux témoignent du *modus vivendi* dans le monde d'aujourd'hui, préférant la culture de la « consommation ». Néanmoins, la nécessité de préserver le patrimoine culturel et les efforts d'intégrer diverses particularités régionales et culturelles dans la production actuelle sont souvent soulignés. Toute cette activité constituera des valeurs culturelles d'avenir. Par conséquent, celles-ci peuvent aussitôt, ou avec un délai, être identifiées comme constitutives de l'identité, de la conscience culturelle pour de futures générations.

La musique comme art le plus universel est capable de diffuser son message universel aux autres cultures à travers les temps et les distances. De même, des artistes, des compositeurs et des ensembles d'une signification locale peuvent, par leur origine multiculturelle, transgresser les limites de la région et contribuer ainsi à la culture générale. Cependant, sans condition favorable pour la diffusion des œuvres auprès du grand public, ces objectifs ne peuvent pas être réalisés.

Des institutions culturelles et de leur gestion dépend la réalisation de cette tâche, ainsi que des musicologues, des pédagogues et des promoteurs de la vie culturelle. Ils ont une responsabilité énorme pour la préservation et la diffusion efficace des valeurs qui constituent le patrimoine culturel des nations aussi bien que de la communauté européenne. C'est dans la musique que les pays, nations et communautés peuvent s'entendre à l'échelle mondiale sans rien perdre de leur spécificité et originalité.

Slávka Kopčáková

Bibliographie complémentaire

Grajciarová, Miroslava, « Michel Thévoz a estetika neprítomného », in *Sošková, Jana, Súčasné umenie v medzidisciplinárnej komunikácii, Studia Aesthetica XI.*, Prešov, Faculty of Arts in Prešov, 2009, pp. 211-218.

Hudáková, Jana, « K otázkam výberu a interpretácie hudobného diela Mikuláša Moyzesa », in *Súzvuk 1, Zborník aktivít Prešovského hudobného spolku Súzvuk*, Prešov, PHS Súzvuk, 2003, pp.162-173.

Kopčáková, Slávka et Kateřina Dytrtová, *Interpretácia hudobného a výtvarného diela*, Prešov, Faculty of Arts in Prešov, 2011.

Petöczová, Janka, « Vedecké bádania a edičné aktivity súčasnej hudobnej historiografie », in *Súzvuk 3*, Prešov, Prešovský hudobný spolok Súzvuk, 2007, pp. 131-148.

Chapitre 7

Karlheinz Stockhausen : *Gesamtkunstwerk* et musique universelle

Dans ses ouvrages *Geist der Utopie* (L'esprit de l'utopie) et *Das Prinzip Hoffnung* (Le Principe espérance), devenus très célèbres au cours du XXe siècle, devenus aussi des références pour les avant-gardes des années 1950-60, le philosophe de l'utopie Ernst Bloch exposait sa théorie de la musique-utopie et son hypothèse selon laquelle la musique – les procédés compositionnels, le statut de l'œuvre, la spécificité de la pratique musicale – préfiguraient des évolutions socioculturelles futures. L'œuvre et la recherche du compositeur allemand Karlheinz Stockhausen (1928-2007) peuvent être considérées comme une des confirmations éclatantes de cette hypothèse. Car les découvertes artistiques dans sa musique depuis les années 1950 préprogrammaient en quelque sorte des évolutions dans la recherche compositionnelle ultérieure, ainsi que dans la production culturelle en général de nos jours et dans le futur immédiat.

À l'écoute des univers sonores composés au fil des années, on constate inévitablement chez Stockhausen des mutations importantes du matériau musical :

- En 1952-53, il cherche l'intégration de tous les sons-bruits concrets ou électroniques et leur projection composée dans l'espace : les œuvres électroniques *Elektronische Studie I* et *II*, *Gesang der Junglinge* et *Kontakte*, mais encore *Gruppen* pour 3 orchestres et *Carré* pour 4 orchestres et chœurs effacent les distinctions figées « musique concrète », « musique électronique sur bande » ou « musique spatiale » et confèrent à la matière mouvante du son une dimension proprement spatiale ;

- Au cours des années 1960, Stockhausen élargit sa recherche dans le domaine du son en utilisant les procédés de l'électronique *live* : la modulation, la transformation et la projection spatiale du son produit par un orchestre (dans *Mixtur*, *Stop*, *Hymnen*, *Sternklang*, etc.), par différents instruments (dans *Prozession*, *Kurzwellen*, *Spiral*, *Pole*,

Expo, *Mantra*) ou par des voix (*Mikrophonie* II, *Stimmung*) permettent une extension considérable de la matière sonore produite initialement par des sources acoustiques conventionnelles ;

- Plus tard, au cours des années 1970-80, le travail en studio en vue de la réalisation de *Sirius* (musique électronique avec trompette, soprano, clarinette basse et basse), puis de *Kathinka's Gesang* (pour flûte et musique électronique) vise l'intégration la plus sophistiquée de l'électronique en temps réel (utilisant le synthétiseur EMS-Synthi 100 et la machine 4X) ;

- À partir des années 1980, en relation avec les œuvres constituant les cycles monumentaux *Licht* et *Klang*, Stockhausen invente de nouvelles modalités d'« orchestre moderne », définissable en tant que multitude extrêmement flexible de « scènes sonores ». Des synthétiseurs à connexions et prolongements permettant la transformation du son en temps réel y coexistent avec des instruments acoustiques habituels, avec des bandes-son (concret et/ou électronique) et avec les outils les plus actuels de diffusion spatialisée. La pièce électronique *Cosmic Pulses* – la 13e heure du cycle *Klang* resté inachevée – est constituée de 24 couches électroniques individualisées : il s'agit de toute évidence de la pièce spatiale la plus complexe jusqu'à maintenant, étant donné que chaque couche électronique évolue dans l'espace selon son propre parcours.

C'est un fait, Stockhausen a énormément contribué à l'extension de la notion même de matériau musical (en intégrant toujours le différent, le nouveau) à l'extension de l'espace musical inscrit dans la partition et mis en présence lors de la performance artistique. Et si ces aspects sont traditionnellement considérés – et avec raison – comme affaire de compositeur, les découvertes artistiques de Stockhausen dans l'exploration d'un espace intertextuel très vaste – musical, littéraire, philosophique, mythologique, religieux – le mènent vers la création d'une musique nouvelle : une « musique universelle », une « musique du monde » qui met en évidence une relation inédite d'altérité. Il ne s'agit plus de faire entendre l'autre comme tout à fait différent, comme c'est le cas dans les pratiques des exotismes en musique de la fin du XIXe siècle jouant avec les couleurs locales opposées au style de l'auteur, ni de composer en imitant les autres, comme dans la pratique des primitivismes musicaux de la première moitié du XXe siècle, ni non plus d'accumuler des citations disparates selon les techniques du montage plus ou moins sophistiqué de l'époque postmoderne jouant avec les références culturelles divergentes et mettant à l'épreuve les capacités de compréhension de l'auditeur. À la place du « choc »[123] ou du « dialogue » des cultures, Stockhausen propose dans ses œuvres – et ceci depuis les années 1960 – « l'intermodulation »[124] ou l'interaction des disparates en inventant une nouvelle synthèse : une « musique universelle » ou « musique du monde » / « *Weltmusik* » de l'époque « astronique » : « musique astronique ». C'est précisément l'intermodulation qui permet de construire un dialogue créatif des cultures, un dialogue producteur de nouveau, à l'encontre de l'uniformisation ambiante, et ceci grâce aux procédés organisateurs de la pensée forte visant toujours des œuvres architecturales et préméditées, unifiées et cohérentes. Rappelons que la tradition écrite de la musique occidentale a imposé à travers les âges deux orientations formelles opposées :

- celle de l'œuvre fermée et cohérente en tant que réseau de relations dans l'optique de la tradition occidentale selon son modèle fermé, narratif, téléologique, proche du modèle wagnérien du *Gesamtkunstwerk*, de l'œuvre totale et
- celle de l'œuvre éclatée, dissipée ou en dispersion qui réinvente dans de nouveaux contextes et en utilisant souvent plusieurs médias et des technologies nouvelles, des stratégies compositionnelles ouvertes proches des pratiques improvisationnelles.

Stockhausen a expérimenté énormément dans les deux domaines, mais c'est le premier – celui de l'œuvre totale, du *Gesamtkunstwerk* – qui reste prépondérant chez lui : la structure globale avec ses proportions temporelles, la vision globale de l'œuvre en tant que totalité close est préalable à l'élaboration du matériau. C'est surtout au cours des années 1960-70 que Stockhausen a travaillé dans le domaine des œuvres ouvertes, des formes variables et plurielles, des musiques intuitives et méditatives, de la musique textuelle, etc.

Réalisée en 1966 au Studio de musique électronique de la Radio japonaise NHK à Tokyo, la pièce électronique *Telemusik*[125]

---

123. Cf. Samuel P. Huntington, *Le choc des civilisations*, Paris, Odile Jacob, 1997.

124. Le terme vient directement de la pratique de la musique électronique. Cf. *supra*.

125. *Telemusik* est une pièce électronique à 5 canaux, constituée de 32 « moments » dont la durée varie de 13 à 144 secondes. Pour chaque moment, le compositeur prépare d'abord une esquisse avec le déroulement formel global, ce qui confirme sa stratégie formelle de la pensée forte aussi dans le domaine de la musique

inaugure une nouvelle phase importante dans l'exploration spatiale de Stockhausen : il s'agit, d'une part d'une ouverture théoriquement illimitée aux temps antérieurs et aux espaces extérieurs à l'œuvre et, d'autre part, d'une projection spatiale avec les outils de la diffusion panoramique de l'époque. *Telemusik* est la première pièce importante de Stockhausen dans sa recherche d'une « musique universelle »[126]. Suite à ses multiples voyages, surtout en Asie, le compositeur vit un changement profond de conscience : il se rend compte de la nécessité d'une sortie de la sphère étroitement nationale de la musique et des limites personnelles de l'individu et, par conséquent, de la fin de la musique subjective et individualiste dans la lignée de la grande tradition occidentale. Stockhausen ne cherche plus à écrire « sa propre musique » et à peaufiner son style personnel, car il se rend de plus en plus à l'évidence que, suite aux nouvelles possibilités de communication, « toute la terre n'est qu'un seul village »[127]. « *Le monde devient un monde. […] C'est le début de l'universalisme. La force qui effectue l'intégration s'exprime par les outils techniques que nous utilisons* »[128].

Et le compositeur se propose de « faire encore un pas en avant », vers « une musique de toute la terre, de tous les pays et races »[129]. C'est la raison pour laquelle on entend dans *Telemusik* des références à la musique du *Gagaku* japonais, à la musique balinaise, à une fête villageoise espagnole, à la musique hongroise, aux chants *Shipobo* de l'Amazonie, à la cérémonie *Omizutori* à Nara (à laquelle Stockhausen participe fasciné pendant trois jours et trois nuits), à la musique chinoise, à la musique de montagnards vietnamiens, aux offices des moines bouddhistes du temple *Jakushiji*, aux drames du *Nô* japonais, etc. Stockhausen ouvre généreusement la musique électronique de *Telemusik* à toutes les cultures fort différentes qui y

---

électronique. Chaque piste (avec des sons de générateurs ou des sons préenregistrés) est soigneusement travaillée (effacée, enregistrée de nouveau à plusieurs reprises, superposée à d'autres, etc.) jusqu'à l'obtention du résultat souhaité. Enfin, la pièce est produite directement sur un magnétophone 6 pistes existant seulement au Japon à l'époque. Et comme dans toutes ces œuvres électroniques ou mixtes depuis 1964 *(Mikrophonie I* et *II*, *Prozession*, *Kurzwellen*, *Aus den sieben Tagen)*, Stockhausen utilise pour *Telemusik* une projection panoramique des 5 canaux (5-spurige Lautsprecherwiedergabe).

126. Karlheinz Stockhausen, « Interview über *Telemusik* », in *Texte zur Musik 1963-1970*, Band 3, Cologne, DuMont Schauberg, 1971, p. 80.

127. *Ibidem*, p. 81. « On sent qu'il y a de plus en plus de choses qui dépassent largement l'individu. Je me vois comme membre, comme partie d'un tout. »

128. *Ibidem*, p. 83.

129. Karlheinz Stockhausen, « *Telemusik* (1966) », in *Texte zur Musik 1963-1970*, Band 3, Cologne, DuMont Schauberg, 1971, p. 75.

participent, parfois simultanément, en s'influençant et en se transformant mutuellement. Cette œuvre nous fait entendre – à l'époque des moyens nouveaux de communication, du téléphone, de la télévision, etc., d'où le titre – que des événements stylistiques très différents existent simultanément dans l'espace et dans le temps. L'annulation des distances et la suppression des limites temporelles et spatiales de tous les matériaux musicaux préexistants et des sons électroniques visent « une universalité de passé, présent et avenir, de pays et d'espaces fort éloignés : *Telemusik* »[130]. Pour le compositeur, il s'agit d'inventer et de produire de nouvelles relations entre les matériaux disparates, étant donné que « les distances dans le temps sont artificielles et (que) tout existe simultanément dans notre conscience »[131]. La nouvelle technique utilisée est, précisément, celle de l'intermodulation[132] : le compositeur module, transforme le rythme d'un événement sonore avec la courbe dynamique d'un autre, par exemple ; ou bien module des accords électroniques par la courbe dynamique d'un chant de moines, puis soumet le résultat à une nouvelle modulation, par la ligne mélodique d'un chant *Chipobo*, par exemple, etc. Les vis-à-vis statiques cèdent leurs places aux élaborations productrices de différent. La stratégie formatrice du contraste ou de l'opposition (typique de la pensée classique et romantique) est remplacée par celle du processus générant continuellement de nouvelles synthèses. Il ne s'agit donc aucunement de nivellement des références stylistiques ou de synthèse uniformisante des cultures, mais au contraire d'une mise en évidence de leurs particularités stylistiques dans le contexte choisi qui met en relation et en équilibre ces « différentes couches de la conscience humaine »[133]. Stockhausen pratique l'ouverture généreuse qui accueille volontiers, celle qui permet d'héberger l'étranger, le différent sans vouloir se l'approprier ou le soumettre. C'est pour la première fois dans son travail de compositeur qu'il utilise des musiques préexistantes. L'œuvre est conçue en tant que « polyphonie des styles,

130. *Ibidem*, p. 76.

131. Karlheinz Stockhausen, « Interview über *Telemusik* », in *Texte zur Musik 1963-1970*, Band 3, Cologne, DuMont Schauberg, 1971, p. 80.

132. La notion ancienne de modulation implique le passage d'une tonalité à une autre dans le système tonal. Chez Stockhausen, la notion d'intermodulation s'applique aux styles : aux passages d'un style à un autre, à leur interaction simultanée et leurs influences réciproques.

133. Karlheinz Stockhausen, « Interview über *Telemusik* », in *Texte zur Musik 1963-1970*, Band 3, Cologne, DuMont Schauberg, 1971, p. 84.

des temps, des espaces. »[134] Mais tout en utilisant des références explicites à des traditions musicales historiquement et géographiquement éloignées, Stockhausen renonce à la technique citationnelle, typique de la première moitié du XXe siècle, au profit, précisément, d'une véritable « intermodulation »[135] entre « les objets trouvés » et les sons électroniques produits en studio. Le propos, c'est l'exploration matérielle accueillante : l'expérience composée de donner et de recevoir, de communiquer véritablement en échangeant des qualités réciproquement, au nom d'une unité supérieure des opposés, démontrée auditivement[136] et proposée à l'exploration de l'auditeur. *Telemusik* effectue donc en musique l'annulation de la dimension temporelle et des distances dans l'espace et nous fait entendre la simultanéité d'événements si différents et si similaires dans laquelle nous vivons.

> « *Et si nous pensons cosmiquement, au-delà de la terre, alors, je crois personnellement, que nous vivrons d'autres surprises de cet ordre, à savoir que des tranches de notre propre histoire existent simultanément ailleurs dans le cosmos* »[137].

Stockhausen conçoit déjà l'ouverture cosmique de ses projets compositionnels.

L'élaboration spatiale en relation avec l'idée d'une musique universelle, une musique du monde, est aussi très importante dans *Hymnen* (1966/1969), musique électronique et concrète avec diffusion sur 4 canaux et 4 solistes. Cette version a été complétée en 1969 par *Dritte Region* (Troisième Région) avec orchestre et diffusion sur 4 canaux[138]. L'œuvre est constituée donc de quatre Régions d'une durée

---

134. *Ibidem*, p. 82.

135. Karlheinz Stockhausen, « *Telemusik* (1966) », in *Texte zur Musik 1963-1970*, Band 3, Cologne, DuMont Schauberg, 1971, p. 76.

136. La démarche traduit – dans le contexte nouveau et avec des matériaux sonores tout à fait différents, bien sûr – un des procédés du grand symphonisme de la tradition occidentale.

137. Karlheinz Stockhausen, « Interview über *Telemusik* », in *Texte zur Musik 1963-1970*, Band 3, Cologne, DuMont Schauberg, 1971, p. 81.

138. *Hymnen* connaît trois versions : *Hymnen* (1966), musique électronique et concrète ; *Hymnen* (1966-67), musique électronique et concrète avec 4 solistes (jouée depuis 1967 des centaines de fois, actuellement retirée du catalogue) et *Hymnen (Dritte Region)* (1969), musique électronique avec orchestre. « *À la demande de l'Orchestre philharmonique de New York, j'ai composé – à partir du milieu de la 2e jusqu'à la fin de la 3e. Région – une version de la musique électronique avec orchestre que j'ai nommée* Dritte Region der

globale d'environ 113 minutes. Chaque Région comporte certains hymnes en tant que « centres » auxquels se réfèrent plusieurs autres hymnes nationaux avec leurs débuts facilement reconnaissables. La première Région a deux centres : l'Internationale et la Marseillaise ; la deuxième en comporte quatre : l'hymne de la République fédérale d'Allemagne, un groupe d'hymnes africains en alternance avec l'hymne de l'URSS et un centre « subjectif », moment original du travail en studio ; la troisième Région (dédiée à J. Cage) a trois centres : l'hymne de l'URSS, l'hymne des USA et l'hymne espagnol. Enfin la quatrième Région (dédiée à L. Berio) est centrée autour de deux hymnes : l'hymne de la Suisse et un hymne « appartenant au royaume utopique Hymnion (de hymne et union) en Harmondie (harmonie du monde) sous Pluramon (homme pluriel) »[139]. Stockhausen rêve déjà de sa musique cosmique dont les lieux utopiques trouveront « confirmation » dans le Livre d'Urantia qui nourrira par la suite l'univers imaginaire de Licht[140].

Dans *Hymnen*, Stockhausen utilise de nouvelles modalités de spatialisation : rotations, alternances, flux ou déluges, superpositions de mouvements en tant qu'extension des procédés utilisés déjà dans *Kontakte*. La composition spatiale d'autant d'hymnes nationaux en « une polyphonie temporelle commune » cherche à rendre perceptible « une vision musicale de l'unité des peuples et des nations en une famille humaine harmonieuse »[141]. C'est la façon de Stockhausen, en tant que « fils de l'ère électronique »[142], de concurrencer à travers les âges avec le Finale de la Neuvième de Beethoven.

À l'ouverture au monde correspond aussi l'ouverture de la pratique du concert :

Hymnen / 3e Région de Hymnen. *Ainsi je voulais obtenir que cette œuvre puisse être jouée et entendue par des gens qui se rencontrent habituellement aux concerts symphoniques* ». Cf. K. Stockhausen, « *Hymnen mit Orchestre* (1969) », in *Texte zur Musik 1970-1977*, Band 4, Cologne, DuMont, Köln, 1978, p. 79. La version avec solistes et orchestre a été créée à l'inauguration des *Frankfurter Feste* de 1990. Elle est constituée de trois parties séparées de deux pauses : la première et la troisième comportent solistes et bande, la deuxième est jouée par l'orchestre et la bande.

139. Karlheinz Stockhausen, « *Hymnen* – Elektronische und konkete Musik mit Solisten », in *Texte zur Musik 1963-1970,* Band 3, Cologne, DuMont Schauberg, p. 97. *Hymnion* provient de hymne et union, *Harmondie* d'harmonie du monde et *Pluramon* renvoie à l'homme pluriel auquel s'identifie le compositeur.

140. Cf. *supra.*

141. Karlheinz Stockhausen, « *Hymnen* mit Solisten und Orchester », in *Texte zur Musik 1984-1991*, Band 7, Kürten, Stockhausen-Verlag, 1998, p. 93.

142. Cf. Karlheinz Stockhausen, « Kind des elektronischen Zeitalters », in *Texte zur Musik 1984-1991*, Band 9, Kürten, Stockhausen-Verlag, 1998, p. 134.

« Hymnen *pour radio, télévision, opéra, ballet, disque, salle de concert, église, plein air... L'œuvre est composée de telle façon que l'on peut écrire différents scénarios ou libretti pour des films, des opéras ou des ballets avec cette musique* »[143].

Autre œuvre très significative de la « musique universelle » de Stockhausen : *Inori/Anbetungen für einen oder zwei Solisten* (Adorations pour un ou deux solistes et orchestre ou bande), (1973-74)[144], pensée comme « une prière musicale », « une adoration musicale de Hu »[145]. Le mot japonais « *Inori* » signifie prière, invocation, adoration. L'œuvre est composée à partir d'une forme ou formule première / « *Urgestalt* » comportant 13 hauteurs (plus deux, répétées à la fin), reliés à 13 *tempi*, 13 intensités, 13 timbres et 13 gestes de prière (plus deux pour la fin) et divisée en cinq membres séparés par des échos ou des silences[146]. Cette formule est, simultanément, le schéma formel pour la forme globale. Stockhausen utilise des gestes de prières provenant de différentes cultures et d'anciennes traditions : de Byzance, d'Amérique du Sud, de Crète, d'Inde (*Namasakaram*, sacrifice d'ouverture à la danse, Yoga), du Tibet (prière devant des idoles du temple), du Cambodge, de la messe catholique, des danses africaines de sacrifice à la terre, etc.[147]. La forme globale résulte d'une extension de la formule de base sur une durée d'environ une heure : dans la première phase, le compositeur développe le rythme ; dans la deuxième, l'intensité ; dans la troisième, la mélodie ; dans la quatrième, l'harmonie et dans la cinquième et dernière, la polyphonie. Stockhausen expérimente dans le domaine des *tempi* et attribue une

143. Karlheinz Stockhausen, « *Hymnen* mit Solisten und Orchester », in *Texte zur Musik 1984-1991*, Band 7, Kürten, Stockhausen Verlag, 1998, p. 97.

144. Création d'*Inori* le 18/10/1974 dans le cadre du Festival de Donaueschingen, avec Alain Louafi et l'Orchestre symphonique de la SWF sous la direction de Karlheinz Stockhausen. Les premières exécutions sont avec un soliste (Alain Louafi ou Elisabeth Clarke). Par la suite, le compositeur adopte la version avec deux solistes qui jouent la même partie de façon parfaitement synchrone (excepté un seul moment scénique où le soliste se jette sur une planche à ressorts, élément scénique observé par Stockhausen lors de cérémonies religieuses au Japon).

145. Karlheinz Stockhausen, *Vortrag über HU* pour une chanteuse ou un chanteur, n° 38 ½, Analyse musicale de *Inori*, Kürten, Stockhausen Verlag, p. 15.

146 On reconnaît déjà le principe de découpage de la formule qui définira la *Formelkomposition* dans *Licht*.

147. Karlheinz Stockhausen, *Vortrag über HU* pour une chanteuse ou un chanteur, n° K 38 ½, Kürten, Stockhausen Verlag, pp. 71-97, photos et explication des gestes et leurs fonctions.

fonction inédite aux spectres sonores aux services des échelles chromatiques d'intensité. Il travaille avec une échelle d'« énergies sonores » liées aux spécificités des timbres et des intensités et poursuit sa recherche au niveau de la structuration temporelle en superposant des couches individualisées avec l'aide de *tempi* chromatiques. Les gestes de prière qui transforment le concert symphonique en rite de « musique scénique » à propos spirituel sont utilisés « comme les timbres et les *tempi* »[148], c'est-à-dire de façon très précise et détaillée, en fonction de correspondances établies avec les hauteurs, les intensités et les durées.

La partition d'*Inori* est un exemple unique de notation exacte où le compositeur décrit très précisément chaque geste corporel en notation musicale qui rend explicite la relation entre structure musicale et structure visuelle. Et il est convaincu

> qu'« *à travers cette relation étroite entre gestes de prière et hauteurs et intervalles, au cours de l'exécution, les changements purement musicaux sont vécus comme prière* »[149]. Pour lui, « *cette œuvre ne laisse pas de choix entre une esthétique sécularisée et une fonction religieuse, car c'est une prière, dans laquelle chaque intervalle musical est un geste de prière et il doit être ressenti en tant que tel* »[150].

Heureusement, la musique reste, tout de même, un langage universel, au-delà de la signification langagière et on peut apprécier l'œuvre de Stockhausen aussi sans partager ses convictions religieuses.

L'élan vers une musique universelle chez le compositeur – véritable fils de l'époque « astronique », de l'époque de l'exploration cosmique en expansion – se poursuit dans ses cycles gigantesques *Licht* (Lumière), *les Sept jours de la semaine* (1977-2003) d'une durée globale de 29 heures (donc dépassant largement la tétralogie wagnérienne) et *Klang* (Sonorité), les 24 heures de la journée, cycle inachevé, sur lequel Stockhausen travaille de 2004 jusqu'en 2007.

L'heptalogie *Licht* (Lumière), *les Sept jours de la semaine*, constitué de sept opéras correspondant aux sept jours de la semaine est un exemple monumental de *Gesamtkunstwerk*, d'œuvre totale : de

---

148. Karlheinz Stockhausen, *« Inori, Anbetungen* für 1 oder 2 Solisten und Orchester », in *Texte zur Musik 1970-1977*, Cologne, Band 4, DuMont, p. 216.
149. *Idem.*
150. Karlheinz Stockhausen, « Neues in *Inori* », in *Texte zur Musik 1970-1977*, Band 4, Cologne, DuMont, 1978, p. 233.

« musique scénique », selon le terme de Stockhausen, nécessairement « spatiale » à l'époque « astronique ».

Pour Stockhausen, « théâtre musical »/« Musiktheater » et « musique scénique »/« szenische Musik » ne sont pas synonymes. Et il précise :

> « *Pour le théâtre musical on a besoin vraiment de régie, décors, costumes, etc., 'La musique scénique' par contre est un nouveau type de jeu musical avec des mouvements musicaux, avec des costumes simples, un éclairage musical, une projection sonore pluridirectionnelle à l'aide d'émetteurs – joué par cœur et réalisable sur toute scène de concert* »[151].

Tout en partant de « l'esprit de la musique », Stockhausen invente sa forme de « musique scénique » : elle correspond à une « idée globale »/« Gesamtvorstellung » du théâtre musical qui a comme objectif de composer tous les domaines perceptifs »[152]. Mais à la question « Le Gesamtkunstwerk, théorie du 'drame total' élaboré par Wagner, vous semble-t-il aujourd'hui caduque, dépassé ou utopique ? » Stockhausen répond :

> « *Le Gesamtkunstwerk existe depuis les temps les plus anciens dans le drame indien, indonésien, chinois, japonais. Dans la tradition opératique occidentale, plusieurs aspects du drame musical n'ont pas été réalisés par les compositeurs, mais cédés à d'autres (metteurs en scène, scénographes, chorégraphes, décorateurs, éclairagistes, etc.). C'est la raison pour laquelle l'opéra n'est jamais devenu une forme parfaite d'art et s'est progressivement désagrégé. Dans cette crise, l'œuvre* Licht *est le premier pas en direction d'une œuvre musico-scénique intégrale* »[153].

Pour obtenir l'unification et la cohérence de la totalité de son œuvre multiple qui renonce complètement à la narrativité de l'opéra, Stockhausen élabore sa technique de la *Formelkomposition*, composition avec formule(s) : la totalité de l'œuvre est élaborée à partir d'une superformule de base qui est le point de départ à partir duquel sont composés toutes les scènes, tous les jours du cycle, ainsi que le cycle dans son intégralité. L'heptalogie *Licht* repose sur cette stratégie

---

151. Karlheinz Stockhausen, « 'Klassiker ' von Stockhausen », in *Texte zur Musik, 1984-1991*, Band 10, Kürten, Stockhausen Verlag, 1991, p. 463.
152. Karlheinz Stockhausen, « Antworten zum Questionnaire… », in *Texte zur Musik, 1984-1991*, Band 10, Kürten, Stockhausen Verlag, 1991, p. 699.
153. *Ibid.*

formatrice préméditée, issue du sérialisme à la suite de la *Punktuelle Musik*, de la *Gruppenkomposition* et de la *Momenttechnik*, qui consiste à « viser une composition unifiée et cohérente »[154] malgré la multiplicité des matériaux utilisés et l'absence de narration littéraire sous-jacente. « *Je trouve que l'on arrive plus loin et l'on évolue plus en profondeur si l'on déploie tout, thématiquement et structurellement, à partir d'un seul noyau* », pense Stockhausen.

> « *Ceci pose des exigences de métier plus grandes que quand on cuit toujours des petits pains, des œuvres indépendantes, des morceaux, que l'on range selon leur caractère en une liste d'opus, au lieu de chercher une composition unifiée et cohérente. [...] En fait, le morceau, l'œuvre-pièce (Stückwerk) appartient à un monde pré-artistique* »[155].

Et le processus compositionnel pour *Licht* commence par la vision globale de l'œuvre, c'est-à-dire par le schéma formel de l'œuvre-totalité cohérente et par la triple formule.

La formule n'est pas un motif et la *Formelkomposition* n'a rien à voir avec le travail motivique de l'époque classico-romantique ni avec la technique du leitmotiv wagnérien.

> « *Le motif est une forme musicale du passé à partir duquel on développe un drame ou un processus. Il n'y a rien de pareil dans mes œuvres. Toute l'œuvre* Licht *est fondée sur une grande formule constituée des trois mélodies qui sont harmoniquement coordonnées de façon très minutieuse. Je les appelle la mélodie de Michael, la mélodie d'Eva et la mélodie de Luzifer. Superposées verticalement, elles forment la superformule à partir de laquelle se développe tout. Dans chacune de ces mélodies, il y a différentes directions, intensités, couleurs et d'autres particularités, c'est-à-dire des échos, des pré-échos, des modulations, des échelles, du bruit coloré, du silence absolu* »[156].

Toujours à la recherche de densité et de cohérence, Stockhausen utilise dans *Licht* une formule de 7 membres, un pour chaque jour de la semaine. Cette formule multiformule comporte 3

---

154. Karlheinz Stockhausen, « Die sieben Tage der Woche », in *Texte zur Musik*, Cologne, Band 6, Cologne, DuMont Schauberg, 1989, p. 170.
155. *Ibid.*, p. 170.
156. Karlheinz Stockhausen, « Jeder Tag ist ein guter Tag », in « *Sonntag aus Licht* / Karlheinz Uraufführung», Cologne, Oper Köln, 2011, p. 8.

niveaux, chacun correspondant à un des 3 « esprits » essentiels pour *Licht*, Eva, Michael et Luzifer.

> « *Dans* Licht *les formules se fondent dans une multiformule ou dans une superformule : la formule de Michael, la formule d'Eva et la formule de Luzifer sont unifiées en une formule. Les trois sont verticalisées et toujours présentes dans cette combinaison* »[157].

Des coupes verticales segmentent la superformule. Et chaque segment devient le matériau unificateur de base pour les différentes scènes et actes des sept jours de la semaine.

La formule n'est pas un thème, une caractéristique musicale relativement stable à reproduire et à développer dans différents contextes, mais toujours une matière abstraite de base, un noyau pluriel et plurivalent qui comporte et qui génère par la suite une multitude de matériaux ou d'éléments très différents. Une sorte de code génétique ou de « matrice de laquelle naît la vie »[158]. Elle est un concentré d'idées musicales dont l'extension, la compression, l'explosion, la projection et l'expansion dans toutes directions génèrent une forme spatialisée, non conventionnelle, non linéaire, non téléologique.

La richesse et la densité de ce noyau multiple rendent possible une infinité de possibilités de déploiements, qui gardent toujours leur relation à la formule, ce qui est, précisément, le facteur puissant de cohérence.

> « *Ainsi je pourrais composer toute ma vie avec cette formule* », affirme Stockhausen, « *dans la mesure où je conçois des parties ou des morceaux ou des sections ou des moments ou des scènes en tant que dialectes, d'une manière spécifique : il s'agit donc de colorier cette formule-figure abstraite et à chaque fois de produire une musique locale* »[159].

La composition à partir de formule(s) repose sur la conception de l'œuvre en tant que totalité unifiée et cohérente.

---

157. Karlheinz Stockhausen, « Weder Anfang noch Ende », in *Texte zur Musik*, Band 6, p. 175.
158. Karlheinz Stockhausen, « Geistig - Geistliche Musik », in *Texte zur Musik*, Band 9, Kürten, Stockhausen-Verlag, 1998, p. 112.
159. Karlheinz Stockhausen, « *Licht*-Blicke », in *Texte zur Musik*, Band 6, pp. 197-198.

« *L'essentiel ou l'universel est valable pour tout l'univers, tout comme par exemple cette superformule dans* Licht. *Si on l'entend, on n'imagine pas encore qu'elle puisse sonner une fois de manière new-yorkaise (comme dans* Michael's Reise *(Le voyage de Michael) ou ensuite de façon japonaise ou balinaise ou indienne* »[160].

L'omniprésence de la superformule crée unité et cohérence, mais en aucun cas uniformité et redondance. Elle incite à la création de « dialectes » ou de « manières » différentes qui dépendent, bien sûr, uniquement de la force d'imagination du compositeur. Simultanément, la formule permet la maîtrise temporelle de la totalité de l'œuvre, tout en renonçant définitivement à la téléologie conventionnelle.

La formule en tant que point de référence et facteur de lisibilité pour l'auditeur doit être, bien sûr, facilement mémorisable et chantable[161], un peu comme les leitmotive dans le contexte wagnérien. Mais cette fonction – d'origine littéraire et sémantique – est relativement secondaire dans le contexte de *Licht.* Ce qui semble plus important ce n'est plus la magie des relations thématiques, mais la cohérence de la matière du son dans ses compositions et cheminements multiples : la mémorisation des aspects intervalliques des formules permet qu'on les reconnaisse lors de l'écoute – consciemment ou non – dans leurs projections, dilatations et compressions en tant que force créatrice de cohérence musicale. À « la magie des relations » thématiques dont parlait Thomas Mann, à propos de Wagner, se substitue « la magie » des cheminements à l'intérieur de la matière sonore complexe et dans le déroulement temporel.

Le cycle des Sept jours de la semaine *Licht* (Lumière) est lié de façon évidente à la métaphore lumineuse dans la conception spatiale et spirituelle de Stockhausen et à l'idée d'une musique universelle. Les premières esquisses de 1977 de *Licht* font apparaître l'idée d'un théâtre de Dieu qui confirme la pensée mystique du compositeur.

Stockhausen est fortement attiré par un sujet universel, valable pour tous à travers le monde et il s'adresse à tous. En utilisant le langage multiple de sa musique scénique, mais aussi plusieurs langues, de la matière phonique provenant de plusieurs langues (7, par

160. *Ibid.*, p. 198.
161. Karlheinz Stockhausen, « Stockhausen - Sound International », in *Texte zur Musik*, Band 6, p. 352.

exemple, dans *Hoch-Zeiten*, la 5e Scène de *Sonntag* (Dimanche) de Lumière). Pour Stockhausen,

> « *Tout ce qui a quelque chose à voir avec la semaine est lié aux divinités de la lumière qui donnent aux 7 jours leur signification (dans toutes les religions du monde, il y a des dégradés, des nuances différentes de la lumière, et même le gris, le bleu-noir et le noir de* Samstag *se réfèrent encore à la lumière, aux couleurs, aux reflets de la lumière). La semaine n'est rien d'autre qu'un arc-en-ciel, comme 'l'arc-en-ciel merveilleux' dans le 3e acte de* Donnerstag aus Licht. *[...] J'ai donc tout le temps à faire avec cette notion centrale de* Licht *pour toute la semaine, qui est un cycle infini de planètes, de divinités. Elles sont les créateurs d'ordre dans mon arc-en-ciel de 7 couleurs* »[162].

Le point de départ pour le cycle *Licht* sont les noms des jours de la semaine :

> « Montag *(lundi) est Mond-Tag, le jour de la lune (Monday, lundi, lunedi) ;* Dienstag *est Tius-Tag ou Mars-Tag, le jour de Tius ou de Mars (Tuesday, mardi, martedi) ;* Mittwoch *est le Wotans-Tag oder Merkur-Tag, le jour de Wotan ou de Mercure (Wednesday, mercredi, mercoledi) ;* Donnerstag *est Donars-tag, Thor-Tag ou Jupiters-Tag, le jour de Donar, de Thor ou de Jupiter (Thursday, jeudi, jovedi) ;* Freitag *est le Freias-Tag ou Venus-Tag, le jour de Freia ou de Vénus (Friday, vendredi, venerdi) ;* Samstag, *le Saturns-Tag, le jour de Saturne (Saturday, samedi, sabato) ; et* Sonntag, *Sonnen-Tag, le jour du soleil (Sunday, dimanche, domenica)* »[163].

Stockhausen étudie de façon assez approfondie la signification des sept jours de la semaine pour différents peuples et se rend à l'évidence que les mêmes divinités y sont présentes sous des noms différents[164]. Progressivement, il synthétise les différentes suggestions venues de partout pour les concentrer en trois figures principales, en trois incarnations spirituelles ou « esprits »[165] :

162. Karlheinz Stockhausen, « Licht-Blicke », in *Texte*, Band 6, p. 199.
163. Karlheinz Stockhausen, « Die sieben Tage der Woche », in *Texte*, Band 6, p. 152.
164 Les travaux de Carl G. Jung ont proposé une explication psychologique de ce type de constantes.
165. Rappelons que dans *Sirius*, il y a quatre protagonistes. Dans les premières esquisses de *Licht*, Stockhausen évoque aussi quatre figures principales pour *Licht* : Michael, Eva, Luzifer et Adam. Cf. Michel Rigoni, *Stockhausen : un vaisseau lancé vers le ciel*, Lillebonne, Éditions du Millénaire, 1998, p. 276.

« un esprit féminin, Eva (aussi Aphrodite, Vénus) ; puis Michael (aussi Thot, Hermes Trismegistos, Jovis, Thor ou Donar, puis dans la tradition la plus ancienne du Proche Orient, Mikael, l'esprit protecteur des Hébreux, et encore plus loin dans le temps Mithra qui tue le taureau) ; et le troisième, c'est l'ange de la Lumière, Luzifer, aussi une figure originaire depuis que nous sommes aptes à étudier l'histoire »[166].

Michael, Eva et Luzifer incarnent donc des forces cosmiques et c'est dans leurs champs de tension qu'évolue la vie humaine. Chacun des trois « esprits » a son jour où il est au centre de l'action : *Donnerstag* (Jeudi) est le jour de Michael, *Montag* (Lundi), le jour d'Eva et *Samstag* (Samedi), le jour de Luzifer. Ils sont présents aussi dans des combinaisons différentes d'interaction, comme dans *Dienstag* (Mardi), *Mittwoch* (Mercredi), *Freitag* (Vendredi) et *Sonntag* (Dimanche) où l'on observe une constellation spécifique des personnages principaux. Stockhausen se propose de donner un sens musical et sémantique précis, vécu quotidiennement, à chaque jour de la semaine[167] : Lundi est le jour d'Eva et de la naissance ; Mardi est le jour de la querelle et de la confrontation entre Michael et Luzifer ; Mercredi, le jour du travail ensemble, de l'amour, du respect mutuel ; Jeudi, le jour de Michael, de l'apprentissage et des études ; Vendredi, le jour de la tentation ; Samedi, le jour de Luzifer, de la mort et de la résurrection et Dimanche, le jour de la lumière blanche/or et de l'union mystique de Michael et Eva.

Dans *Licht*, il s'agit d'un conflit cosmique dont certains aspects sont présents dans beaucoup de religions, y compris dans le christianisme. Habité par l'idée d'universalisme du message musical, Stockhausen, en véritable chrétien occidental, trouve confirmation de ses idées et de ses projets compositionnels dans le Livre d'Urantia[168] pour inventer sa version d'un universalisme chrétien. La symbolique du cycle *Licht*, ses personnages, plusieurs aspects sémantiques, les signes visuels des jours, mais aussi une bonne partie des titres des pièces constituant *Klang* sont inspirés par ce livre de plus de 2 000 pages qui se veut un livre de révélations d'êtres célestes qui se

166. Karlheinz Stockhausen, « Die sieben Tage der Woche », in *Texte*, Band 6, p. 153. Michael est aussi une figure qui renvoie au Christ, bien sûr, tandis qu'Eva, la mère, est aussi Marie pour les chrétiens.
167. Ainsi, les couleurs, par exemple, orange pour *Vendredi* ou verte pour *Lundi*, sont associées par Stockhausen aux vêtements à porter ces jours de la semaine.
168. *The Urantia Book*, Urantia Foundation, *Das Urantia Buch*, Chicago, 2005.

sont servi de la médiation d'êtres humains pour transmettre leurs messages sur terre. Et ceci, de toute évidence, pour concurrencer et même évincer les écritures saintes jugées déjà trop anciennes de la Bible. Le « médium humain » pour le Livre d'Urantia a été, très probablement, Wilfred Custer Kellog (1876-1956), soutenu par sa femme et son gendre, le psychothérapeute et élève de Freud, le Dr. William Samuel Sadler (1875-1969), tous appartenant au milieu adventiste. « Les révélations » ont commencé probablement en 1912 et ont continué jusqu'au milieu des années 1930. Après élaborations et corrections pendant une vingtaine d'années, le livre est publié à Chicago en 1955 en anglais par la Fondation Urantia à Chicago dont le seul objectif est la publication et la diffusion à travers le monde du Livre d'Urantia[169].

Le livre comporte quatre grandes parties qui suivent un mouvement allant de l'universel vers l'individuel : il commence par une description de l'univers en général, puis il décrit et analyse notre univers local, la troisième partie raconte l'histoire d'Urantia, c'est-à-dire de notre terre, et la quatrième est une nouvelle version du récit de la vie du Christ. Et voici le résumé de sa conception globale, proposé par Stockhausen :

> « *Luzifer régissait notre univers local pendant une longue période, et puis, comme c'est rapporté de différentes manières, il a lancé une rébellion contre l'administration centrale de l'univers. Il voulait l'indépendance, l'autodétermination des planètes habitées qui étaient sous ses ordres. Son plus proche subalterne est Satan que l'on pourrait qualifier comme son premier ministre. Les deux ont provoqué alors une rébellion dans laquelle se sont lancées la plupart des planètes habitées, et nous vivons encore et toujours dans cet état de choses. On fait quotidiennement l'expérience sur notre planète de ce que cette rébellion veut et de ce que sont ses motifs : l'anti-hiérarchie, l'autodétermination, l'égalisation. Et c'est à cause de cela que le guidage central de notre planète dans l'univers est interrompu. Personne ne sait comment reprendre contact avec les autres parties de l'univers. Nous sommes coupés du reste, nous nous trouvons comme sur une île sans relation avec les autres domaines cosmiques* »[170].

169. Cf. Thomas Ulrich, « Christlicher Glaube im Weltraum-Zeitalter / Stockhausen und *Das Buch Urantia* », in *MusikTexte*, n° 129, Cologne, pp. 30-36. Cf. aussi Markus Bandur, « ...alles aus einem Kern entfaltet, thematisch und strukturell, Karlheinz Stockhausen und die Rezeption des *Urantia Book* », in *Internationales Stockhausen-Symposuiion 2000, Licht*, Münster, 2004, p. 136.
170. Karlheinz Stockhausen, « Die sieben Tage der Woche », in *Texte*, Band 6, p. 153.

Ce sont donc Michael et Gabriel qui ont vaincu et banni Luzifer. C'est ainsi qu'il a perdu son rôle d'ange suprême de la lumière[171]. Au sujet de son rapport aux religions, Stockhausen tient à préciser :

> « *Chacun sait que je n'appartiens ni au camp des catholiques, ni à celui des protestants, ni aux croyants juifs, ni aux musulmans, ni aux bouddhistes. C'est la raison pour laquelle on écrit partout que je suis désespérément seul avec ma 'religion mystique privée'. [...] Ce qui m'intéresse, c'est toute la structure, la structure spirituelle et la hiérarchie de l'univers où chaque individu est un être spirituel et temporairement seulement un être corporel, un être humain donc, un homme, et (en même temps) une individualité hors temps, un esprit éternel* »[172].

Michael, l'esprit conducteur de notre univers, est systématiquement confronté à son adversaire Luzifer. Eva est l'esprit féminin qui médiatise continuellement entre les deux, qui est l'intermédiaire et la conciliatrice. Les protagonistes de l'heptalogie *Licht* ne ressemblent guère aux personnages historiques ou psychologiques de l'opéra. Ils proposent à l'exploration de la part du public des condensés de mythes et de croyances, car ils synthétisent, sous des aspects multiples et hors temps, des principes éternels humains, présents dans les mythes, les religions et les contes de tout temps.

> « *J'ai mis les trois figures principales Michael, Eva et Luzifer en relation avec les jours de la semaine. Une nouvelle conscience de la vie quotidienne s'est éveillée en moi. Et dans le futur, personne ne pourra penser à un jour de la semaine – peu importe s'il pense du bien ou du mal de mon œuvre – sans penser aussi à la signification que j'ai donnée, d'une manière nouvelle, à ces jours de la semaine* »[173].

Transformé lui-même par son travail de recherche, Stockhausen souhaite, un peu à la manière des musiciens et des penseurs soufis, la transformation de son auditeur, de sa sensibilité et de son vécu : en l'entraînant avec sa musique vers la *Lichtung*, dont

---

171. Cf. Karlheinz. Stockhausen, « Jeder Tag ist ein guter Tag », in *Samstag aus Licht*, Karlheinz Stockhausen Uraufführung, Cologne, Oper Köln, 2011, p. 10.
172. Karlheinz Stockhausen, « Die sieben Tage der Woche », in *Texte*, Band 6, p. 169.
173. *Ibidem*, p. 153.

parlait Heidegger, la clairière – avec sa référence à *Licht*, à la lumière, bien sûr – devenue pour le philosophe la métaphore lumineuse de l'expérience de la vie, de la vie tout court.

Tout le cycle *Klang, die 24 Stunden des Tages* (Sonorité, Les 24 heures de la journée)[174] sur lequel Stockhausen travaille de 2004 à 2007 est aussi imprégné de la métaphore lumineuse et de son sens religieux profond sollicité par des éléments venus du Livre d'Urantia. Toutes les pièces composées en 2007 après *Cosmic pulses* (Pulsations cosmiques), la *13e Heure* (2006/2007) qui comportent une partie soliste et trois couches électroniques provenant de *Cosmic Pulses*, portent des titres suggérés par ce livre : *Havona*, *Orvonton*, *Uversa*, *Nebadon*, *Jerusem*, *Urantia*, *Paradies* renvoient aux planètes des univers de la cosmogonie universelle selon le Livre d'Urantia.

À la recherche d'une musique universelle, Stockhausen a eu le génie d'ouvrir la musique au monde, dans l'espace et dans le temps, à l'univers en expansion de notre époque « astronique ». Il a su libérer la matière de la musique : inventer des sons nouveaux, acoustiques, électroniques et mixtes, et des procédés inédits de structuration temporelle et spatiale. Mais il est loin de la tentation de déconstruire le christianisme. Au contraire, étant catholique pratiquant jusqu'aux années 1960, la fondation de son universalisme reste essentiellement chrétienne. (Rappelons qu'en se nommant « catholique », l'église romaine s'appropriait le concept logique d'universel, le *katholou* des Grecs)[175]. Et la base de sa pensée compositionnelle, c'est le *Gesamtkunstwerk* de la tradition occidentale, revu et corrigé d'après les principes de la *Formelkomposition* issue du sérialisme. Stockhausen se définit comme « compositeur universel » :

> « *Un 'com-positeur' ('Kom-ponist') universel, dans le sens de voir le monde dans sa multiplicité ; pour qui rien n'est impossible, pour qui il n'y a pas de tabou a priori, mais qui voit tout comme donné et qui essaie de créer un tout harmonieux [...]; un 'com-positeur' qui établit des relations*

174. Karlheinz Stockhausen termine *21 heures* sur les *24*. Mais on peut se demander, effectivement, quelle suite il pouvait encore imaginer après *Paradies* (Paradis), *la 21e heure* pour flûte et musique électronique. Cf. le témoignage de K. Pasweer.
175. Cf. François Jullien, *De l'universel*, Paris, Arthème Fayard, 2008, p. 97.

mouvantes, qui forme et rend conscients dans l'œuvre des processus vitaux essentiels »[176].

Avec le génie du grand compositeur dans la lignée de Bach, Beethoven, Wagner, Schönberg, Stockhausen a énormément contribué à l'évolution de la pensée musicale occidentale. Avec la prétention, typiquement occidentale, de porter l'essor de valeurs universelles pour toute l'humanité.

Ivanka Stoianova

176. Karlheinz Stockhausen, in *Karlheinz Stockhausen im Musikwissenschaftlichen Seminar der Universität Freiburg i. Br.*, 3-5 Juin 1985, Hrsg. H. H. Eggebrecht, Murrhardt, Musikwissenschaftliche Verlags-Gesellschaft mbH., 1986, p. 44.

Chapitre 8[177]

Le destin global des chants de Noël locaux

Ceux qui croient que la diffusion globale des cultures locales est une conséquence de la « massification » culturelle d'aujourd'hui devraient se rappeler que ce phénomène était déjà connu il y a un millénaire ! Un « évidemment global » était alors synonyme d'« européen », car le monde semblait plus petit. Il est facile de remarquer que le latin faisait à cette époque fonction de langue commune, et a ensuite été remplacé à notre époque par l'anglais. La tendance culturelle dominante a été déterminée par le Christianisme dans sa variante européenne de l'Ouest dont la fonction est aujourd'hui, remplie par la culture « pop » sous la bannière de Coca-Cola, du rock, etc. Cependant, nous pouvons, aujourd'hui, relever des mécanismes qui étaient déjà en usage à la fin du Moyen Âge.

Les coutumes et les chants de Noël étaient et sont encore des exemples parmi les plus évidents d'un tel processus. Le rôle prédominant des vacances de Noël pendant l'année provient d'une superposition de nouveaux symboles, chrétiens, avec d'anciens, païens.

La complexité des rituels de Noël, des coutumes et des manifestations culturelles associées est le résultat d'une multiplicité de sources. Deux jours fériés dans le calendrier annuel sont universels pour la plupart des personnes : la fête de la journée la plus longue et de la nuit la plus longue. Cette célébration païenne qui résulte de la simple observation astronomique des solstices d'été et d'hiver est organisée depuis l'aube de l'histoire (comme le démontrent de nombreux travaux anthropologiques). La fin du mois de décembre en Europe était depuis longtemps

177. Chapitre traduit par Gilles Rouet.

une occasion de fêtes païennes autant pour les Teutons, les Britanniques ou les tribus scandinaves. Le culte du soleil – un festival de lumière célébrant la naissance de la plus longue nuit – était extrêmement populaire. Le christianisme a simplement installé Jésus en nouveau soleil, en Prince de la lumière. L'hymne populaire latin *A solis ortus cardine* (en allemand *Christum wir sollen loben schon*) en est une bonne preuve. De la même façon, les saturnales romaines duraient entre le 17 et le 24 décembre, avant les calendes de janvier, période de festivités et de dons mutuels. Le 25 décembre, très exactement, il était d'usage de fêter dignement le Dieu du Soleil, associé au culte de Mithra. L'Église a imposé durant l'ancienne fête païenne une période de fêtes aux nouveaux chrétiens. Mais certaines habitudes (encore dépourvues d'anciennes significations « magiques ») sont restées. La coutume dans le monde entier des échanges de cadeaux et des chants comme souhaits à l'occasion du passage à une nouvelle année relève toujours d'une origine magique, préchrétienne, de ces habitudes.

Autre élément : la décoration des maisons dans la culture anglo-saxonne, une décoration de houx qui symbolise l'élément masculin ou bien de lierre pour l'élément féminin. Dans la version chrétienne, il y a un échange – *Holly* est l'allégorie du Christ, *Ivy* de Sainte-Marie, comme *The Holly and the Ivy/Listed both are full well grown.* Une coutume populaire en Pologne est très similaire : les baisers et les souhaits sont offerts sous le gui, utilisé comme un élément de décor des maisons et qui doit apporter le bonheur. Mais la « magie » de la puissance du gui à Noël vient de l'ancienne croyance de l'existence d'une force de vie cachée à l'intérieur de cette plante, l'âme de l'arbre toujours vivante. Il est significatif que, malgré tout le sens païen de cette habitude, la décoration des maisons et des tables avec du gui en Pologne, mais aussi dans d'autres pays, soit considérée comme un élément nécessaire du rituel chrétien de Noël.

Un élément commun aux différentes plantes mentionnées ci-dessus est leur vitalité, elles sont toutes vertes pendant l'hiver. Des plantes mystérieuses, donc, qui restent vivantes pendant l'hiver quand toute la nature meurt, ou du moins dort, avec une connotation parallèle à la renaissance de Dieu, en Jésus, l'enfant spécial.

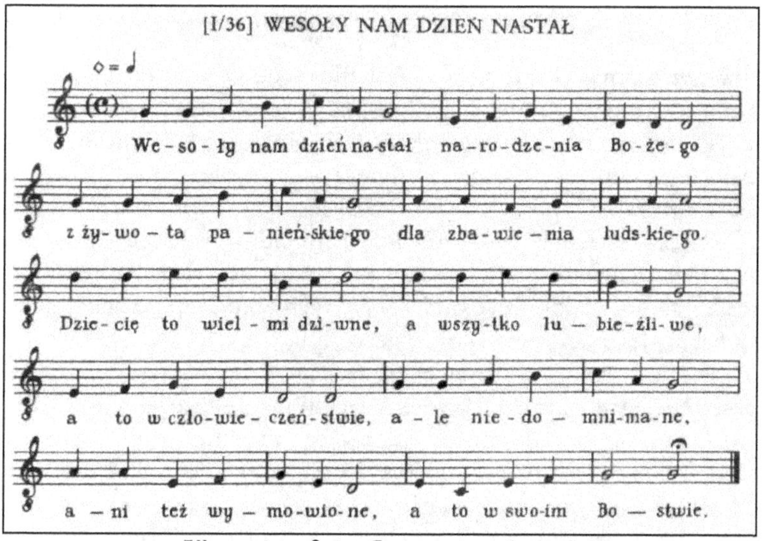

Illustration n° 1 : Comparaison des mélodies
Dies est Laetitiae *&* Wesoły nam dzień nastał[178].

Un semblable échange d'éléments culturels peut être observé dans le domaine des chants. Le traitement liturgique

178. Source : *Dies est laetitiae*, « Das Wienhäuser Liederbuch », facsimile hrsgb. Heinrich Sievers, Wolfenbüttel 1954 [Bd.1] p. 59 & Wesoly nam, « Koledy Polskie », p. 75.

spécial de Noël remonte au VIe siècle, mais la popularité réelle des chants de Noël commence avec la renommée des mystères franciscains du berceau pendant les XIIe et XIIIe siècles. Les hymnes précédents et le plain-chant latin *propria* ne pouvaient évidemment pas obtenir une telle popularité.

Plus d'une fois, cependant, on a commencé à composer des chansons que la plupart des croyants pouvaient chanter lors d'un culte. Ils étaient caractérisés par des mélodies nettement plus simples, des structures avec des strophes, la répétition de formules mélodiques et rythmiques. Il est ainsi possible de comparer par exemple la séquence de *Natus ante saecula* avec le sans doute plus populaire chant de Noël, traduit dans toutes les langues modernes, le latin *Dies est Laetitiae.* Sa version polonaise est *Wesoły Nam Dzień Nastał* (PK I/36)[179], *Dzień to jest dziś wesela* ou *Anioł pasterzom mówił* (stanza IV *Angelus pastoribus* KP II/31) et en tchèque, *Welbmež wždy s weselim Stwořitele swého.* La version la plus populaire en allemand est *Es ist ein Tag der Fröhlichkeit, Der Tag, der ist so freudenreich,* mais le nombre de citations de cette même mélodie dans différents motets, chansons et concertos est énorme. D'ailleurs la mélodie de ce chant a été maintes fois utilisée dans d'autres chansons de Noël comme, par exemple, dans *Weil Maria schwanger ging.*

Le moyen le plus efficace d'atteindre les fidèles avec un message religieux était la chanson, transmise dans la tradition orale, et qui a donc été diffusée souvent plus rapidement qu'en utilisant des manuscrits dont l'accessibilité est relative. Le moyen le plus efficace de diffuser et de renforcer les vérités de la foi a ainsi été de les inclure dans des traditions culturelles locales, de substituer aux coutumes folkloriques anciennes de nouveaux usages de l'église, ou bien encore à remplacer des vieilles histoires transmises de génération en génération par de nouveaux mythes.

Pour certains, la thèse ci-dessus peut être prouvée par de nombreux exemples, mais il semble que le rôle des chants de Noël et des traditions des fêtes permettent de mettre en évidence les similitudes entre les procédés anciens et contemporains de la

---

179. Les indications derrière l'abréviation « KP » représentent le numéro de la chanson dans l'édition de Stefan Nieznanowski & Juliusz Nowak-Dłużewski (dir.), *Kolędy polskie : średniowiecze i wiek XVI*, tome 1, Varsovie, Instytut Wydawniczy Pax, 1966.

mondialisation des coutumes locales. Le chant de Noël *Grates nunc omnes* répandu à travers l'Europe dans diverses versions nationales (en suédois, *Nu läther oss alla tacka* ou en tchèque *Dikygiř nynj wzdáweyme/Panu Bohu*) représente également un bon exemple. Les chants les plus populaires et les plus anciens sont les allemands *Gelobet seist du, Jesu Christ* et *Dank sagen wir alle mit Schalle.* Le vieux *misterio* latin avec la mélodie du *Resonet in laudibus* transformé en chanson populaire *Joseph, lieber Joseph mein* (*Joseph dearest* ou *Můj milý Josefe*) était aussi très célèbre. Mentionnons enfin le recueil de chansons allemandes, publié en 1566 à Prague (*Kirchengesang...*[180]) et dont presque la moitié des chants sont d'origine latine.

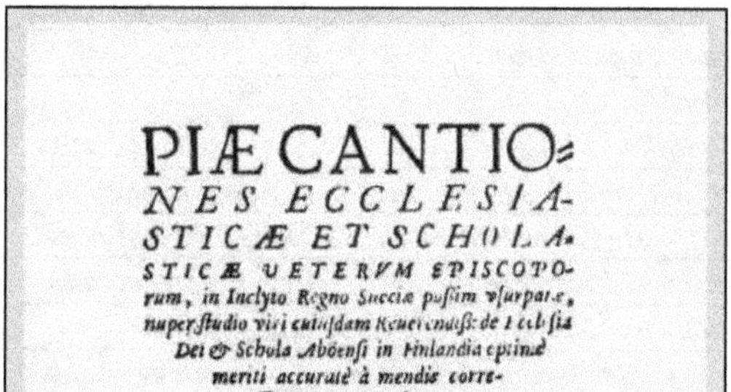
PIÆ CANTIO-
NES ECCLESIA-
STICÆ ET SCHOLA-
STICÆ VETERUM EPISCOPO-
rum, in Inclyto Regno Sueciæ passim vsurpatæ, nuper studio viri cuiusdam Reuerendiss: de Ecclesia Dei & Schola Aboënsi in Finlandia optime meriti accuratè à mendis correctæ, & nunc typis commissæ, opera
THEODORICI PETRI
Nylandensis.
His adiecti sunt aliquot ex Psalmis recentioribus.

Imprimebatur Gryphisuualdiæ,
per Augustinum Ferberum.

Illustration n° 2 : Piae Cantiones, *page de titre*[181].

180. *Kirchengesang / darinnen die Heubtartickel / des Christlichen glaubens kurtz ge- / fasset und ausgeleget sind: itzt / vom newen durchsehen/ge- / mehret/und / Der Rö. Kei. Maiestat l in untertheniigster / demut zugeschrieben.* [Ivaniče ? Prague] 1566, « Von der Geburt unsers Herrn und Heilands Jhesu Christi » – k. 19r – 40r.

181. Source <http://commons.wikimedia.org/wiki/File:Piae_Cantiones_1.gif>.

Ces observations sont confirmées par d'autres recueils de chansons, par exemple *Lüneburgisches Gesangbuch*[182] de 1695.

[1] *Lob singet allsampt*	= *Christus natus est nobis*
[2] *Ey nufro locket heut*	= Psalm 95
[3] *Die Christenheit begeht*	= *Laudem Deo dicem per secula*
[4] *Ein wunderbar schön liecht*	= *Lux fulgebit hodie*
[5] *Uns ist heut allen ein seligs Kind geborn*	= *Puer natus est nobis*
[6] *Lobet Gott o lieben Christem*	= *Grates nunc omnes reddamus*
[7] *Weil Maria schwanger ging*	= *Dies est letitiae*
[8] *Das ewig won der ware Gott*	= *Verbum caro factus est*
[9] *Singfrölich und seid woli gemut*	= *Nunc angelorum gloria*
[10] *Last unsfrölich und eintrechtig*	
[11] *Nun singet all*	
[12] *Es ist heut einfrölich Tag*	= *Cum Sanctis omnibus*
[13] *Lob singet Gott und schweiget nicht*	= *A solis ortus cardine*
[14] *Ein Kind ist uns geboren heut*	= *Nobis est natus hodie*
[15] *Kompt her o jr völcker kompt*	= *Lætur Angelorum chorus*
[16] *Lob Gott du Christenheit*	= *In dulci jubilo*
[17] *Gute botschaft sand Gott mit krafft*	= *Collaudemus, collaudemus Christum regem*
[18] *Der eingeborne Gottes Son*	= *En Trinitatis speculum*
[19] *Last uns Gott den Herrn preisen*	= *Puellari eleganter*
[20] *Singet frölich und wolgemut*	= *Resonet in laudibus* « Ein lied fur die Kinder gestelt »

Sommaire de Kirchengesang, *recueil de chansons allemandes, publié en 1566 à Prague.*

L'exemple le plus intéressant est celui d'un autre recueil composé par un étudiant finlandais de l'Université de Rostock, Jaakko Finno (ou « Jacobus finno » en latin). Il a été le principal éditeur d'une curieuse collection de chansons pieuses en latin pour « …*schola Aboensi* en Finlande », publié à Greifswald en 1582 (version finlandaise publiée en 1605, en langue anglaise). Ce livre, intitulé *Piae Cantiones ecclesiasticae et scholasticae veterum episcoporum* (cf.

182. *Lüneburgisches Gesangbuch. Darinnen über 2000 so wol alte als neue Beitreiche Lieder aus den besten Autoren gesam[m]let und mit vielen neuen anmuhtigen Melodyen vermehret: Nebenst angefügtem nüßlichen Gebet-Büchlein. Mit Fürstl. Braunsch. Lüneb. Durchl. Privilegiis*, Lüneburg, 1695.

illustration n° 2), contient des morceaux d'une chronologie et d'une portée géographique assez étendues. D'un point de vue stylistique, le contenu est clairement plus ancien que la date de publication ne pourrait le laisser suggérer. Certaines compositions remontent en effet au tournant du premier millénaire. Toutefois, la principale origine des compositions peut être située dans le contexte des chansons traditionnelles germanico-bohémo-slaves du XVe siècle, popularisées également en Scandinavie.

Illustration n° 3 : Bramley and Stainer, Christmas Carols, New And Old, First Series, *Londres, Novello & Co., sans date, vraisemblablement autour des années 1860*[183].

183. Source : <http://www.hymnsandcarolsofchristmas.com/Hymns_and_Carols/Images/Bramley_Stainer/God_Rest_You_7a.gif>

C'est bien une évidence : le chant liturgique a été macaronisé d'abord avec les langues nationales puis, ensuite, au tournant des XIVe-XVe siècles et il est devenu patrimoine de la culture européenne commune.

Illustration n° 4 : Stille Nacht, *arrangement original de 1818 pour voix et guitare de Joseph Mohr*[184].

Le local, la coutume sont ainsi devenus mondiaux, dans le sens de la « renaissance précoce ». Ce processus concerne également d'autres coutumes liées aux chants de Noël. Au cours de l'époque de la Réforme, les coutumes de Noël sont devenues plus populaires et plus communes. L'idée luthérienne de la démocratisation de la religion et de l'amélioration de « la dévotion à domicile » a augmenté le rôle de diverses activités non liturgiques. Se sont en effet répandues alors des activités comme chanter en famille pendant les réunions de Noël, se réunir en groupe spécialement (*Quempasliedern*), ou encore décorer

184. Source : <http://www.refdag.nl/muziek/muzieknieuws/stille_nacht_moet_op_de_werelderfgoedlijst_1_520027>

particulièrement les maisons (*Kurrendsängern*), et ce en en dépit des tentatives infructueuses du mouvement calviniste visant à abandonner totalement toutes les activités non-liturgiques de Noël.

On peut constater de semblables préoccupations concernant Noël chez les Américains relativement aux interdictions menaçantes des puritains. Les *Quempasliedern* étaient spécifiques aux Allemands, chantées les matins de Noël par des groupes organisés de chanteurs. Le nom provient de l'hymne latin-allemand pour le temps de Noël *Quem pastores lauda vere/den die Hirten lobten sehre* écrit par Nikolaus Herman (1560) et Matthäus Ludecus (1589) sur une mélodie ancienne de Valentin Triller (1555). Cette tradition a été très forte jusqu'aux Lumières et le verset latin, bien que n'étant pas compris, a été ainsi chanté *in extenso* et de manière inchangée.

La tradition la plus « religieuse » de chanter les chants sacrés en latin était liée à celle du chant allemand *Weihnachtsliedern* lors des concerts de l'après-midi du *Kurrendsängern* qui duraient jusqu'à minuit. De semblables traditions ont été observées en Grande-Bretagne, en Scandinavie, dans les pays slaves et également aux États-Unis où ces chants de Noël d'origines diverses étaient bien, pendant les XIXe et XXe siècles, des éléments traditionnels de la culture laïque. Une autre coutume anglo-américaine était les visites des *mummers*, similaires aux chanteurs de Noël séculiers ou des chanteurs *vassail* en Europe.

Mais arrêtons-là la conférence historique pour revenir à notre époque. L'habitude de chanter Noël et les coutumes qui s'y rattachent sont toujours valables. Évidemment, l'idéologie dominante a subi des changements. Aujourd'hui, la place des idéaux chrétiens de l'amour (*caritas*), de la miséricorde (*misericordia*) et de la dévotion (*dedicatio*) est limitée, et le temps est plutôt au consumérisme, à l'hédonisme et à l'égoïsme. En conséquence, les chants de Noël et les coutumes qui les entourent ont, dans de nombreux milieux culturels, perdu leur caractère sacré. Ils sont devenus, d'une part, l'icône universelle de la période des vacances, un appel à une magnifique image d'un irréel bonheur domestique/familial, et, d'autre part, un élément d'un théâtre séculier de rituels quasi-religieux. Il est intéressant de constater que les points de départ des diverses fonctions globales des chants de Noël sont des textes et des rites qui, à l'origine, dans le cercle culturel local, remplissent des fonctions complètement différentes, strictement religieuses.

Le titre de champion parmi les chants internationaux devrait être offert à *Stille Nacht.* Cette chanson écrite par Josef Mohr (texte) et Franz Xaver Gruber (mélodie) a été chantée pour la première fois en 1818. Depuis lors, elle est devenue un des symboles les plus reconnus de Noël. Il est intéressant de noter que la première strophe, bien connue, est une description très romantique et tout à fait laïque. La nuit, le silence, un petit village endormi... une connotation religieuse n'apparaissant que dans la deuxième strophe.

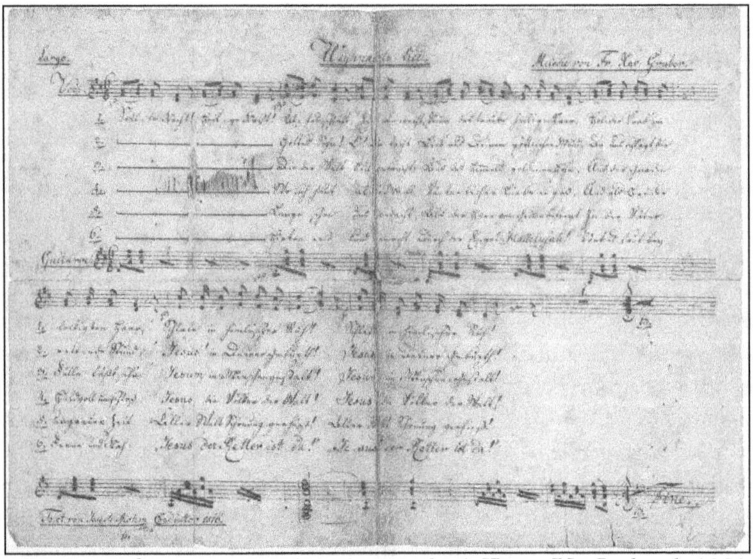

Illustration n° 5 : Stille Nacht, *Autographe de Franz X. Gruber de 1820-25; la première version a été perdue*[185].

Sa facilité à mémoriser, la mélodie de la berceuse et la beauté de l'image poétique expliquent l'immense carrière de cette composition. Ce chant a été traduit dans plus de 44 langues. Une histoire bien connue, pendant la Première Guerre mondiale ; la

185. Source : <http://commons.wikimedia.org/wiki/File:The_One_Horse_Open_Sleigh_-_small1.GIF>

chanson a été chantée simultanément en français, anglais et allemand par les troupes pendant Noël en 1914. Il s'agissait d'un des quelques chants connus par les soldats des deux côtés du front. Les interprétations contemporaines de cette chanson sont très nombreuses. Elle a été chantée et enregistrée par plus de 300 artistes. Citons, comme versions particulièrement réussies, celles d'Elvis Presley, d'Enya (chantée en irlandais), d'Andrea Bocelli (chantée en italien), de Bing Crosby ou de Mahalia Jackson et les enregistrements en chant choral par le Chœur de King's College ou par les Petits Chanteurs de Vienne.

Cette chanson est devenue une icône de la culture de masse contemporaine, ce qui a permis à Simon & Garfunkel d'enregistrer une version ironique de la chanson, dans laquelle, en fond sonore, l'auditeur entend un journal d'actualités déprimant.

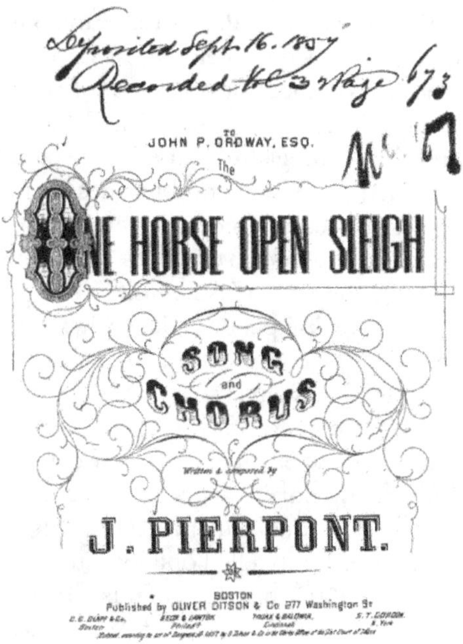

Illustration n° 6 : Première version imprimée de Jingle Bells[186].

186. Source : <http://www.greatrussiangifts.com/servlet/the-1120/nesting-doll-Christmas-eve/Detail>.

Si cette chanson *Silent Night* décrit la Sainte Nuit, lorsque le Christ naît, le second grand succès du temps de Noël n'a rien à voir du tout avec la religion. Il s'agit bien entendu du célèbre *Jingle Bells* de James S. Pierpont. *The one Horse Open Sleigh*, titre original, a été écrit en 1850, mais n'a été interprétée pour la première fois qu'en 1857, le jour de *Thanksgiving* dans une des églises de Boston. La chanson connaît ensuite un grand succès, après avoir été jouée au moment de Noël la même année. De nos jours, il s'agit d'une des icônes les plus souvent utilisées pour Noël. Près de cent artistes célèbres ont interprété ce chant, dont Julie Andrews, The Beatles, Andrea Bocelli, Natalie Cole, Nat King Cole, Bing Crosby, Placido Domingo, Duke Ellington et son orchestre, Ella Fitzgerald, Benny Goodman et son orchestre, Manhattan Transfer, Barry Manilow, Dean Martin, Glenn Miller et son orchestre, Dolly Parton, Luciano Pavarotti, Frank Sinatra, Barbara Streisand et bien d'autres. Cette mélodie est la plus utilisée dans les grandes surfaces commerciales internationales. Un dernier argument concernant la répartition mondiale de la chanson locale de Boston pourrait être l'enregistrement effectué parmi les Indiens Quechua de l'Équateur, qui ont combiné des éléments de leur propre musique, des danses cérémonielles et populaires, avec des chants commerciaux, dont *Jingle Bells*. Dans les Archives *Folk-Life* (Bibliothèque du Congrès, Washington) est conservé un enregistrement original réalisé pendant des recherches par John M. Schechter. La bande n° 14 comprend une déclaration à l'occasion des fêtes de Noël et du Nouvel An, le 30 décembre 1979, à Turoco (Plaza Topo Chico), accompagnée d'un enregistrement de cette chanson en patois local et avec le style local. Une autre preuve de la carrière mondiale de cette chanson locale est sa popularité au Japon, alors que seulement 1 % des Japonais sont chrétiens. Junko Kimura[187] rappelle l'opinion du pasteur Fujita qui déclarait, en décembre 2003, que les enfants lors de la soirée de célébration devaient chanter *Jingle Bells* et *Santa Claus is Coming to Town*. Pour UJS (Universal Studios, Japon), cette mélodie est aussi

187. Junko Kimura & Russell W. Belk, « *Christmas in Japan: Globalization Versus Localization* », *Consumption, Markets and Culture*, vol. 8, n° 3, Septembre 2005, pp. 325–338.

traditionnellement (avec *White Christmas* et *We Wish You a Merry Christmas*) un des éléments basiques de Noël.

Il n'y a pas lieu ici de détailler les centaines d'autres coutumes apparues localement et désormais connues aujourd'hui comme des phénomènes multiculturels. Un bon exemple de telles coutumes est celui des groupes de chanteurs *vassail*, déjà mentionnés, qui ont évolué depuis les chansons-souhaits de l'époque ancienne puis préchrétienne. De telles chansons, liées aux croyances païennes dans le pouvoir magique des souhaits exprimés lors d'une occasion spéciale, comme le Nouvel An, sont présentes dans la majorité des cultures, par exemple, en roumain *colind/colindă*, en albanais, *kolendre*, en polonais, *kolędy*, en slovaque, *koledy* et en Bielorussie ou en Ukraine, *Щёдрівки*, dont le point de départ caractéristique est « *Щёдрий вечер* ». De telles chansons existent également dans les cultures anglo-saxonnes, comme il a déjà été mentionné.

Il est fascinant de constater à la fois le libre déplacement des motifs musicaux d'un cercle culturel à un autre, et le changement complet de fonction culturelle de textes individuels et de coutumes après leur détachement de leurs fondements locaux. Les formes favorites changent, les motifs évoluent, mais les fonctions magiques des chants et des rites qui leur sont associés restent des éléments importants de la culture spirituelle de toutes les sociétés du tronc chrétien. Le XXe siècle nous a apporté un phénomène inconnu auparavant, celui de la culture de masse combinée avec la ruée vers la mondialisation des comportements culturels. Les jeunes gens en Chine, à Sumatra, en Europe ou à Los Angeles portent les mêmes pantalons et chemises, écoutent de la musique très semblable et adorent la même culture-pop des *stars*.

Aussi, la musique de Noël est sous cette pression de l'unification. Noël est devenu une propriété commerciale, ce qui peut être facilement prouvé avec des articles comme : « Parental evaluation of popular brand names given as Christmas gifts and sources of information used in these decisions » par Peter Clarke et Andrew McAuley[188], ou « Parental communication patterns and

188. Du département de Marketing de la Griffith Business School, Griffith Université, Nathan, Australie, publié dans *Journal of Consumer Marketing*, Emerald Group Publishing Limited, 27/6, 2010, pp. 534–542.

children's Christmas requests » par Peter Clarke[189]. Le traitement de Noël comme objet commercial est une approche de recherche souvent utilisée par John Martin[190] qui étudie la « Commercialisation of British Turkey Production »[191] à travers son activité saisonnière de restauration exclusivement pour le marché de Noël, stade ultime de la désacralisation de ce phénomène culturel. Peter Clark (cité ci-dessus) est également un auteur qui s'intéresse à la mesure de « l'esprit » de Noël.

Tableau n° 2 : Facteurs déterminants des sentiments de Noël[192]

Sentiments de Noël	*Moyenne*	*Écart-type*	*Composantes principales*
Items de « bonhomie »			
Réjouissance	5.59	1.20	0.864
Bonheur	5.53	1.26	0.851
Joie	5.41	1.39	0.842
Plaisir	5.30	1.46	0.837
Excitation	5.20	1.43	0.829
Chaleur	5.46	1.32	0.807
Correction	5.47	1.37	0.798
Enthousiasme	4.71	1.61	0.796
Satisfaction	5.00	1.42	0.759
Enchantement	5.06	1.36	0.758
Exaltation	4.43	1.69	0.747
Sentimentalité	5.04	1.65	0.719
Gentillesse	5.18	1.23	0.715
Pacifisme	4.83	1.48	0.681
Ludique	4.64	1.66	0.632
Items de découragement (R)			
Ennui	5.67	1.57	0.849
Agacement	5.96	1.41	0.822
Tristesse	5.84	1.42	0.756
Irritation	5.24	1.64	0.716

189. Publié dans *Journal of Consumer Marketing*, 25/6, 2008, pp. 350–360.
190. De la Faculté des Lettres, Université De Montfort, TheGateway, Leicester.
191. John Martin, « The Commercialisation of British Turkey Production », *Rural History*, Cambridge University Press, 20, 2, 2009, pp. 209–228.
192. *Ibid.*, 24/1, 2007, tab. n° 2, p. 12, fig. 1, p. 13.

Le résultat de ses recherches aboutit à une explication numérique des sentiments de Noël. Dans ses conclusions, on peut lire :

> « *Toute suggestion selon laquelle l'esprit de Noël seul ne peut pas être un bon prédicteur de la participation aux festivités de Noël est justifiée parce que les autres déterminants doivent être identifiés et mis en œuvre parce qu'ils sont dignes de considération dans le contexte de bonne volonté, de générosité et d'altruisme associé à la célébration de Noël* »[193].

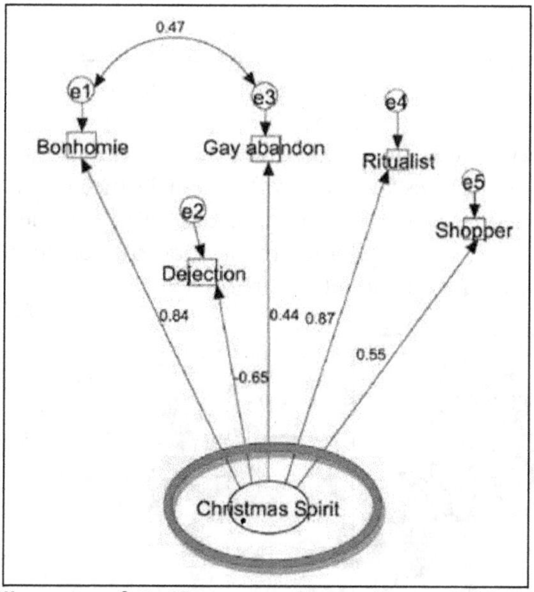

Illustration n° 7 : Facteurs confirmant l'esprit de Noël[194]

Ces interprétations matérialistes des fêtes religieuses ne s'appliquent pas seulement au cas de Noël.

Dans leur étude très intéressante « Globalization and Rituals: Does Ramadan Turn into Christmas ? », Ozlem Sandikci et Sahver Omeraki ont remarqué que les

---

193. Peter Clarke, « A measure for Christmas spirit », *Journal of Consumer Marketing*, 24/1, 2007, pp. 8–17.

194. La figure interprète les résultats du tableau précédent relativement à ce que signifie exactement l'esprit de Noël.

« *surfaces de commercialisation sont des vecteurs clés sous-jacents de l'expérience des rituels, que ce soit Noël ou le Ramadan, et la synergie entre la célébration et le commerce continue de croître fortement. La logique commerciale et l'idéologie consumériste hybrident les rituels occidentaux et non occidentaux, en créant de nouvelles formes de traditions. [… Et c'est ainsi que l']idéologie consumériste mondiale facilite et renforce la consommation de produits « sacralisés » sous la forme de produits, de services, de lieux, et d'expériences, et offre aux consommateurs de nouvelles occasions pour le shopping et les loisirs* »[195].

Il s'agit bien sûr aussi des fêtes chrétiennes, principalement de Noël. L'envoi de cartes de Noël de salutations à des amis non chrétiens ne surprend plus personne parce que cette fête a perdu sa signification religieuse et est devenu un symbole de joie et de bonheur. Les images ci-dessous illustrent le mélange typique des cultures profane et sacrée dans le cadre de la commercialisation. L'ornementation des costumes folkloriques russes en décorations de Noël aussi bien que les éléments de sexualité...

Illustration n°8 : Christmas Eve – Russian decoration et « Perfect posters » advertisement[196].

195. Ozlem Sandikci & Sahver Omeraki (Université de Bilkent, Turquie), « Globalization and Rituals: Does Ramadan Turn into Christmas ? », *Advances in Consumer Research*, vol. 34, 2007, pp. 610, 613.
196. Sources : <http://www.greatrussiangifts.com/servlet/the-1120/nesting-doll-Christmas-eve/Detail> & <http://christmastextmessages.blogspot.com/p/hot-christmas-girls-wallpaper.html>.

Je crois cependant encore à l'impact culturel de Noël, qui joue un rôle très important pour la cohérence de toute la culture chrétienne, et qui prévaudra à la commercialisation, comme au manque de sentiments de « gentillesse » dans le monde actuel. La diversité des traditions locales et leur imprévisibilité laissent l'espoir d'un nouveau départ pour les traditions des chants de Noël.

Wojciech Maria Marchwica

3ème Moment

VILLES, TERRITOIRES, IDENTITÉS

Chapitre 9

« Le local » dans « le global » ou la recherche d'un nouveau visage de la ville historique : le cas de Banská Bystrica

Le sujet de la globalisation et de la relation du « local et global » attire depuis les dernières années de nombreuses disciplines : la sociologie, l'économie, la politologie, la philosophie, la culturologie ou bien l'anthropologie sociale et culturelle. Chacune d'entre elles aborde l'étude de la problématique dans une perspective différente et avec des principes méthodologiques différents. Dans cet article, nous examinons la relation « local-global » du point de vue de l'anthropologie sociale et culturelle. Notre objectif est de surveiller l'impact des processus globaux et locaux sur le développement et sur les transformations des espaces publics et leur utilisation socioculturelle et économique dans les zones centrales de Banská Bystrica pendant la première décennie du troisième millénaire[197]. Nous nous intéressons à ce sujet non seulement en tant qu'anthropologiste sociale, mais aussi en tant que résident de la ville. Être « anthropologue chez soi » présente toutefois certains pièges. D'un côté, il y a la connaissance acquise des années précédentes et l'entendement « du terrain local », de l'autre côté, la peur d'une partialité lors de l'interprétation des données recueillies. Le sujet de la mondialisation décourage beaucoup d'anthropologues par sa complexité et sa multidisciplinarité. Dans la recherche, on ne peut pas seulement s'appuyer sur les méthodes traditionnelles, mais il faut se servir de diverses sources d'information. Notre intérêt de longue durée au développement de la ville de Banská Bystrica, la lecture de différents journaux locaux ainsi que de documents stratégiques de développement, le suivi et la participation à des initiatives civiques, les

197. Nous avons analysé cette problématique plus en détails dans Alexandra Bitušíková, « Les espaces publics comme un moyen de marketing de la ville », in Alexandra Bitušíková & Daniel Luther, (dir.), *La diversité culturelle et sociale en Slovaquie III : Le « global » et le « local » dans la ville actuelle*, Banská Bystrica, Université de Matej Bel, 2010, pp. 63-78.

dialogues avec des acteurs ainsi que des citoyens locaux, l'observation active quotidienne, mais aussi les expériences de l'activité de plusieurs années dans les métropoles européennes nous ont aidés dans la préhension et la compréhension des processus globaux et locaux dans notre ville natale et nous ont permis de regarder « notre » ville avec le recul et d'un point de vue critique.

La mondialisation apporte à l'anthropologie sociale de nouveaux défis non seulement méthodologiques, mais aussi théoriques. L'objet principal de la discipline a toujours été un « local » défini en majorité par la possibilité de surveiller un certain espace et sa communauté à un moment particulier par les techniques d'une observation intéressée et des dialogues. Même aujourd'hui, les anthropologues s'orientent en général vers l'étude des groupes, communautés et cultures qui sont ancrés dans l'espace et le temps, cependant les théoriciens de la mondialisation surveillent plutôt les groupes déterritorialisés, les diasporas, les communautés transnationales ou les phénomènes répandus dans de nombreux pays[198]. L'espace et le temps sont les catégories principales au centre de l'étude des processus globaux. Selon David Harvey, dans l'ère de la mondialisation, l'espace diminue et le temps se raccourcit[199]. Grâce aux technologies de communication modernes et au transport, les distances se minimisent, les frontières perdent leur importance et le rythme de la vie s'accélère. La compression de l'espace et du temps est renforcée par les médias globaux. De nouveaux concepts d'espace et de nouvelles métaphores de la mobilité appelées déterritorisation, transnationalité, migration, tourisme, coopération transfrontalière, nomadisme, etc., nous obligent à réfléchir sur la dynamique de ces processus influencés par la mondialisation[200].

L'étude des processus de mondialisation a abouti à une réévaluation de la relation antagoniste du « global *versus* local » vers une alliance du « global et local ». De nombreuses localités (sinon toutes) et leurs habitants sont, aujourd'hui, relativement influencés par les processus et phénomènes globaux, cependant cela ne signifie pas nécessairement qu'ils sont complètement résorbés par la culture globale. Au contraire, ce sont les localités et leurs habitants qui résorbent la culture globale et la transforment selon leurs idées,

---

198. Ted C. Lewellen, *The Anthropology of Globalization. Cultural Anthropology Enters the 21st Century*, Westport, London, Bergin & Garvey, 2002, p. 30.
199. David Harvey, *The Condition of Postmodernity,* Oxford, Blackwell Publishers, 1989.
200. Arturo Escobar, « Culture Sits in Places: reflections on Globalism and Subaltern Strategies of Localization », in *Political Geography,* vol. 20, 2001, pp.141.

habitudes et besoins[201]. C'est justement cette intersection du global et du local, souvent désignée comme la mondialisation, qui est un sujet important de la recherche anthropologique.

Les villes deviennent, dans le monde actuel globalisé, de plus en plus similaires. Les villes postsocialistes d'Europe centrale et d'Europe de l'Est sont entrées dans le processus de mondialisation à un rythme rapide. La libération du marché a très rapidement ouvert la porte aux différents acteurs globaux : aux établissements financiers transnationaux, aux promoteurs immobiliers locaux et internationaux, aux agences de publicité et immobilières ainsi qu'aux réseaux commerciaux et réseaux d'hôtels qui symbolisent le style de vie occidental admiré et désiré par beaucoup d'entre nous. Les changements les plus évidents dans les villes d'Europe postsocialiste influencées par la mondialisation sont remarquables dans la structure physique et socio-spatiale des villes : dans la revitalisation et la commercialisation des zones urbaines centrales et dans la visualisation des symboles culturels. La manière dont les villes sont prêtes à accepter le dictat de la mondialisation et sont en même temps capables de conserver les traits locaux spécifiques du milieu urbain physique avec le *genius loci* tient surtout de la responsabilité des collectivités locales urbaines et de leur coopération avec les spécialistes et les citoyens par l'intermédiaire de différentes associations civiques. Nous sommes de plus en plus les témoins de la façon dont les collectivités locales sont soumises à la pression des investisseurs et des promoteurs immobiliers, souvent au détriment d'une discussion professionnelle.

Nouvelle identité de la ville, conséquence de la mondialisation

La mondialisation est le processus qui a incité la restructuralisation économique des villes et a introduit, dans le même temps, une logique de compétition entre les villes pour une position dans la hiérarchie urbaine nationale et globale. Dans leur effort de maintien de la croissance économique et pour attirer les investisseurs et les touristes, les villes ont commencé à améliorer leur image ainsi que leur marketing et à « se vendre » comme une marchandise. Chaque ville essaye de se différencier des autres villes non seulement comme un espace physique, mais aussi symbolique. Elle se présente

201. Ted C. Lewellen, *op. cit.*, p. 53.

comme un lieu exceptionnel, unique, plus attirant pour la vie, le travail comme pour le tourisme, un centre dynamique de commerce, de services, d'éducation, une ville qui a un « esprit », une « identité ». Nous percevons l'identité de la ville dans un sens figuré comme l'image de la ville créée par des représentations symboliques de la mémoire collective et des relations de pouvoir qui ont influencé l'image de l'espace culturel urbain. Selon Gregory Ashworth, l'espace culturel urbain peut être compris comme un système de représentation dans lequel les différents types d'objets, de bâtiments, de personnes et aussi d'événements sont reliés aux représentations mentales de chaque habitant[202]. Il représente en même temps l'espace politique qui reflète des relations de pouvoir, des besoins et des aspirations, ainsi qu'une histoire glorieuse et tragique écrite dans les symboles et dans les signes[203].

L'une des importantes répercussions de la mondialisation est l'accroissement de l'immigration, en particulier dans les villes. Les villes deviennent de plus en plus diversifiées, ethniquement, religieusement et socialement, avec pour conséquence une augmentation potentielle des tensions et des conflits. Le seul moyen d'éviter ou de régler les conflits est la création d'opportunités pour l'intégration et l'inclusion de cette population urbaine diversifiée. Les villes représentent de nouvelles stratégies de développement et de marketing destinées à la (re)production des espaces publics intégrants, à la réanimation ou création de la symbolique locale ainsi qu'à la construction de lieux de divertissements commerciaux, de rencontres et de communication, avec l'objectif de renforcer l'identité locale collective et l'intégrité de tous les citoyens de la ville.

La ville de Banská Bystrica, située dans le cœur montagneux de la Slovaquie centrale, représente, avec une population de 80 000 habitants, la sixième plus grande ville de Slovaquie. Dans la hiérarchie urbaine slovaque, elle est classée dans les villes de taille moyenne. Durant son histoire, elle a été une ville importante pendant quelques décennies du XVe et du XVIe siècle et, d'un point de vue actuel, quasiment une ville « globale » qui jouait un rôle important sur le plan

---

202. Gregory J. Ashworth, « The Conserved European City as Cultural Symbol : The Meaning of the Text », in Brian Graham, (dir.), *Modern Europe. Place. Culture. Identity*, London, Arnold, 1998. Cité d'après Mariusz Czepczyński, *Cultural Landscapes of Post-Socialist Cities. Representations of Powers and Needs.* Surrey, UK, Burlington, USA, Ashgate, 2008, p. 43.

203. Sharon Zukin, *Landsacpes of Power: From Detroit to Disney World*, Berkeley, University of California Press, 1993.

mondial de l'exploitation minière. Les historiens considèrent la société d'exploitation des mines et de commerce des familles Thurzo et Fugger (1495) comme la première entreprise moderne internationale dans le monde, qui livra même le cuivre pour la construction du bateau de Christophe Colomb. Après l'âge d'or de l'histoire minière, la ville a été transformée en centre des métiers et de commerce et, au XXe siècle, en centre administratif, d'éducation et de tourisme. Les résidents y conservent jusqu'à présent une fierté et un haut degré de patriotisme local qui y existait depuis des siècles, comme en témoignent notamment de nombreuses sources littéraires. L'expression connue et souvent utilisée, qui exprime une attitude positive et la fierté des résidents envers la ville, en fait partie : « À Bystrica en vie, au paradis après la mort ».

Comme la plupart des villes slovaques contemporaines (peut-être à l'exception de Bratislava), la ville de Banská Bystrica se situe également à la périphérie du système mondial urbain et des réseaux, elle est cependant exposée à toute une série d'influences mondiales. Ce sont surtout les petites villes comme Banská Bystrica qui sont considérées comme un espace de transit pour la mondialisation et comme un foyer (focus) pour l'observation de la relation du « global et local »[204]. Tandis que la recherche des villes globales mondiales surveille notamment l'influence des sociétés globales et de leurs pratiques sur le développement de la ville, la recherche des villes plus petites, autrement dit des villes en voie de développement, se base au niveau « micro » et observe surtout par exemple les transformations des espaces publics, l'architecture, l'impact des communautés d'immigration et des touristes sur la ville, les pratiques quotidiennes des locaux et leur façon d'absorber et de transformer le « global » dans les conditions locales. La ville de Banská Bystrica peut être considérée comme une ville « en voie de mondialisation », c'est-à-dire une ville exposée à la pression des différentes sociétés multinationales, à leurs pratiques et symboles, et qui attire progressivement des investisseurs, des promoteurs immobiliers et des migrants ainsi que des touristes du monde entier. Pour mesurer le niveau de mondialisation de la ville et pour déterminer sa place dans les réseaux globaux, deux méthodes principales sont utilisées : l'une surveille principalement les liaisons de la ville avec d'autres villes du monde (à travers les voies de transport, notamment les lignes aériennes) et l'autre surveille les fonctions de la ville (à travers les

---

204. John R. Short, *Global metropolitan: Globalising cities in a capitalist world*, London, Routledge, 2004, pp. 45-46.

fonctions économiques de la ville dans les réseaux globaux)[205]. Si nous ne prenons en compte que ces indicateurs, le degré de globalisation de Banská Bystrica au niveau mondial s'avère relativement faible. Actuellement la ville n'a pas de correspondance aérienne avec d'autres villes bien qu'elle soit située près d'un aéroport de statut international. Elle n'est pas le siège du management de grandes entreprises mondiales, mais le nombre des petites sociétés privées sous contrôle étranger ou à propriété conjointe avec le secteur privé national s'élève à près de trois cents pendant la première décennie du XXIe siècle[206]. Plusieurs chaînes commerciales globales et de restaurants y sont présentes (par ex. Tesco, Billa, Lidl, Kaufland, Baumax, McDonald's et autres). Leurs symboles couvrent les domaines publics dans de nombreux endroits et souvent répriment ou même expulsent la symbolique locale.

La vision de la ville est basée sur la « Stratégie du développement de la ville de Banská Bystrica pour les années 2007-2013 »[207]. Banská Bystrica devrait devenir le troisième centre métropolitain de la Slovaquie qui fonctionnera comme centre de tourisme, d'éducation, de culture, d'administration, d'activités économiques, d'investissement et de développement économique ; une ville qui sera propre, verte, sûre, saine et qui aura son style. Il est donc nécessaire de la former afin qu'elle devienne un centre original socioculturel et éducatif.

La particularité de la ville réside dans son emplacement spécifique dans le milieu naturel environnant ainsi que dans ses monuments historiques précieux, autour de la partie centrale (la place principale et ses rues adjacentes), qui est une réserve urbaine de monuments historiques. L'image de la place est influencée par la colonisation urbaine allemande. Elle consiste notamment en monuments reliques : les anciens immeubles de trois étages de bourgeois riches et d'entrepreneurs miniers dont la majorité a été reconstruite au XVIIe siècle.

Les monuments capitaux de la place sont : la Tour de l'Horloge, l'Église romaine de Francisco de Jaso, la colonne mariale

---

205. Niamh M. Moore, « Globalising Dublin: Indicators of an Urban Society in Transition », in *Dela*, n° 21, 2004, pp. 213-222.

206. « Stratégia rozvoja mesta Banská Bystrica na roky 2007-2013 », (Stratégie de développement de la ville de Banská Bystrica pour les annés 2007-2013), in *Program hospodárskeho a sociálneho rozvoja mesta Banská Bystrica na roky 2007-2013*, sur <www.banskabystrica.sk/index.php?id_menu=17964>, consulté en novembre 2007.

207. Cf. *Supra*.

de l'année 1719, la fontaine de style art nouveau au milieu de la place et l'obélisque noir, mémorial aux libérateurs de la Deuxième Guerre mondiale. Selon les opinions publiées dans les guides touristiques et sur l'Internet, la place de Banská Bystrica, qui porte le nom du Soulèvement national slovaque, est considérée comme une des plus belles places de Slovaquie. Elle représente le principal espace public de la ville et ses citoyens la considèrent comme « le cœur » de celle-ci. Chaque place centrale est un espace ouvert accessible aux différents groupes de la population urbaine qui permet et renforce la communication mutuelle et les interactions du public – des habitants locaux ainsi que des visiteurs de la ville. La place remplit de nombreuses fonctions qui peuvent varier dans le cadre du développement social. Dans le passé, les places centrales remplissaient, dans l'espace européen notamment, une fonction de commerce et de marché, de promenade, d'exposition et de repos, c'était un espace destiné aux divers défilés et fêtes, un lieu pour présenter le statut social, la mode, pour les activités de repos et de détente telles que les balades, les discussions, la lecture, les rendez-vous ou encore l'observation des badauds. Par un développement progressif, une croissance et une différenciation de la population urbaine et par une expansion du transport, la fonction de marché, de promenade et de repos de la place a cessé d'être dominante et a été remplacée par d'autres fonctions[208]. Durant la période du socialisme où les démonstrations de liberté dans la vie publique ont été repoussées, la place de Banská Bystrica a perdu la majorité de ses fonctions sociales originales. Elle est devenue avant tout une artère de transport, un carrefour de transport public. La place se vidait après la journée de travail, parce qu'elle n'offrait pas de conditions pour la vie sociale urbaine. Pendant les fêtes officielles, elle était l'espace de l'animation et de propagande de l'idéologie communiste.

Ce n'est qu'en novembre 1989, sous l'influence des événements, partout en Europe, que la place est devenue le lieu de la manifestation de la volonté libre des citoyens. La transformation politique, économique, sociale ainsi que culturelle postsocialiste de la société a également apporté un changement dans la perception des

---

208. Pour plus d'informations, cf. Alexandra Bitušíková, « Premeny funkcií námestia ako priestoru spoločenskej komunikáci » (Changements des fonctions de la place comme espace de communication sociale), in *Etnologické rozpravy*, 2, 1995, pp. 95-105 & Alexandra Bitušíková, « Transformations of a City Centre in the Light of Ideologies », in *International Journal of Urban and Regional Research*, vol. 22, n° 4, 1998, pp. 614-622.

espaces publics. La ville, ses représentants et ses habitants étaient obligés de faire face au défi de réinterpréter le passé socialiste et de « désidéologiser » les espaces publics. Le processus n'était pas facile, parce qu'il représentait aussi la transformation de la mémoire collective dont l'image était différente chez les différents groupes de la société. Il était nécessaire de négocier sans cesse avec les différents acteurs du passé ainsi que du présent. L'apparence physique et symbolique de la ville a commencé à changer rapidement après la chute du régime communiste. Les symboles de celui-ci ont d'abord été retirés des lieux et bâtiments publics. Ensuite les rues et les places qui portaient les noms des dirigeants et des personnalités communistes[209] ont été renommées. Progressivement, les bâtiments ont changé de propriétaires, en particulier dans les zones centrales de la ville où les propriétés avaient été confisquées aux propriétaires originaux après l'apparition du communisme en 1948 pendant l'« étatisation ». Beaucoup de propriétés ont été restituées, d'autres ont été rachetées par les entreprises et entrepreneurs privés.

Le besoin d'un renouvellement complexe de la place s'est manifesté très tôt après la chute du rideau de fer. Déjà, en janvier 1990, les premiers défis pour la revitalisation de la zone centrale historique ont été publiés par les architectes dans les journaux locaux. Dans la lignée des tendances européennes de planification culturelle, ils ont proposé une restructuration des fonctions de la place et ont invité le public à participer à la création de la version finale du plan de renouvellement. La reconstruction complète du centre de ville a eu lieu pendant 5 mois en 1994. La place est devenue une zone piétonne avec un nouveau pavé de pierre et un éclairage, construit selon un modèle du début du XXe siècle, avec des bancs ainsi que des arbres et des nouveaux massifs de plantes et de fleurs. La transformation de l'espace physique de la place centrale de l'ancienne artère de transport en zone piétonne a rencontré un grand intérêt chez les citoyens et a également entraîné une transformation radicale de la relation des citoyens avec la ville. Elle a contribué à leur appartenance, leur fierté et à leur intérêt envers celle-ci, mais surtout à la revitalisation de la vie dans la ville qui fut pendant plus de quarante ans paralysée. Après la

209. Plus de détails, cf. Alexandra: Bitušíková, « Zápas o pamäť mesta v transformácii: príklad Banskej Bystrice », (La lutte pour la mémoire de la ville en transformation : exemple de Banská Bystrica), in Michaela Ferencová, Jana Nosková *et al.*, *Paměť města. Obraz města, veřejné komemorace a historické zlomy v 19.-21. století*, Brno, Etnologický ústav AVČR pracoviště Brno, Statutární město Brno, Archiv města Brna, Ústav etnológie SAV Bratislava, 2009, pp. 311-331.

reconstruction de la place principale, les parties périphériques de la zone urbaine des monuments historiques ont également attiré l'attention : l'aire du château de Barbakan et les rues adjacentes, créant une vaste zone piétonne continue avec de nombreux lieux de repos et sociaux, des espaces de rendez-vous pour les citoyens ainsi que pour les visiteurs de la ville.

En aucun cas on ne peut considérer les transformations indiquées uniquement comme la conséquence primaire des processus globaux. C'était tout d'abord la transformation de la société après l'année 1989, la démocratisation, la fin de la planification centrale et l'émergence de l'économie de marché, la privatisation, la décentralisation et le pluralisme dans la sphère politique et idéologique qui ont initié les changements les plus importants des villes postsocialistes[210]. L'ouverture du marché et de toute la société aux influences extérieures a permis l'afflux massif de technologies globales, de marchandises, de services, de symboles et d'idées. On peut dire simplement que, dans les villes postsocialistes d'Europe centrale, la transformation de la société a avancé main dans la main avec la mondialisation.

Les représentants de la collectivité locale de Banská Bystrica, en collaboration avec des professionnels, ont procédé à la reconstruction de la place centrale dans l'esprit des plans urbains européens orientés sur l'intérieur (vers les habitants) ainsi que sur l'extérieur (vers les visiteurs). Une transformation physique du centre historique a eu lieu. Comme le dit Jane Jacobs, la théoricienne de l'urbanisme, planifier une ville de rêves est facile, mais reconstruire une ville vivante existante nécessite beaucoup d'imagination[211]. Est-ce réussi à Banska Bystrica ? La ville a-t-elle gardé un caractère local ou est-elle sous le pouvoir des processus et symboles globaux ?

Des formes globales et locales de la place ou une place glocale ?

La reconstruction de la zone piétonne de Banská Bystrica avait pour objectif de respecter les charmes de cet espace attractif formé au

210. Jiří Musil, « Changing Urban Systems in Post-Socialist Societies in Central Europe: Analysis and Prediction », in *Urban Studies,* vol. 30, n° 6, 1993, pp. 899-905.
211. Jane Jacobs, *The Death and Life of Great American Cities,* New York, Vintage Books, 1992. Cité d'après James Donald, « This, Here and Now: Imagining the Modern City », in Sallie Westwood & John Williams (dir.), *Imagining Cities (scripts, signs, memory),* London, New York, Routledge, 1997, pp. 181-201, p. 182.

cours des siècles passés et de le moderniser pour les besoins d'aujourd'hui. Des emblèmes locaux devaient parfaire la forme symbolique de l'espace : une mosaïque représentant le blason municipal sur le parvis de la Mairie, une colonne avec les noms des échevins, présidents et maires de la ville et des portes indiquées sur le pavage devant les bâtiments importants. De ce plan, seule la mosaïque a vu le jour.

Les formes, les fonctions et les indications des édifices ont radicalement changé avec la privatisation. Des nombreux édifices se sont transformés en banques, restaurants, cafés et autres magasins de luxe ou bon marché (dits *chinois*). Des enseignes aux styles originaux artistiques et des pans de maison discrets se perdent aujourd'hui dans un océan de panneaux publicitaires des magasins bon marché, ou bien restent dans l'ombre des symboles globaux des sociétés multinationales.

La répartition des boutiques, services et restaurants dans le centre-ville a profondément changé depuis l'ouverture d'un grand centre commercial *Európa Shopping Centrum* en 2006. La majorité des boutiques « de marque » se sont déplacées à *Európa* (ainsi nommé dans la langue locale), laissant place aux restaurants, cafés, pâtisseries, brasseries et autres bars[212]. Ces établissements viennent à la rencontre des clients « dans » la rue, où ils ont construit des terrasses d'été, décorées de symboles, notamment globaux, « des sponsors » : Coca-Cola, Nestlé, Pilsner Urquell, Orange et autres. Actuellement (en 2011) il y a sur la place et dans les rues adjacentes plus de 80 restaurants, bars, cafés et pâtisseries qui ont quasiment tous des noms étrangers (anglais, italiens et français) et offrent des spécialités surtout étrangères. Avant tout, on trouve des pizzerias, des restaurants asiatiques, des bistros, *steak houses, kebabs, pubs, clubs, cafés*... La mixité ethnique des établissements offrant repas ou rafraîchissements (soit appartenant aux propriétaires locaux, soit vraiment aux « étrangers ethniques ») est une manifestation claire de la mondialisation de la ville. Deux restaurants seulement indiquent par leur nom qu'on y offre une cuisine locale : *Slovenská a Starobystrická reštaurácia* (restaurant slovaque et de l'ancienne Bystrica), un autre a gardé le nom original d'une pension déjà réputée au XIXe siècle, *U Raka* (chez l'écrevisse) et un dernier, qui propose pourtant de la cuisine internationale, porte le nom bien connu de la maison, dans laquelle il est situé (restaurant

---

212. Voir aussi Jolana Darulová, « Obsahové a funkčné zmeny centra mesta », (Les changements du contenu et des fonctions du centre-ville), in *Slovenský národopis*, vol. 58, n° 2, 2010, pp. 159-174.

Beniczky). D'autres liens locaux subsistent : dans le nom du café, dérivé de la petite rue originale locale (café *Kakatka*) ainsi que dans le bar dont le nom rend hommage à une célèbre famille de commerçants juifs qui tenaient au même endroit un grand magasin avant la Seconde Guerre mondiale, *U Kemov* (chez Kems). Il est évident que les dénominations « globales » des restaurants remportent la victoire sur les « locales ».

Cependant un symbole global peut parfois devenir un caractère d'identification locale. Preuve en est l'affirmation d'un étudiant de l'université, pour qui Banská Bystrica est symbolisée non seulement par sa longue place, la colonne de la Peste, le Mémorial SNP (Soulèvement national slovaque) et la fontaine, mais aussi par une boulangerie française (*Copaline Baguette*) située sur la place principale, avec ses baguettes à l'odeur si appétissante. Grâce à cela, cet étudiant donne à Bystrica le titre de « la ville des baguettes divines », (homme, né en 1976)[213].

Inversement, un symbole local – dans notre cas la place centrale reconstruite avec ses fonctions régénérées – peut devenir aux yeux des habitants un symbole global, comme le confirme une personne interrogée : « Je suis fière de notre ville. Quand je suis assise sur une terrasse d'été sur la place, je me sens presque comme à Paris ou à Venise », (femme, née en 1974).

La projection du symbolisme global dans des situations et des espaces locaux est représentée de plusieurs façons, parfois même curieuses. Citons, par exemple, l'échoppe en bois vendant des fromages traditionnels sur le marché principal du centre-ville, à l'enseigne « Coca-Cola – Fromage de brebis », le Chalet « de la petite brebis » à l'entrée du supermarché Kaufland ou encore un stand en bois en forme de « črpák » géant, verre traditionnel en bois, à l'entrée du supermarché Tesco.

La mondialisation de la ville (*globalising city*) est perçue différemment par cette guide américaine, qui a visité Banská Bystrica de nombreuses fois avant l'année 1989 et après :

> « *Je suis sûre que les habitants de Banská Bystrica sont fiers de leurs places, mais moi je ne suis pas émerveillée. Il est formidable que les voitures aient disparu, mais l'espace autour de la fontaine ressemble à un arrêt de métro. Et pourquoi les marchands étendent-ils des vêtements devant leurs magasins ? Cela ressemble au quartier le plus minable de*

213. Interviews réalisées en 1994-1995 auprès des étudiants de l'Université de Matej Bel, des habitants et des visiteurs de la ville.

New York City. J'ai adoré votre place médiévale, certes elle avait besoin d'être rénovée et beaucoup de détails sont magnifiques aujourd'hui, mais je ne suis pas sûre que j'y amènerai encore un groupe – ça ressemble à chez nous », (femme, née en 1937).

La ville de Banská Bystrica est présentée comme un centre touristique dans tous ses documents stratégiques et de promotion. Mais le symbolisme local, qui aide à former le caractère unique et spécifique de la ville en tant que centre touristique, est peu visible dans la zone centrale. Le club des députés indépendants de Banská Bystrica, *Banskobystrická alternatíva* (BBA) [Alternative de Banska Bystrica], a organisé en juin 2009 un débat public ayant pour sujet « Banská Bystrica, par quoi est-elle symbolisée ? ». Excepté les symboles officiels de la ville (le blason de la ville, le drapeau et le cachet), les citoyens, participant à la discussion, ont identifié plusieurs spécificités locales, réputées par des histoires et des légendes qu'il faudrait ressusciter : une vieille chaîne massive en métal et le relief avec la cigogne dans la rue Dolná, la Tour de l'Horloge, véritable Tour de Pise de Banská Bystrica, le toit suspendu unique sur la place de Stefan Moyses, le couloir mystérieux des jésuites sous la rue Kapitulska, trois cloches rares (*Medián*, *Špeciál* et *Generál*, Médiane, Spéciale et Générale), mais aussi un symbole moderne de la ville le *Mémorial*, Musée du Soulèvement national slovaque (SNP), et la cimenterie avec le téléphérique, actuellement *Kulturfabrik*.

En guise de conclusion, les participants ont défini des axes d'amélioration de la vie en ville : le soutien de la culture et des valeurs morales, la sensibilisation à la connaissance de l'histoire, la créativité, la participation civile et le travail avec la jeunesse, ce sont donc les mêmes points que ceux publiés dans les stratégies des plans des villes durables dans le monde entier. Le concours pour le meilleur essai « Quels sont les besoins de Banská Bystrica ? » (2010) et le concours des seniors « Souvenirs à Banská Bystrica » (2011), organisés par la *Komunitná nadácia Zdravé mesto* (Fondation communautaire Saine Ville) sont deux exemples de l'activité menant à l'intégration des citoyens dans la formation de leur ville. Leur objectif était de motiver les habitants au développement de la ville dans laquelle ils vivent, d'identifier ce qui était et reste important pour eux, ce qui manque et quelle forme Banská Bystrica pourrait avoir à l'avenir. C'est aussi une façon d'augmenter la participation active des citoyens à la stratégie et la gouvernance municipale, si importante pour le développement durable de la ville.

Rituels urbains dans les aires de la ville

L'organisation des manifestations urbaines, festivals, fêtes et rites est une tactique éprouvée pour visualiser la ville, la rendre plus attractive et attirer de nouveaux visiteurs. Les villes globales cherchent à augmenter leur prestige en étant les hôtes de méga-événements comme les Jeux olympiques, les expositions universelles ou les championnats du monde de football. Les villes plus petites se concentrent sur la formation et le rétablissement des fêtes et festivals rituels. On observe cette tendance dans le monde entier et beaucoup d'anthropologues s'y intéressent (par exemple Deborah Stevenson, Maurice Roche ou Jennifer Hubbert)[214]. Les événements de ce genre créent un espace pour renforcer l'identité collective des habitants de la ville et sont également un élément de marketing important de la ville vis-à-vis de l'extérieur.

La place centrale de Banská Bystrica est, grâce à sa surface et sa compacité, un lieu idéal pour organiser des manifestations culturelles et sociales qui jouent un rôle important dans la communication et l'interaction de la population. La collectivité locale urbaine qui coopère avec les associations civiles et les entreprises est le promoteur principal des événements importants et réguliers. La plus grande manifestation régulière à l'impact suprarégional et supranational est « *Dni mesta* » (les « Jours de la ville »). Citons également la foire de Radvaň et le « marché des artisans ».

Le festival des Journées de la ville est un événement lié à la fête foraine traditionnelle qui a lieu le jour de la fête de la Nativité de la Vierge Marie (autour du 8 et du 10 septembre). L'histoire de la fête foraine date de 1655, organisée à Radvaň, quartier qui fait aujourd'hui partie de Banská Bystrica. Au cours de sa longue histoire, cet événement a gagné de l'importance sur tout le territoire de la Hongrie et a maintenu sa popularité même après la fin de la première République tchécoslovaque (de 1918) et pendant le régime communiste[215]. Sa valeur culturelle stable a été confirmée par son

214. Cf. Deborah Stevenson, *Cities and Urban Cultures,* Maidenhead, Philadelphia, Open University Press, 2003, pp. 48-49 ; Maurice Roche, *Mega-Events and Modernity: Olympics and Expos in the Growth of Global Culture,* London, Routledge, 2000 ; Jennifer Hubbert, « Spectacular Productions: Community and Commodity in the Beijing Olympics », in *City&Society,* vol. 22, n° 1, 2010, pp. 119-142 ou encore Michelle de la Pradelle, « Několik poznámek k urbánní antropologii », (Quelques remarques concernant l'anthropologie urbaine), in *Český lid,* vol. 83, n° 3, 1996, pp. 189-195.

215. Jolana Darulová, « Stabilita a zmeny v týždenných a výročných trhoch : Radvanský jarmok v spomienkovom rozprávaní », (La stabilité et les changements

inscription sur la liste du Patrimoine national culturel de 2011. De nos jours, cet événement est organisé avec les « Jours de la ville » et le « marché des artisans » aux dates traditionnelles, mais à un endroit non traditionnel, à savoir en centre-ville, car le village d'origine fait aujourd'hui partie de la ville. En 1995, à l'occasion du 740e anniversaire de l'attribution des droits de cité et du 500e anniversaire de la société Thurzo-Fugger, l'événement appelé les « Jours de la ville » a été organisé en tant que festival de la ville. Depuis ce temps-là, la tradition du défilé historique passant par la place et des spectacles thématiques liés à l'histoire des mines de la ville se poursuit. La fête foraine de Radvaň et le Marché des artisans, organisés depuis 1997, tentent de transformer la vieille gloire et le patrimoine historique de cette manifestation en présentant les meilleures habiletés d'artisanats des maîtres actuels. Cet événement de trois jours est basé sur l'histoire locale, la tradition et les symboles, mais il essaie de toucher outre les habitants locaux les visiteurs de la ville. Les représentants des 18 villes partenaires du monde entier, qui ont signé un accord de coopération avec la ville (par exemple, la ville de Saint-Étienne en France), sont aussi invités à ces « Jours de la ville ». Les artisans de ces pays et de ces villes y participent également. Une dizaine de manifestations secondaires sont présentées, comme des spectacles de groupes folkloriques, de groupes de musique de différents genres ou bien de théâtre et des attractions pour les enfants.

Le festival des « Jours de la ville » est devenu un événement de la ville très populaire, et le plus fréquenté. D'autres manifestations ritualisées, concernant surtout les fêtes traditionnelles sortant du calendrier, telles que le Carnaval de la ville, la fête du mois de mai (fêtée par la mise en place d'un poteau en bois décoré par des rubans colorés), ou la fête de Noël et de Nouvel An accompagnée par un riche programme organisé sur la scène de la place principale, cherchent à renforcer l'identité locale et à rendre la ville plus attractive pour les touristes.

À côté des événements basés surtout sur les traditions historiques ou fêtant des anniversaires, d'autres activités ayant un caractère sur-local, thématiquement liées au multiculturalisme et aux cultures alternatives, sont organisées en ville. D'habitude, elles sont organisées par les organismes culturels indépendants et les associations. Les participants et les invités viennent souvent de

---

des marchés hebdomadaires et annuels : La foire de Radvaň dans la narration du souvenir), in *Etnologické rozpravy*, n° 2, 1995, pp. 106-113.

l'étranger. Parmi les plus connus, nous pouvons citer : Le Festival du Dixieland, le Festival de *Bábkarská Bystrica* (festival des marionnettes), le Festival de films *Barbakan* et depuis 2010 également le Festival *Akcent* à dimension sociale dont l'objectif est de donner la voie aux groupes marginalisés (à savoir : des réfugiés, des minorités, des handicapés physiques et mentaux, des femmes violentées) et attirer l'attention sur leurs problèmes. On voit également apparaître des événements occasionnels, organisés via le réseau *Facebook*, tels que *Frozen* (le gel), où les participants restent sans mouvement pendant 5 minutes sur la place de SNP (le 26 décembre 2009), ou bien le *Global Work Party* (le 10 octobre 2010), événement organisé dans le but de protéger le climat et l'environnement. La connexion publique à l'Internet, gratuite dans toute la partie centrale historique de la ville et financée par la municipalité, permet le lien symbolique de la ville avec le monde.

Les stratégies locales du marketing jouent un rôle extrêmement important dans le développement et la croissance des villes influencées par la mondialisation et la compétition transnationale, pour obtenir une place dans la hiérarchie globale urbaine. La mondialisation suscite la compétitivité des villes dans tous les domaines de la ville – de la politique et de l'économie jusqu'au développement social et culturel. Si les villes veulent sortir vainqueurs de la forte concurrence, elles doivent investir dans le soutien de leurs propres traits spécifiques et de leurs valeurs culturelles uniques, mais aussi rester ouvertes aux influences extérieures. Bien que la culture locale puisse évoluer sous l'influence de la mondialisation, cela ne veut pas dire qu'elle cessera d'exister. La réponse locale à la globalisation conduit à la production de la diversité plutôt qu'à la production universelle de l'uniformité[216].

Le marketing des villes postsocialistes qui s'oriente notamment vers le fait d'attirer des touristes, des investisseurs et de nouveaux travailleurs, instruits et créatifs, s'appuie sur la célébration du passé (sélectionné) glorieux, comme une bonne base pour le développement actuel et l'image de la ville. Selon les recherches de Craig Young et de Sylvia Kaczmarek réalisées dans les villes polonaises ainsi que dans d'autres villes d'Europe centrale et orientale, il semble que ces villes ont recours, dans leur propagation, à

216. Deborah Stevenson, *op. cit.*, pp. 48-49.

« l'âge d'or » de l'histoire de la ville (soit de l'histoire médiévale ou bien de l'histoire multiethnique et multiculturelle de la ville d'entre-deux-guerres). Le passé socialiste est souvent omis du marketing, et sinon, il y est sous la forme d'une histoire de résistance contre le socialisme[217]. Le développement de la ville de Banská Bystrica confirme cette tendance. Les représentants de la ville construisent le marketing notamment sur les activités sortant des chapitres les plus célèbres de l'histoire locale, en particulier de l'histoire des mines. La ville s'engage dans chaque document stratégique à augmenter l'attractivité de la ville et la qualité de la vie de ses citoyens ainsi que des visiteurs pour réanimer le slogan historique connu : « À Bystrica en vie, au paradis après la mort »[218]. La mondialisation est un défi pour toutes les localités du monde. La volonté d'être ouvert aux influences extérieures ainsi que l'autoréflexion critique et objective du propre développement sont la clé de la croissance et du développement de toute ville. Dans les villes postsocialistes, c'est doublement vrai. Le dynamisme de changement après l'année 1989, relatif à la démocratisation de la société ainsi qu'aux processus globaux, suscite beaucoup de questions : comment (ré)interpréter l'histoire, de quoi faut-il se souvenir et que faut-il effacer de la mémoire, qu'est-ce qui est important et pour qui[219], qu'est-ce qui est nécessaire du « local » pour le « global » et qu'est-ce qui, du « global », peut être transformé avec succès dans le local ?

Plus de deux décennies après la chute du communisme, des changements considérables ont été apportés à la ville de Banská Bystrica. Ses habitants se sont rapidement rapprochés des habitants des États d'Europe de l'Ouest par leur mode de vie marqué surtout par la consommation.

Le visage physique et symbolique de la ville a changé du tout au tout, mais son visage spirituel, sa mémoire historique collective et l'identité ne semblent pas réussir à rattraper la transformation physique. La ville, représentée par les collectivités locales urbaines, essaie de revitaliser l'identité locale de la ville et de ses citoyens et d'attirer des investisseurs étrangers et des touristes. A-t-elle réussi

217. Craig Young & Sylvia Kaczmarek, « The Socialist Past and Postsocialist Urban Identity in Central and Eastern Europe : The Case of Łódź, Poland », in *European Urban and Regional Studies*, vol. 15, n° 1, 2008, pp. 54-56.

218. *Program hospodárskeho a sociálneho rozvoja mesta Banská Bystrica na roky 2007-2013*, (*Programme de développement économique et social de la ville de Banská Bystrica pour les années 2007-2013*), pp. 5-8.

219. Mariusz Czepczyński, *Cultural Landscapes of Post-Socialist Cities. Representations of Powers and Needs*. Surrey, UK, Burlington, USA, Ashgate, 2008, p. 184.

dans ce sens ? Deux décennies de transformation d'une ville socialiste à une ville capitaliste et postmoderne ne suffisent pas à la transformation mentale. La ville, ses représentants ainsi que les citoyens sont sans cesse confrontés à deux défis. D'un côté, l'offre infinie du monde global (représenté par différentes sociétés multinationales) de profiter de tous ses défis affriolants, de l'autre, la pensée locale restreinte, le conservatisme, le nationalisme et le patriotisme (trop étroit). Comment trouver un consentement entre ces pressions globales et locales ? La question reste ouverte et représente un défi pour les recherches et évaluations futures.

Alexandra Bitušíková

Bibliographie complémentaire

Bitušíková, Alexandra, « Lokálne a globálne : premeny identity v epoche postkomunistickej transformácie spoločnosti », (Le local et le global : les changements de l'identité dans les temps de la transformation poste-communiste de la société), in *Acta Universitatis Matthiae Belii, Spoločenskovedná sekcia III.*, Banská Bystrica, Univerzita Mateja Bela, 1999, pp. 331-337.

Bitušíková, Alexandra, « Identita v diverzite a diverzita v identite súčasného mesta », (L'identité dans la diversité et la diversité dans l'identité de la ville contemporainne), in Blanka Soukupová, Hana Novotná, Zuzana Jurková & Andrzej Stawarz, (dir.), *Město, identita, paměť*, Praha, Bratislava, Zing Print, 2007, pp. 221-235.

Donald, James, « This, Here and Now: Imagining the Modern City », in Westwood, Sallie – Williams, John, (sous la direction de), *Imagining Cities (scripts, signs, memory)*, London – New York, Routledge, 1997, pp. 181-201.

Kovačevičová, Soňa, « Banskobystrická ľudová kultúra vo vzťahu k radvanskému jarmoku », (La culture populaire de Banská Bystrica vis-à-vis de la fête foraine), in *Banská Bystrica, Sborník prác k 700. výročiu založenia mesta,* Martin, 1955, pp. 84-95.

Orlická, Jana, « Mozaika génov BaBy », (La mosaïque des gènes BaBy), in *Radničné noviny*, vol. I., September 2007, pp. 1-2.

Chapitre 10

Mondialisation visible : le cas de Bratislava

Bratislava fait partie des villes d'Europe centrale, qui ont subi une complète transformation postsocialiste après la chute du régime communiste en 1989[220]. Cette transformation a touché tous les domaines depuis la politique, l'économie, la législation, etc., jusqu'à la vie quotidienne des individus. La division de la Tchécoslovaquie a rendu la situation plus compliquée, la République slovaque, inconnue pour le monde, est née et Bratislava est ainsi devenue sa capitale. La ville s'est transformée avec la société. Les symboles visuels de l'époque communiste tels que le groupe monumental de sculptures en béton du premier président ouvrier, démoli sans protestation du public, ont disparu des espaces publics. Les noms des rues et des places (et elles étaient nombreuses), qui reflétaient l'esprit de l'idéologie précédente, ont changé. Cette transformation de la société est liée à la disparition et au changement des institutions, des entreprises qui ont été prises en charge par le nouveau management et transformées en propriété privée. Parmi ces dernières, nous pouvons mentionner les entreprises exerçant leurs activités dans un cadre global et ayant une symbolique visuelle expressive. Les petits entrepreneurs cherchaient leur place sur ce marché, les locaux loués tout comme les usines changeaient souvent de propriétaire, de direction ainsi que de symboles des magasins ou des entreprises. Ces éternels changements ont perturbé l'orientation dans l'espace de la ville. Comment qualifier alors la perception, de la part des habitants, de l'espace commun de la ville quand les signes de l'espace changent ?

Michel de Certeau écrit que le lieu indique la stabilité, l'ordre selon lequel les éléments sont classés dans une relation de coexistence. Si le lieu est animé par l'ensemble des mouvements qui y sont présents, il devient l'espace. L'espace est un endroit utilisé, par

220. Ce travail a été réalisé dans le cadre du projet VEGA 2/0099/11 *« Adaptation des citoyens de la ville dans le processus des changements sociaux »*.

exemple les rues sont transformées en espace grâce aux piétons[221]. Cependant il utilise la notion d'« espace anthropologique » repris de Maurice Merleau-Ponty qu'il a complétée par sa formulation : « il y a autant d'espaces que de différentes expériences d'espace ». Ces expériences peuvent être interconnectées dans le domaine des relations sociales. Par exemple, d'après Margaret C. Rodman, les lieux sont locaux et multiples. « *Pour chaque habitant, le lieu est une réalité unique, singulière à tel point que le citoyen partage cette importance avec d'autres personnes et d'autres lieux* »[222].

Vu les pratiques quotidiennes des habitants-piétons, nous concentrons notre réflexion non seulement sur les différents espaces, mais aussi sur les espaces communs. Car ils rencontrent les mêmes caractéristiques partout où ils passent. « Ils déchiffrent » l'espace comme un ensemble de signes. Par exemple, la recherche des étapes historiques de la ville de Bratislava au XXe siècle a montré que la ville a été divisée en plusieurs segments territoriaux ayant des caractéristiques particulières. Pour chacune de ces étapes, il est possible de relever une propre langue des signes insérés dans les noms des rues, des places et des bâtiments importants (sacrés, publics, d'habitation ou de fabrication), dans leur expression architecturale et esthétique, dans les monuments commémoratifs, dans les cimetières, dans les parcs, les cours, les terrains de jeu, etc. L'anthropologie de l'espace a été créée par les citoyens, tout comme leurs caractéristiques sociales et culturelles, leurs habitudes, leur mode de vie, la vie dans les rues, sa communication verbale et non-verbale, ses bruits et ses va-et-vient. Nous pouvons citer l'exemple du quartier artisan, *Zuckermandl*, où les habitants allemands prédominent, contrairement au quartier de *Nová Doba* avec des Slovaques et des Tchèques de la couche moyenne.

Appliquant le regard anthropologique sur l'endroit, les dimensions culturelles[223] de l'espace attirent l'attention. Denise

---

221. Michel de Certeau, « Récits d'espace », in *L'invention du quotidien. 1. Arts de faire*, Paris, Gallimard (Folio), 1990, pp. 170-189. Cité de la traduction tchèque « Vynalézání každodennosti », publiée dans le *Cahiers du CeFReS n° 10, Antologie francouzských společenských věd: Město*, Prague, Francouzský ústav pro výzkum ve společenských vědách, 1996, p. 80.

222 Margaret C. Rodman, « Empowering Place: Multilocality and Multivocality », in *The Anthropology of Space and Place: Locating Culture,* Malden, Oxford, Carlton, Blackwell Publishing, 2008, p. 208.

223. Setha M. Low & Denise Lawrence-Zúñiga, « Locating Culture », in *The Antrhropology of Space and Place: Locating Culture,* Malden, Oxford, Carlton, Blackwell Publishing: 2008, p. 1.

Lawrence, par exemple, définit l'endroit comme un espace qui prend sens grâce aux activités humaines ou grâce à l'usurpation et présente un certain concept culturel qui reste essentiel pour la description des relations existentielles avec l'environnement. Il essaie de savoir comment et pourquoi les individus et les groupes introduisent la sensibilité et des significations émotionnelles dans l'espace et comment un certain endroit évoque les sentiments, et l'explique par la conscience de l'identité[224]. L'endroit fait partie de l'identité, mais il forme l'identité en même temps. Dans le cas des transformations de l'espace d'une ville, chaque nouvel élément est confronté à l'identité de cet espace et à l'identité des habitants qui y résident. Il a été prouvé que la mémoire[225] joue un rôle important au moment de la formulation de l'identité.

La cohérence entre l'identité et la mémoire apparaît dans l'identité locale. Elle est formée dès l'enfance par une acquisition progressive de l'espace de la maison, de la rue, du quartier, etc., où l'homme a grandi et où il a créé des liens sociaux. Malgré cette dimension historique, la mémoire est ancrée dans le présent. Les réflexions du passé apparaissent au moment de la confrontation avec le vécu actuel. Les souvenirs du passé nous torturent ou nous satisfont dans l'espace urbain, selon les valeurs que nous apprécions. Par exemple, les citoyens activistes de Bratislava imposent la protection des locaux non utilisés contre leur démolition, ainsi que le retour à une apparence historique de certaines localités de la ville, mais les autres habitants (et surtout les propriétaires de ces terrains) ont des visions complètement différentes.

Certes, la mémoire renvoie à l'histoire. Mais aujourd'hui, l'histoire est actuelle « grâce aux regards » présents partout. Les plaques parlant des endroits importants personnifient l'histoire dans presque chaque ville européenne. D'après Pierre Nora, ce sont les endroits des souvenirs où l'histoire renoue avec la mémoire, et où le passé rencontre le présent. Ce sont eux qui produisent, fixent, établissent, construisent et déclarent une communauté subissant une transformation[226]. Les musées, les archives, les plaques

---

224. Denise Lawrence, « Place », in Thomas Barfield (dir.), *The Dictionary of Anthropology*, Maldven, Oxford, Carlton, Blackwel Publishing, 2008, pp. 360-361.
225. Maurice Halbwachs, *On collective memory*, Chicago, University of Chicago Press, 1994.
226. Pierre Nora, « Introduction », in Pierre Nora (dir.), *Les lieux de la mémoire, I. La République*, Paris, Gallimard, 1984, pp. XVII-XLII. Cité d'après la traduction tchèque « Mezi pamětí a historii : problematika míst », publiée dans le *Cahiers du CeFReS n° 10,*

commémoratives, les fêtes, les anniversaires, etc. sont les preuves des rites de la communauté actuelle. Comme il l'écrit, quels que soient les endroits matérialisés, ils vivent grâce à leur capacité de changement, dans une permanente ressuscitation de leur signification[227]. Les lieux de mémoire sont sans doute des objets de l'histoire, mais nous pouvons prendre également en considération les villes banales, bien entretenues, modifiées ou même les bâtiments éliminés pour lesquels les habitants gardent des souvenirs.

La relation endroit/espace/mémoire/identité s'est manifestée d'une manière marquante pendant le processus de transformation postsocialiste de la ville et, depuis, elle fait partie intégrante du débat public concernant les changements des espaces urbains de Bratislava. Ces vingt dernières années représentent en même temps la période de la mondialisation qui a pénétré dans tous les domaines de la vie de la ville, et surtout dans les domaines économiques et culturels, ce qui se manifeste surtout dans les locaux urbains. Les activités de modernisation provoquent des réactions traditio-nationalistes, ce que nous comprenons d'une manière simplifiée comme la rencontre du global et du local. Celle-ci est représentée par le symbolisme local, mais aussi par l'identité locale des habitants et par l'identité de l'espace formée historiquement, ce qui est habituellement appelé « *genius loci* ».

Globalisation dans la ville

Il est connu que les villes, notamment, constituent une force de propulsion de la mondialisation. Il est écrit dans les livres de la littérature anthropologique que la relation entre les villes et la globalisation est dialectique : les villes sont véritablement influencées et « formées » par la mondialisation, mais en même temps elles représentent des centres de contrôle où la mondialisation naît et se développe[228]. Les changements et les fonctions des locaux publics font partie d'un thème aux dimensions économique, politique, sociale

Antologie francouzských společenských věd : Město, Prague, Francouzský ústav pro výzkum ve společenských vědách, 1996, p. 46.

227. Pierre Nora, « Entre mémoire et histoire », in Pierre Nora, *op. cit.,* cité d'après la traduction tchèque « Mezi pamětí a historií », publiée dans le *Cahiers du CeFReS n° 13, Antologie francouzských společenských věd : Politika paměti*, Prague, Francouzský ústav pro výzkum ve společenských vědách, 1998, p. 24.

228. Niamh M. Moore, « Globalising Dublin: Indicators of an Urban Society in Transition », in *Dela*, n° 21, 2004, pp. 214.

et culturelle. Il touche plusieurs domaines scientifiques qui traitent cette problématique à différents points de vue. Sur la base de recherches sociologiques sur les villes slovaques, nous savons que, bien que toutes les villes soient au fur à mesure captées par le processus de mondialisation, les différences marquantes existent entre elles quant à la possibilité de les influencer[229]. Elles présentent un conflit d'intérêts de la politique locale (et des politiques), des groupes d'entrepreneurs locaux et étrangers, et des habitants (des activités civiles) où se manifeste sous diverses variantes le conflit ou la cohésion du « global avec le local ».

Quels événements culturels pouvons-nous considérer comme globaux ? Certains sont globaux dans la mesure où ils ne sont pas associés à un endroit précis : ils sont partout (par exemple Coca-Cola), ou bien ils sont partout identiques de l'extérieur (le bâtiment de McDonald). D'un autre côté, les symboles globaux et les formes globalisées sont en même temps locaux, car ils sont perçus et interprétés localement. Ted Lewellen écrit que la culture globale ne se manifeste jamais sous une forme nette, mais seulement dans une interaction donnant naissance à la culture qui se développe et vit localement, la culture globale ne vit qu'à travers une autre culture[230].

L'étude des processus de mondialisation a débouché sur une réévaluation de la relation antagoniste « global *versus* local ». Pour cette raison, nous utilisons de plus en plus l'expression « global et local ». La connaissance du fait que de nombreuses localités (sinon toutes) et leurs habitants sont aujourd'hui plus ou moins influencés par de nombreux processus et phénomènes globalisants constitue un point de départ. Mais cela ne veut pas dire qu'ils sont absorbés par la culture globale. Bien au contraire, ce sont les localités et leurs habitants qui absorbent et transforment la culture globale[231]. Et justement cette intersection du global et du local, souvent désignée comme glocalisation, est un objet important de la recherche anthropologique. La notion de glocalisation intègre d'une manière explicite les notions de « globalisation » et de « localisation » en un seul mot et elle accentue ainsi le fait que le local fait partie de la

229. Peter Gajdoš, « Globalizačné súvislosti urbánneho vývoja a jeho sociálno-priestorové špecifiká » (Les rapports de mondialisation du développement urbain et ses traits spécifiques socio-spatiaux), in *Sociológia*, n° 4, 2009, p. 324.
230. Ted C. Lewellen, *The Anthropology of Globalization. Cultural Anthropology Enters the 21st Century*, Westport, London, Bergin&Garvey, 2002, p. 54.
11. *Ibidem*, p. 53.

globalisation et n'est pas son rival. Ces deux constructions, à savoir le global et le local sont tellement pénétrables (ouvertes) et interconnectées, qu'il est difficile de les dissocier, vu que l'une pénètre l'autre. Ceci permet de dissocier les deux éléments d'un processus pendant les analyses : la globalisation (la dilatation, la diffusion et l'universalisation des éléments culturels, des modèles et des relations) et la localisation (insertion sélective, l'absorption, le décodage, la réinterprétation et la particularisation des phénomènes globaux dispersés, des modèles et des relations)[232].

Les sujets principaux de la recherche anthropologique sont étroitement liés à la problématique de l'identité et de la diversité, ce qui représente deux aspects d'un même phénomène. La diversité peut être comprise comme un autre aspect de l'identité, comme la conséquence de l'influence des identités différentes dans le domaine économique, social et culturel[233]. Les processus de mondialisation changent « le monde des identités » et malgré son principe unifié, ils causent la croissance ou l'approfondissement de la diversité. Les recherches ethnologiques faites dans les villes slovaques peuvent être résumées brièvement de la manière suivante : les conséquences touchent l'économie et la politique locale, mais aussi le domaine social, culturel et ils se concentrent autour des problèmes du changement des espaces urbains, de la présence des entreprises étrangères, des immigrants, de l'orientation vers le tourisme, de la prise des modèles culturels, des produits, etc.

La migration massive fait visiblement partie de la mondialisation ou bien elle est un des signes de la mondialisation. Vu le nombre restreint de personnes, l'immigration ne présente pas un problème grave pour les villes slovaques. Nous nous trouvons à une époque où les étrangers vivants chez nous sont peu visibles et où ces derniers considèrent comme important de s'assimiler culturellement. C'est aussi la raison pour laquelle la diffusion culturelle des influences par l'intermédiaire de la migration est aussi faible. L'importance du tourisme quant à la formation des villes slovaques prend une autre dimension. Elle peut être étudiée comme problème de la communauté locale, comme par exemple la production d'identités et

232. Victor Roudometof, « Glocalization, Space, and Modernity », in *The European Legacy*, vol. 8, n° 1, 2003, p. 45.

233. Daniel Luther, « Problematika sociálnej a kultúrnej diverzity mesta v slovenskej etnológii » (La problématique de la diversité sociale et culturelle de la ville dans l'éthnologie slovaque), in Alexandra Bitušíková (dir.), *Kultúrna a sociálna diverzita na Slovensku I*, Banská Bystrica, Université de Matej Bel, 2007, p. 12.

de symboles locaux traditionnels exprimés à travers les produits, les arts, les festivals, l'architecture, la cuisine, etc. Une telle production est influencée ou directement gérée par des forces commerciales et par la politique locale et régionale.

Les traces de globalisation sont plus visibles dans les locaux urbains, moins dans les intentions ou dans les activités de la commune de la ville, des entrepreneurs ou des citoyens activistes, mais elles sont cachées dans les entrailles des entreprises étrangères, dans les expériences, les attitudes et les actes des habitants.

Les transformations du centre-ville

Bratislava a volontairement rejoint des réseaux globaux, c'est ce que nous pouvons déduire de l'attitude active vis-à-vis des investissements étrangers. Ce n'est pas une ville globale, mais globalisante de par sa politique urbaine (soutenue par la stratégie officielle du développement) et par les activités d'entrepreneurs des entreprises locales. Se pose alors la question suivante : que signifie ce processus pour la ville et ses habitants, comment se manifeste-t-il dans les espaces de la ville et comment les habitants acceptent-ils ces corporations supranationales et les « produits globaux » ? Car ils sont confrontés à la réalité financière et au pouvoir politique dont le rapport pour eux est évident et projeté sous différentes formes non seulement dans l'image et dans l'identité de la ville et de ses espaces, mais aussi dans les rapports sociaux.

La revitalisation des centres villes est une évolution importante de la période postcommuniste, pendant laquelle le secteur privé a joué un rôle important. En se basant sur plusieurs travaux réalisés en Tchéquie, en Slovaquie, en Pologne et dans les autres pays, Zdeněk Uherek constate que les processus d'après 1989 ont contribué à la diversification, à la diversité et à la représentativité des centres-villes. Les symboles unifiés de la globalisation y ont été incorporés par les magasins de marque des fabricants de renommée mondiale : « tout est parfait (en parfait état), tellement différent de la culture de vente locale ». Nous pouvons y associer aussi les changements et la rénovation des entreprises locales dans un « style global »[234].

---

234. Zdeněk Uherek, « Globalizace a urbanizace – trendy a výsledky výzkumů » (La mondialisation et l'urbanisme – tendances et résultats de la recherche), in *Slovenský národopis*, 2002, n° 3-4, 2002, pp. 437-439.

Bratislava n'est pas une exception. La restitution et la vente des bâtiments de la ville aux sujets privés ont permis aux bâtiments décrépits dans le quartier de la Vieille ville de commencer rapidement à être reconstruits par leurs nouveaux propriétaires. Durant cette étape, la direction de la ville a réalisé un projet de revitalisation du centre historique dont l'idée « de la revitalisation de la promenade ». Cette idée de la promenade de la ville revitalisée permettait d'unifier les intérêts et d'accélérer le déroulement des travaux. Faire revivre le centre-ville en était l'objectif principal. Le changement complet des pavés des rues et des places a été réalisé, mais on a aussi compté sur la rénovation des bâtiments et des appartements déjà existants et sur l'augmentation du nombre de résidents en centre-ville. Les conditions économiques ont provoqué une déviation par rapport à cet objectif. Les coûts élevés de la reconstruction des bâtiments historiques, le manque de locaux capables d'accueillir les sièges des consulats après la naissance de la république autonome, l'afflux « des riches touristes de l'Ouest » et les intérêts individuels des entrepreneurs ont limité les nouvelles fonctions du centre. La plupart des locaux a été occupée par des sociétés solvables, des banques, des consulats et des magasins ayant un succès commercial. Leurs activités commerciales ont surtout été orientées vers le tourisme : les hôtels, les restaurants et les magasins de luxe, les pubs, le service de type « fast-food », les joailleries, les cafés, etc. Martin Huba, environnementaliste reconnu, constate que :

> « *malgré tous les essais de revitalisation rapide de la Vieille ville, cette idée s'estompe progressivement avec la disparition des habitants y ayant un domicile fixe. Sans doute, la reconstruction du noyau historique s'est mise en route ces derniers temps, mais la tendance à l'augmentation du nombre de services commerciaux et 'à la mode' (banques, magasins commerciaux, etc.) et le manque d'établissements ou de fonctions utiles pour un homme normal lui enlèvent souvent de son authenticité* »[235].

Le caractère et les symboles visuels de l'espace dans la Vieille ville sont ainsi des traces de l'emprise du commerce et de la globalisation.

Avec la pénétration des modèles culturels universels, l'idée de la localité s'applique. Elle se manifeste par deux positions : dans le prolongement du caractère historique du centre et dans les

---

235. Courrier : <www.stuz.cz/Zpravodaje/Zpravodaj993/huba.htm>. consulté le 14.4.2008.

prolongements des traits spécifiques slovaques. Cela correspond à la conception des environnementalistes qui déjà critiquaient le pouvoir avant la fin de l'époque communiste demandant la protection des monuments historiques dans le cadre du développement durable. Leur programme n'a été accepté qu'au début de la transformation de la société et selon cette démarche, les fontaines et d'autres œuvres artistiques ont acquis un aspect architectural original, mais seuls quelques bâtiments ont repris leur fonction d'origine (le Café Mayer, l'antiquaire Steiner, la taverne des Franciscains, Sous le bastion, etc.). La tendance vers l'historicité et vers la localité est visible aussi au niveau de la décoration de l'intérieur des établissements publics (surtout avec des représentations comme des cartes d'époque, des graphiques et des photos de la Veille ville).

La légendarisation d'un personnage connu de Bratislava, à savoir un aliéné appelé *Schöner Náci*, et la mise en place de sa statue sur la promenade font partie de l'identité. La statue d'un soldat français dressée sur la Place principale rappelle aussi l'histoire de la ville. L'armée française y était présente en 1805 où le Traité de Presbourg entre Napoléon et l'empereur François Ier d'Autriche a été signé au Palais primatial. La rue de Presbourg à Paris (nom autrichien de Bratislava) qui débouche sur l'Arc de triomphe, rappelle cet acte important. Même si la victoire des Français fut un malheur pour la ville, cet événement est devenu un outil marketing pour la promotion de la ville.

Certains événements organisés dans les espaces publics de la Vieille ville sont également basés sur les traditions locales. Leur objectif secondaire est d'augmenter l'attirance touristique, mais aussi la fierté des habitants et de fortifier la relation des immigrants vis-à-vis de la ville. Par exemple le *marché de Noël* avec la fête somptueuse de la fin d'année présente un événement à multiples facettes durant plusieurs jours où seule la vente de spécialités slovaques est permise. Les groupes folkloriques de toute la Slovaquie y proposent des spectacles, ce qui soutient le patriotisme local traditionnel des habitants qui sont venus y vivre. L'événement de la *célébration du couronnement*, organisé dans plusieurs endroits de la Vieille ville, est basé sur la « célèbre histoire de la ville ». En effet, entre 1563 et 1830, ont eu lieu les célébrations des souverains hongrois. D'ailleurs, des signes sur les pavés nous rappellent encore le parcours du convoi royal. Tous les ans, un événement imitant la célébration du couronnement d'un(e) des dix-neuf rois ou reines est organisé. L'histoire est ainsi au service de l'image de la ville.

La tendance antagoniste telle que la décentralisation et la fragmentarisation des fonctions de l'espace urbain abolissent les aspirations visant à augmenter l'attirance pour le centre-ville. Plusieurs fonctions commerciales et culturelles du centre-ville ont été transférées dans les quartiers environnants, mais aussi dans des complexes isolés aux périphéries. Nous pouvons citer les complexes supranationaux des sociétés telles que Tesco, Carrefour, Ikea, etc., mais aussi les sociétés d'investissement local et de développement (Avion Shopping Park, Aupark, Polus City Center etc.) qui sont devenus des endroits polyfonctionnels recherchés.

Le sociologue Ľubomír Falťan attire l'attention sur le changement de ces « portes de la ville », mais aussi sur le changement conséquent des fonctions du centre-ville et du mouvement global au travers de la ville. Contrairement au mouvement habituel vers le centre, les habitants prennent la direction du centre vers la périphérie qui est plus confortable et accessible au grand public. La zone centrale de la ville a perdu sa position dominante dans le domaine commercial, mais ses fonctions représentatives, administratives et de service ont été renforcées. La pénétration de la mondialisation se manifeste également par la gentrification du centre, où le processus de rénovation des maisons et des appartements a été accompagné par la réduction du nombre d'habitants et par l'installation de personnes plus riches[236].

Les dominantes de la mondialisation

Il ressort de plusieurs énoncés publics que les « promoteurs immobiliers », à savoir le groupe abstrait de personnes ou d'entreprises qui disposent d'un puissant fonds financier et politique, sont au centre du processus de mondialisation. Ce sont des constructeurs de grands bâtiments dont la construction est marquée par leur préférence pour des modèles unifiés, connus dans le monde entier. Les habitants les conçoivent habituellement comme un groupe vis-à-vis duquel ils gardent une attitude stéréotypée négative. Eugen Gindl a remarqué le même phénomène en Allemagne. Les habitants mécontents y sont appelés *die Wutbürger* (les habitants furieux) :

---

236. Ľubomír Falťan, « Bratislava – problémy súčasného rozvoja: reflexia socio-priestorových súvislostí » (Bratislava – les problèmes du développement actuel : réflexion sur les rapports socio-spatiaux), in *Sociológia*, SAV Bratislava, n° 4, 2009, pp. 335-334.

« *Ils apparaissent de plus en plus dans l'espace public des villes allemandes et sont plus nombreux à chaque fois. Ils sont exaspérés, car les promoteurs immobiliers et les partocrates locaux valident des projets de leur propre autorité, dont la réalisation détruit le* genius loci. *Sans avoir consulté les habitants, ils détruisent les nids de la mémoire collective, ils changent le visage des espaces historiques sans sensibilité. Ceci est souvent accompagné de soupçons d'une corruption massive au profit d'individus vénaux ou au profit d'autres groupes* »[237].

Le conflit principal réside dans l'intérêt existentiel des sociétés de développement de finir le projet validé ou déjà démarré – malgré les complications, le « terminer à tout prix » –, le mettre en service, le vendre et réaliser des bénéfices. Ceci mène souvent à des solutions que les habitants n'acceptent pas (abattage des arbres, des bâtiments trop solides ou trop grands, rajout d'étages ou autres changements de projets, etc.). Des remarques concernent également la validation de certaines idées qui, d'après les habitants, changent le visage de la localité ou de la ville en général. Et la participation de la mairie et de la collectivité locale y joue un rôle et devient la cible de la critique. « Les promoteurs immobiliers peuvent tout se permettre, car ils peuvent s'acheter n'importe qui », disent les habitants.

Dès leur existence, les sociétés les plus actives (telles que J&T Global, HB Reavis Group) ont joué un rôle important au moment de la formation de l'attitude vis-à-vis des promoteurs immobiliers. Ils se focalisaient sur les grands projets tels que les complexes commerciaux ou socio-commerciaux déjà mentionnés. Ils ont vite attiré les sociétés supranationales d'investissement et les entrepreneurs. Par exemple, le groupe financier français AXA a acheté le portfolio industriel de la J&T Real Estate et IIC Group slovaque pour 250 millions d'euros. Vers 2005, le commerce des biens immobiliers a atteint son apogée et l'abondance de l'argent a initié une « compétition » bizarre entre les promoteurs immobiliers, à savoir qui réussira à construire le plus grand bâtiment dans la ville. Le résultat aujourd'hui est que l'on trouve à Bratislava cinq bâtiments mesurant plus de 100 mètres de haut et douze bâtiments de plus de 80 mètres. Et parmi les bâtiments en projet, douze dépasseront 100 mètres et parmi ces douze bâtiments, sept seront construits dans la Vieille ville, peut-être pas dans le centre historique, mais dans sa proximité. Cela va plus loin,

237. Eugen Gindl, « Die Wutbürger... Rozzúrení občania » (Die Wutbürger... Des habitants furieux), in *Sme,* quotidien généraliste slovaque, Bratislava, 29.1.2011.

car les quatre bâtiments parmi ces sept derniers devraient faire plus de 150 mètres, ce qui représente la hauteur minimale des gratte-ciel.

« Vous allez vous dire : Bratislava et des gratte-ciel ? Mon Dieu, comment cela peut-il aller ensemble ? ». Voici une des nombreuses réflexions que l'on peut entendre concernant les bâtiments de grande hauteur. Les activités de construction ont aussi une autre dimension. Les habitants perçoivent ces changements radicaux dans l'espace urbain et ils perdent le sentiment d'être *chez soi.*

> « *Moi, Blavacien, je suis de plus en plus dégoûté de Blava (abréviation de Bratislava) et je crois que je vais déménager d'ici et je laisserai tout aux immigrés. Vous vous souvenez comment après 1989, nous avons parlé de tout ce que les bolcheviks ont détruit ? Aujourd'hui, on détruit tout autant que pendant le communisme… et on construit des monstres en vitres. Une catastrophe !* »[238]

Une dizaine de projets de grands bâtiments existe. Les citoyens activistes attirent l'attention sur l'uniformité architecturale des nouvelles constructions en verre et en aluminium qui ne forment pas l'originalité de la ville, car ces signes d'identification peuvent être facilement confondus avec celles des autres villes, elles ne portent aucun signe local et perturbent cet urbanisme local. Les caractéristiques locales disparaissent de l'espace urbain.

Les noms des nouvelles constructions dominantes sont aussi critiqués, car ils ne correspondent pas à l'appellation locale traditionnelle, mais copient des modèles étrangers (Lakeside, River Park, Vienna Gate, Omnipolis, Emporia Towers, Twin City, Megamax, etc.). Mais d'heureuses exceptions existent, qui ont pris le nom d'origine de l'espace (Aupark, Apollo, Centrál, Klingerka, Slovany), ou qui sont au moins basées sur les appellations locales (Westend Square, Petržalka City, Lamačský port).

Les quais du Danube

Les quais du Danube du côté de la Vieille ville sont un bon exemple de la mémoire collective liée aux lieux concrets. Les activités des promoteurs immobiliers se sont aussi intéressées à ce territoire, aux trois espaces autonomes traités par des projets différents. Les

238. Cf. www.obnova.sk/modules.php?file=viewtopic&name=Forums&t=315, consulté le 28.10.2010.

habitants ont exprimé différentes opinions à ce sujet, soit accueillantes, soit négatives. Pourquoi les attitudes diffèrent-elles ?

En cherchant la réponse, nous pouvons nous baser sur la conception de Franco Bianchini et de Hermann Schwengel, qui proposent une division et ont donné différents noms aux façons de revitaliser les villes, « américanisation » ou « européisation ». Aux États-Unis, la tendance est de transformer les locaux abandonnés et dégradés aux bords des rivières, des lacs ou de la mer, en quartiers inhabituels, éveillant l'admiration avec des parcs de divertissement, des marchés, des restaurants, etc. Au moment de la revitalisation des villes européennes, l'attention est plus donnée à la politique culturelle de la ville dont l'objectif est en général le développement culturel local comme condition importante pour le développement de l'économie locale[239]. Ce type de projet souligne les traits spécifiques de la ville, son originalité, donnent appui à la créativité culturelle et renforcent l'image positive de la ville pour que les habitants sentent que la ville leur appartient et qu'ils appartiennent, eux aussi, à la ville[240]. De quel côté les projets des quais de Bratislava se rangent-ils ?

Les intentions de construction en bas du Château de Bratislava ont provoqué les premières campagnes de protestations des citoyens. Il s'agit d'un espace qui a été en grande partie détruit dans les années 1960-70. L'histoire de cette localité est pourtant étroitement liée à la vie de la ville. Le côté pittoresque de la place *Rybné* et des rues *Vydrice* et *Zuckermandla*, mais aussi l'histoire du quartier juif et de la synagogue détruite sont inscrits dans la mémoire des habitants de la ville. Les souvenirs sont intenses, nourris non seulement par la presse locale, mais aussi par des activités protectrices. La mémoire locale liée à cet espace présente une contradiction pour les projets de construction sur ce territoire. Ce ne seront pas des projets de quais ayant un caractère de revitalisation qui pourraient enrichir la ville suivant les conceptions mentionnées ci-dessus. Le public les a refusés et la discussion initiée par l'association *Obnovme Podhradie* en est une preuve :

239. Franco Bianchini & Hermann Schwengel, « Re-imagining the City », in John Corner & Sylvia Harvey (dir.), *Enterprise and Heritage: Crosscurrents in National Culture,* London, Routledge, 1991.

240. Alexandra Bitušíková, « Identita v diverzite a diverzita v identite súčasného mesta » (L'identité dans la diversité et la diversité dans l'identité de la ville contemporaine), in Blanka Soukupová, Hedvika Novotná, Zuzana Jurková & Andzej Stawarz (dir.), *Město, identita, paměť*, Prague, Bratislava, Zing Print, pp. 223-224.

« *C'est triste, même choquant, qu'un territoire aussi précieux que Bratislava avec une très vieille histoire puisse avoir une architecture qui ne corresponde nulle part avec le* genius loci, *ni avec ses alentours et qui pourrait atténuer la cicatrice barbare de cette ville au minimum comme il a été fait dans les autres villes européennes. Il est donc important qu'on soit vigilant et je ne pense pas seulement aux magistrats et aux représentants de la ville, mais aussi à tous les habitants de Bratislava pour lesquels l'image de la ville n'est pas indifférente* »[241].

La société des promoteurs immobiliers se trouvait dans une autre situation au moment de la construction du complexe Eurovea utilisant l'espace abandonné sur les quais du Danube. Il s'agissait de grandes surfaces du port avec plusieurs petits bâtiments et un ancien grand entrepôt. « Cet espace non urbain » n'avait pas son *genius loci* particulier. Mais la construction fonctionnaliste de l'entrepôt abandonné avait sa valeur architecturale. Les investisseurs ont gagné la faveur du public grâce à la reconstruction de ce bâtiment. Le projet d'Eurovea est une combinaison de la conception américaine et européenne de la revitalisation de la ville. Un complexe moderne qui utilise le bâtiment d'origine, mais qui a aussi pris en compte les besoins culturels et sociaux de la ville, a été créé sur les quais abandonnés le long du Danube. L'érection du monument de Milan Ratislav Štefánik fait partie de l'ensemble, car cette personnalité est liée à l'histoire de la ville. Le public a accepté cette nouvelle construction, même si son architecture en forme de « serre » est souvent désignée comme symbole de la mondialisation.

Le troisième projet de revitalisation des quais du Danube est connu sous le nom de River Park. Ce projet que l'hôtel Kempinski domine, englobe aussi une promenade avec des boutiques et des établissements de restauration. Le terrain de construction est constitué par une étroite bande à côté du Danube et il est bien utilisé, car la hauteur des bâtiments atteint 12 étages. Malgré l'aspect massif du bâtiment qui a été critiqué par les habitants, de manière non officielle, ce projet n'a pas provoqué de débat sérieux. Seule l'envie de commencer à construire la deuxième partie en 2010 a engendré des formulations et des comparaisons virulentes : « *River Park aurait dû être beau, servant d'exposition et de promenade. Et il n'en est rien, rien que des bâtiments moches, grands, en vitres avec des petites fenêtres et sans aucune architecture de construction* ». D'après les habitants, la promesse du projet

241. Cf. <www.old.bapodhradie.sk/index.php?action=4>, consulté le 12.12.2010.

de revitaliser les quais de la rivière et d'être un apport pour la ville n'a pas été réalisée.

Les changements des espaces et le comportement des promoteurs immobiliers restent pour les habitants des sujets qui suscitent de nombreux débats publics avec des attitudes antagonistes.

Les hauts bâtiments, les complexes commerciaux avec des magasins de marques mondiales, et l'activité des promoteurs immobiliers qui les construisent et les créent, sont des signes visibles de la pénétration de la mondialisation dans les villes. En ce sens, Bratislava est un bon exemple de réactions contradictoires des habitants. Ils jugent les nouveaux bâtiments comme perturbation des signes dominants de l'espace selon leur propre intérêt. Ils conçoivent l'espace comme localement limité (il est ou il n'est pas lieu de leur vie) et ils ne s'intéressent pas trop aux autres localités éloignées. Mais certains habitants activistes réagissent aux activités de construction dans la ville et les considèrent comme un ensemble. L'histoire locale est un point sensible, car tandis que pour certains, le *genius loci* est une barrière infranchissable, pour d'autres, ce n'est qu'une « vieillerie » qu'il faut remplacer par un esprit nouveau.

Global *versus* local

Il est clair que l'histoire est présente au travers de la perception et du vécu de la société. Du point de vue anthropologique de la perception de l'espace, en suivant Setha Low :

> « *l'histoire est la construction sociale de l'espace. Il s'agit alors de la transformation de l'espace en un endroit ayant une signification symbolique liée aux expériences quotidiennes, à la mémoire et aux idées des personnes* »[242].

Il semble que la plupart des habitants attende un sens symbolique au moment de la revitalisation des espaces urbains. L'architecture moderne et le rôle des constructions qui sont apportés par les sociétés supranationales (symboles de la mondialisation) dans les endroits sans histoire et sans identité sont perçus positivement. Les citoyens perçoivent un endroit ayant son identité locale, par exemple un quartier démoli depuis 50 ans comme un endroit urbain

242. Setha M. Low, *Theorizing the City: the New Urban Anthropology Reader*, New Brunswick, NJ, London, Rutgers University Press, 2005, p. 112.

historique pittoresque perdu et ils ne désirent pas sa reconstruction sans ce symbolisme. Les grandes constructions et les autres « symboles visibles de la mondialisation » (représentés par les sociétés à caractère supranational, par les noms, l'aspect architectural, la détermination fonctionnelle) présentent un changement qui touche l'identité locale des habitants. Les habitants de Bratislava les voient comme des interventions voulues et non voulues dans un espace concret où nous évaluons surtout l'adéquation visuelle et proportionnelle, l'aperçu esthétique, mais aussi la relation vis-à-vis de l'histoire, les fonctions d'une ville figées par les habitants et l'atmosphère (de l'esprit) évoqué par la tradition d'un endroit donné. Même si théoriquement, le local et le global s'adaptent mutuellement et s'interpénètrent, dans notre cas, c'est au local de devoir plutôt s'adapter.

Daniel Luther

Chapitre 11

De New York à Champigny, la globalisation du basket nord-américain au prisme de la vie des banlieues

Depuis le début des années 2000, on assiste, chez les jeunes basketteurs de région parisienne, à la montée en puissance d'un nouveau « style » (au sens relativiste que Frantz Boas donnait au mot) d'apparence très américanisé et que Todd Boyd, afro-américaniste, a judicieusement défini sous le terme de « hip-hop ball »[243]. De fait, ce phénomène sportif et culturel constitue une sous-culture au sens premier du terme, c'est-à-dire une culture développée au contact d'une autre dans un espace d'interactions daté et situé, en l'occurrence, dans les États-Unis des années 1990. Le hip-hop ball se caractérise ainsi par un fort mélange des genres entre basket, rap et culture noire des ghettos afro-américains[244]. Le hip-hop ball est donc une culture locale qui se veut typiquement afro-américaine et qui se caractérise par certains traits spécifiques. Rappelons que la population afro-américaine est surreprésentée dans le basket nord-américain, à la fois quantitativement, avec plus de 75 % de joueurs noirs évoluant dans la *National Basketball Association* (NBA)[245], et culturellement, dans la mesure où ce sport est une des pratiques les plus appréciées par les communautés afro-américaines[246].

---

243. Todd Boyd, *Young, Black, Rich and Famous: the rise of the NBA, the hip-hop invasion and the transformation of American culture*, New York, Doubleday, 2003.
244. Loïc Wacquant, « Pour en finir avec le mythe des "cités-ghettos", les différences entre la France et les États-Unis », in *Annales de la recherche urbaine*, n° 54, mars 1992, pp. 20-30 et Loïc Wacquant, « Les deux visages du ghetto. Construire un concept sociologique », in *Actes de la recherche en sciences sociales*, n°160, 2005, pp. 4-21.
245. Richard Lapchick, *2004 Racial and Gender Reprot Card*, University of Central Florida, The Institute for Diversity and Ethics in sport with the DeVos Sport Business Management Program, 2005.
246. Nicolas Martin, « Basketball Politics : éléments pour une socio-histoire du basket-ball africain-américain (1950-1980) », in Fabien Archambault, Loïc Artiaga & Gérard Bosc (dir.), *Double Jeu. Histoire du basket-ball entre France et Amériques*, Paris, Vuibert, 2007, pp. 197-212.

Le hip-hop ball nord-américain se caractérise tout d'abord par une certaine forme d'agressivité qui rejaillit, sur les terrains de basket, dans les « *dunks* »[247] ou les dribbles mais aussi dans les paroles de chansons et les clips de rap. Ces expressions (agressives) ne manquent pas de faire écho à la territorialité et à la violence dans le ghetto dont est issue cette culture du hip-hop ball. Par ailleurs, on peut observer chez les stars du rap et du basket américain une forte démonstrativité. Celle-ci se traduit par des pratiques et des rituels spécifiques, tels que les tenues « XXL » (les baggys, par exemple), les tatouages, les baskets bigarrées ou encore les accessoires « bling-bling » (bagues et chaînes en or). Enfin, cette culture afro-américaine renvoie aussi à un imaginaire social qui tend à mettre en valeur la réussite de ces quelques stars du hip-hop ball. Argent, belles filles et grosses voitures sont monnaies courantes et diffusent l'idée d'un monde noir réussissant dans la société capitaliste américaine.

Par le biais des *mediascapes*[248], ce produit culturel local va connaître une médiatisation étendue au niveau mondial en utilisant abondamment les TIC (*Canal+*, *MTV*, *YouTube*...). Traversant ainsi les Océans, le hip-hop ball arrive en France et étend son hégémonie au sein du basket français[249]. En effet, de nombreux basketteurs, de région parisienne pour le cas de cette étude, et particulièrement des jeunes joueurs noirs issus des quartiers populaires, s'approprient les éléments caractéristiques de cette culture du hip-hop ball. Ceux-ci présentent un grand nombre de traits communs avec leurs homologues nord-américains, au point de se qualifier eux-mêmes de « Cain-ris »[250].

Ils sont jeunes (17 ans de moyenne d'âge) et disposent d'un capital mélanique qui les stigmatise en tant que minorité visible. Ils sont en effet pour la majorité d'entre eux d'origines antillaise et/ou africaine, et issus des quartiers populaires de la région parisienne[251].

---

247. Un « smash » qui nécessite puissance et dextérité et dont le caractère spectaculaire tient tout autant à la violence du geste qu'au caractère « artistique » du bond qu'il nécessite. La popularité de ce type d'action est telle qu'il existe des concours de *dunks*, souvent donnés durant les mi-temps en NBA.

248. Arjun Appadurai, *Après le colonialisme, Les conséquences culturelles de la globalisation*, Paris, Éditions Payot et Rivages, 2005.

249. David Sudre, *Basket et culture. Les influences de la culture nord-américaine sur les jeunes basketteurs de la région parisienne*, thèse de Doctorat de l'Université Paris Descartes, 2010.

250. Le terme « Cain-ri » est le « verlan » de « Ri-cain », un diminutif de « Américain ».

251. Si tous ne sont pas de la même origine ethnique, tous sont assimilés à la catégorie sociale implicite de « Noir » ; qui est avant tout une construction sociale selon Pap Ndiaye, *La condition noire*, Paris, Calmann-Lévy, 2008.

Ces jeunes Cain-ris se reconnaissent aussi à travers leur style vestimentaire, propre aux stars du hip-hop ball et pratiquent un basket qui valorise, à l'instar de celui pratiqué par leurs modèles américains, l'exploit individuel au détriment parfois du jeu collectif. L'influence du hip-hop ball se ressent d'ailleurs, au-delà du jeu, dans la culture basketballistique de ces jeunes Français, qui connaissent bien mieux le championnat américain (NBA) que le championnat français (Pro A). Enfin, cette appropriation de la culture du hip-hop ball s'étend dans leurs pratiques socioculturelles quotidiennes : « ils écoutent Cain-ri, mangent Cain-ri et vivent Cain-ri »[252]. En plus d'écouter du hip-hop à longueur de journée, ces jeunes vouent une fascination évidente aux États-Unis, ou tout du moins, au « rêve américain » que représente ce pays dans les imaginaires collectifs. Des films aux séries télé, en passant par les *fast foods* et la modernité culturelle dont fait preuve cette société américaine, les États-Unis deviennent « *the place to be* », le lieu « *où tout se passe* » pour reprendre des termes entendus en entretiens.

Finalement, la question qui se pose ici est de voir comment et dans quelles mesures le hip-hop ball, en tant que produit culturel globalisé, impose aujourd'hui ses propres normes culturelles à des cultures locales telles que celle des jeunes basketteurs noirs de banlieue parisienne. En nous intéressant de près à ce choc des cultures, nous aurons donc l'occasion d'analyser les rapports qui se créent entre le local et le global à la fois dans les bouleversements culturels que cela engendre dans les comportements de ces jeunes et dans les constructions identitaires de Cain-ris que ne cessent de réinterpréter et d'adapter cette culture globale à leur propre localité.

Les raisons de l'identification

Au-delà de la notion de capital mélanique partagé, l'élément qui explique le mieux l'adhésion des Cain-ris au modèle nord-américain relève de l'imaginaire qu'ils associent à celui-ci.

Trois grands facteurs peuvent ainsi être distingués : une proximité sociale et culturelle liée à leur cadre de vie, leur situation socio-professionnelle et leurs pratiques culturelles ; un sentiment partagé de stigmatisation relatif à leur couleur de peau, leur jeunesse et leurs origines urbaines ; la perception d'une mobilité sociale

---

252. David Sudre, *op. cit.*

ascendante de leurs idoles, réifiées par le filtre des *mediascapes*. De fait, en tant que jeunes Noirs issus des banlieues, les Cain-ris sont triplement stigmatisés, trait qu'ils partagent avec les stars du hip-ball. Ils trouvent ainsi en eux des modèles qui ont su s'extraire de cette condition non pas par « désidentification », pour reprendre le vocabulaire d'Erving Goffman[253], mais, au contraire, en jouant de leurs différences. En effet, depuis le milieu des années 1980 et durant toute la décennie suivante, basketball et hip-hop n'ont cessé de tisser des liens de plus en plus étroits, dont les succès commerciaux des rappeurs et des basketteurs n'ont fait que renforcer l'image valorisante qu'ils véhiculent.

De fait, si le basket a été inventé par un pasteur blanc en 1891, Edwin B. Henderson diffusait déjà le jeu dans les communautés noires de Washington au début des années 1900. De même, les Rens et les Globe-trotters étaient les meilleures équipes des années 1930-1940 ; toutes deux étaient exclusivement noires. Rappelons enfin que si Jackie Robinson est connu pour avoir ouvert le monde du professionnalisme aux Afro-Américains en 1950, en baseball, Copper, Lloyd ou Clifton jouaient déjà en NBA depuis 1949, grâce au style rapide, inventif et tout en improvisations qui caractérisait leur jeu. Dès l'origine et jusqu'à ce que Magic Johnson et Larry Bird permettent au basket NBA de devenir un véritable spectacle de masse, le basket a ainsi toujours été une activité plébiscitée par les communautés afro-américaines[254].

Ce qui change au tournant des années 1980, c'est, d'une part, un contexte économique favorable à l'émergence d'un basket-spectacle médiatisé (avec les fameuses *Reagnomics*, la politique de défiscalisation voulue par le président Reagan). D'autre part, c'est la redéfinition des méthodes de communication de la NBA. Cette dernière, sous l'égide de David Stern à partir de 1984, entre en effet dans l'ère de la communication de masse en présentant, au-delà du jeu, un spectacle qui marchandise l'un des mythes fondateurs de la nation états-unienne : le fantasme de la spécificité culturelle des

---

253. Les « désidentificateurs » sont des signes destinés à mettre en doute le regard porté sur leur auteur. Ils contredisent d'autres stigmates par l'appropriation de symboles qui troublent l'image globale que donne le sujet. Cf. Erving Goffman, *Stigmate, les usages sociaux des handicaps*, Paris, Minuit, 1975 [1963], p. 60.

254. Concernant l'histoire du basket afro-américain, voir Arthur R. Jr. Ashe, *A Hard Road to Glory: African American Athletes in Basketball*, New York, Amistad Press, 1988 ainsi que Jonathan. F. Light, *The Cultural Encyclopedia of Baseball*, Jefferson, Mc Farland & Co, 2005 ou Fredrick McKissack, *Black Hoops, The History of African Americans in Basketball*, New York, Scholastic Press, 1999.

communautés noires. À l'époque, les Celtics de Larry Bird, équipe majoritairement blanche, développent un style efficace, mais austère. Face à eux, les Lakers de Magic Johnson, équipe composée exclusivement de joueurs noirs, deviennent des rivaux récurrents en produisant un jeu fin et spectaculaire. Ce duel au sommet s'annonce d'emblée particulièrement bienvenu pour faire oublier l'image négative que les « *overpaid black drug addicts* » de la NBA véhiculaient jusque-là[255]. S'empressant de mettre cette opposition de styles en scène, la NBA devient ainsi pourvoyeuse d'un jeu télévisé dont le point culminant oppose symboliquement Blancs et Noirs, dans un duel que les deux équipes remportent forcément en même temps : ce n'est pas le résultat qui importe ici, mais sa capacité à cristalliser l'attention du public. Une fois le processus marketing lancé, il ne s'est plus seulement agi d'afro-américanisation du basket mais, également, de marchandisation de l'afro-américanité.

Dans les quinze années suivantes, Michael Jordan s'est ainsi imposé comme la nouvelle incarnation de l'excellence nord-américaine. Ses succès sportifs et économiques – exportés aux quatre coins du monde médiatique par David Stern et la « machinerie sportive » nord-américaine – ont en effet largement contribué à associer afro-américanité et basketball, ou, du moins, fierté noire, style culturel et basketball, dans un modèle capitaliste jusque-là typiquement blanc. Il ne s'agissait cependant plus d'un duel, mais d'un règne : c'est tout le basketball qui était devenu l'expression d'une certaine forme de réussite noire, incarnée par le style à la fois aérien, agressif et spectaculaire de Michael « *His Airness* » Jordan. Débutant à peine à 3 % en 1950, le taux de joueurs noirs en NBA frôle ainsi les 80 % à la retraite de Jordan[256].

Ses successeurs, tels des joueurs comme Allen Iverson, Ron Artest ou Rafer Alston, incarnent « l'Amérique de la diversité » : ils sont jeunes, noirs, issus des ghettos, mais aussi fiers, créatifs et démonstratifs. Ils assument pleinement leur afro-américanité, celle-là même qui leur a permis d'user de leurs stigmates pour obtenir une reconnaissance sociale et un statut économique qui leur étaient jusque-là inaccessibles (qui plus est dans un secteur d'activité où ils étaient devenus largement majoritaires)[257]. C'est donc presque

255. Grant Farred, *Les fantômes de la NBA. Race, sport et mondialisation*, Paris, L'éclat, 2009.

256. Martin Nicolas, *op. cit.*, p. 201.

257. Il faut toutefois relativiser, cette ascension masquant des réalités sociales encore mitigées : d'une part, les postes-clés du management et de la gestion demeurent

naturellement que le monde du basket a rencontré ceux de la musique et de la mode, ces différents univers s'alimentant l'un et l'autre pour donner naissance au hip-hop ball.

Répondant, lors d'un entretien, à la question « comment tu vois la condition des Noirs aux États-Unis ? », un lycéen de Vitry, se définissant lui-même comme un Cain-ri, fait ainsi une réponse qui souligne la manière dont la globalisation véhicule cette image :

> « *Bah quand on regarde la majorité des stars américaines, quand on fait leur histoire, ils viennent des ghettos. Les Noirs aux États-Unis ont peut-être pas les meilleures conditions de vie au départ, mais quand tu vois après, tu te dis que c'est le pays où tout peut se passer, là-bas. C'est vraiment le pays où tout peut arriver. Tu vois des mecs des ghettos qui grandissent avec rien du tout et qui finissent avec des millions sur leur compte en banque. Tu te dis voilà, quoi. […]*
> *Encore, ça serait qu'un seul, parmi toutes les stars noires, qui ait grandi dans les ghettos et qu'aurait réussi à gagner des millions, tu te dis 'bon lui, il a eu de la chance' mais là quand tu vois que c'est la majorité d'entre eux, tu te dis 'j'ai envie de grandir comme ça aussi'. Tu te dis 'moi aussi j'ai envie de naître dans un ghetto pour finir milliardaire'* »[258].

La diaspora des Cain-ris

S'il faut rester prudent quant à l'utilisation du terme de ghetto (puisque les banlieues françaises ne sont pas des ghettos[259]), les Cain-ris eux-mêmes utilisent ce qualificatif pour désigner leur cité (même s'ils admettent facilement la différence entre leur quartier et les ghettos américains lors des entretiens).

Un sentiment partagé de stigmatisation de la négritude se retrouve ainsi dans les discours, dont l'importance est confirmée, à un niveau plus général, par des chercheurs comme Paul Gilroy[260] ou Pap

---

majoritairement occupés par des Blancs (Cf. Wilbert M. Leonard, « Stacking in college basketball: A neglected analysis », in *Sociology of Sport Journal*, n° 4, 1987, pp. 403-409) ; d'autre part, cette résurgence de l'afro-américanité sur le devant de la scène médiatique internationale ne signifie pas que les États-Unis en aient terminé avec leur « fantôme de la race », cf. Grant Farred, *op. cit.*, et David Sudre et Matthieu Genty, « Le basket NBA : l'incarnation d'une Amérique 'post-raciale' ? », in *Revue d'études en civilisation américaine*, n° 3, 2012.

258. David Sudre, *op. cit.*

259. Loïc Wacquant, *op. cit.*

260. Paul Gilroy, *L'Atlantique noir*, Paris, Kargo, 1993.

Ndiaye[261]. En effet, d'après ces deux auteurs, c'est précisément ce ressentiment qui renforce les appartenances diasporiques à l'origine de la globalisation du hip-hop ball. L'idée est ainsi résumée par Pap Ndiaye :

> « *Dans les sociétés où ils sont minorés : sont noirs celles et ceux qui sont réputés tels ; est noire, a minima, une population d'hommes et de femmes dont l'expérience sociale partagée est d'être considérée comme noire. [...] Plus leur identité française est suspectée ou interrogée, plus les Noirs la soulignent, et insistent sur le fait qu'ils sont aussi français que les autres ; qu'il n'y a, ou ne devrait y avoir aucune différence entre eux et les Français blancs* »[262].

Le mouvement Cain-ri répond donc à cet état de fait en opposant une référence diasporique valorisante à ce type de stigmatisation.

De fait, le succès des stars de la NBA et du hip-hop renvoie à une forme de reconnaissance sociale que les Cain-ris poursuivent également, puisqu'eux aussi ont le sentiment d'être stigmatisés et relégués de par leurs origines ethniques. Ils voient effectivement une référence diasporique valorisante dans l'image de ces stars globalisées du hip-hop ball et n'hésitent donc pas s'identifier à eux. De ce point de vue, le hip-hop ball apparaît à la fois comme un outil de contestation et un outil de légitimation culturelle.

C'est tout d'abord un outil de contestation dans la mesure où il constitue un moyen de s'affirmer dans un univers local où les jeunes noirs sont stigmatisés en tant que minorité visible (jeunes, noirs, issus des banlieues). On peut donc bien invoquer la notion de stigmate telle qu'elle est présentée chez Erving Goffman[263], à savoir une dévalorisation corporelle, morale ou tribale. Il faut toutefois prendre certaines précautions en invoquant ce concept. D'une part, il faut noter qu'ici, les individus stigmatisés ne cherchent absolument pas à cacher leur « différence », mais « l'exploitent » dans son opposition à la morale dominante. De fait, si le stigmate ne trouve son existence que dans la valeur qu'on veut bien lui donner, cette valeur est ici négativement perçue par la morale dominante, mais positivement reproduite, puisque les Cain-ris ne vivent pas leur apparente altérité

261. Pap Ndiaye, *La condition noire*, Paris, Calmann-Lévy, 2008.
262. *Ibidem*, p.57.
263. Erving Goffman, *Stigmate, les usages sociaux des handicaps*, Paris, Minuit, coll. Le sens commun, 1975.

sur le mode du « défaut culturel ». D'autre part, cette opposition à la morale dominante n'est pas (ou pas uniquement) fondée sur un rejet des valeurs du système, mais plutôt sur une survalorisation des buts qui va de pair avec une redéfinition des moyens (soit une véritable volonté de participer à la société de consommation malgré les barrières que pose leur situation sociale). Elle pousse les Cain-ris à « capitaliser » et à valoriser leur altérité à partir du modèle global. Par ailleurs, le hip-hop ball doit également se comprendre comme un outil de légitimation culturelle parce qu'il repose sur la référence à un produit culturel qui est certes éloigné d'un point de vue géographique, mais vis-à-vis duquel ces mêmes stigmates (jeunes, noirs, issus des banlieues) sont mis en avant pour les qualités qui y sont associées (combativité, créativité, succès économique et reconnaissance sociale).

Le processus mis en jeu est alors proche de celui décrit par Howard Becker[264], l'américanisation des Cain-ris reposant sur la construction d'une « carrière déviante » synonyme de reconnaissance locale. Cela passe tout d'abord par une dénégation de l'altérité culturelle produite au niveau global (liée à « *l'assimilationnisme républicain* » chère aux politiques d'intégration en vigueur en France[265]), c'est-à-dire, comme on vient de le voir, par un processus de stigmatisation que Becker associe au travail des « *entrepreneurs de la morale* ». Vient ensuite un processus de reconstruction identitaire qui fait qu'on se perçoit soi-même de façon positive et qui est à la fois cause et conséquence du « soupçon »[266] pesant sur les minorités visibles. Celui-ci s'exprime, au moins en France, à travers le débat sur la reconnaissance juridique des différences culturelles, lui-même issu du débat public.

De fait, la globalisation de la culture apparaît ici comme le moteur d'une certaine dynamique sociale, dans la mesure où elle offre des moyens de « discrimination positive » à une frange de la population relativement isolée des critères de domination. L'intrusion de cet élément de globalisation dans la culture française alimente ainsi une certaine forme de « crise identitaire » qui peut s'interpréter de deux manières : d'une part, l'impérialisme culturel dénoncé par les premiers tenants de l'école de Francfort, c'est-à-dire l'uniformisation de la culture évoquée par Théodore Adorno et Max Horkheimer dans

264. Howard Becker, *Outsiders, études de sociologie de la déviance*, Paris, Métailié, 1985.
265. Nicolas Journet, « Le multiculturalisme », in Nicolas Journet (dir.), *La culture*, Paris, Sciences humaines éditions, 2002, p. 311.
266. Pap Ndiaye, *op.cit.*, pp. 47-48.

« La production industrielle de biens culturels »[267] ; d'autre part, un communautarisme qui prend la forme d'un repli identitaire basé sur une situation sociale et un capital mélanique commun, qui rappelle fortement le communautarisme « *made in USA* », fondé sur l'opposition entre Blancs et Noirs.

Aucune de ces interprétations ne semble cependant suffisamment satisfaisante pour résumer les processus que l'on observe dans le développement du hip-hop ball. En effet, pour prendre sens, le processus que nous venons de décrire – et qui nous a menés d'un local ancré dans le communautarisme nord-américain à un global formaté par les médias – a besoin d'être réinterprété au niveau local. Il nous faut donc considérer un second mouvement, ancré cette fois dans le quotidien des Cain-ris de région parisienne.

Américain non, Cain-ri oui !

Si, au premier abord, ces Cain-ris donnent l'impression d'être complètement acculturés et en voie d'« américanisation », ils ne vont pas pour autant tout accepter de la culture du hip-hop ball américain. Au contraire ils vont rejeter plus ou moins consciemment certains éléments qui pourraient être antinomiques par rapport à l'identité qu'ils souhaitent se forger. Dans ce cas précis, nous assistons à un processus de réappropriation et de manipulation culturelle qui conduit ces jeunes Cain-ris à s'imprégner de certains attributs de la culture du hip-hop ball américain et à en refuser d'autres.

Les traits les plus symboliques de la culture du hip-hop ball, au sens où Roger Bastide l'entend[268], c'est-à-dire, dans notre cas d'étude, le style vestimentaire et les manières de jouer plutôt que les croyances propres aux Américains, sont sélectionnés en fonction de la personnalité et des dispositions sociales et culturelles de ces jeunes Cain-ris. Nous pouvons ainsi remarquer que des valeurs, intériorisées dès leur plus jeune âge, rejaillissent quand la culture du hip-hop ball les conduit vers des chemins totalement étrangers et dénués de sens à leurs yeux. En effet, certaines valeurs de la culture du basket / hip-hop américain ne sont pas en adéquation avec celles qu'ont reçues les jeunes Cain-ris français. L'« humilité », la « discrétion » sont des sentiments très personnels que défend la majorité de ces jeunes

267. Théodore Adorno & Max Horkheimer, *La dialectique de la raison*, Paris, Galimard, 1974.
268. Roger Bastide, *Anthropologie appliquée*, Paris, Payot, 1971.

basketteurs[269]. En particulier, ils n'apprécient pas tout le luxe que renvoie parfois cette forme de culture américaine. Les grosses bagues en or, les chaînes très imposantes que ces Américains peuvent porter chez eux ne sont pas valorisées par la communauté des jeunes basketteurs Cain-ris. Ces derniers préfèrent l'humilité à la prétention et refusent de porter ce genre d'accoutrement. L'écart entre les valeurs intériorisées au sein de leur culture d'appartenance et celles de leur culture de référence est parfois trop grand. Dès lors nous assistons de la part de ces Cain-ris français à un refus, à un rejet de certaines formes d'expression de la culture du hip-hop ball américain et surtout à une recontextualisation (locale) de cette culture nord-américaine.

Ces constats nous amènent à considérer que ces jeunes basketteurs français rejettent en réalité tout l'aspect « gangsta » du hip-hop ball américain. Par « gangsta », il faut entendre le caractère « gangster » qui peut être souvent associé au milieu du hip-hop américain. Le « gangsta rap » se caractérise principalement par des messages très agressifs et renvoie une image violente et très provocatrice que les jeunes basketteurs Cain-ris rejettent vivement. Par exemple, ils ne cautionnent pas le port d'armes et estiment que la société états-unienne est en ce sens bien plus dangereuse que la société française. Ces jeunes sont donc des Cain-ris, mais pas des « Gangstas », comme ils le soulignent eux-mêmes. Ils n'arboreront donc pas d'éléments significatifs de cette violence américaine.

Dans une certaine mesure ils apprécient l'image du Cain-ri, celle renvoyée par les membres du hip-hop et du basket américain, car ils vont porter les mêmes tenues vestimentaires, écouter le même type de musique, mais ils rejetteront systématiquement tous les traits culturels qui peuvent avoir une connotation violente et prétentieuse. De fait, les jeunes Cain-ris font le choix de s'approprier, de manipuler certains traits culturels et de rejeter tous les éléments n'ayant aucune relation avec leur personnalité profonde. À noter à juste titre que l'individu, selon Denys Cuche, ne fait que recevoir l'empreinte culturelle de son groupe. Il va alors manipuler et réinterpréter cet héritage à partir de ses expériences personnelles, sa personnalité et son statut[270].

L'idée du rejet est donc bien présente et démontre par la même occasion que cette culture globalisée du hip-hop ball est réinterprétée

---

269. David Sudre, *op. cit.*

270. Denys Cuche, « Nouveaux regards sur la culture. L'évolution d'une notion en anthropologie », in *Sciences Humaines*, n° 77, 1997, pp. 20-27.

et modifiée dans le contexte local auquel appartiennent ces jeunes. Ils sont en phase d'acculturation, mais ne deviennent pas pour autant des Américains à part entière – et pour cause, puisqu'ils vivent en France et ne connaissent les États-Unis que par les médias. Leur construction identitaire est donc duale : ils récupérèrent les attributs culturels qui peuvent les aider à produire une image valorisante de leurs stigmates (c'est-à-dire une image « déviante » au sens de Becker : style vestimentaire, langage, manières d'être…) et rejettent les autres.

Le mouvement du hip-hop ball « *made in France* » prend donc l'apparence de son équivalent américain, mais repose sur des valeurs plus proches d'eux, c'est-à-dire issues principalement des enseignements reçus au sein de leur culture d'origine. Nous voyons ressurgir chez ces jeunes basketteurs une forme de sauvegarde de valeurs acquises antérieurement à leur identification au mouvement cain-ri (l'humilité, la discrétion, le respect des autres…). La culture française du hip-hop ball a donc deux origines, deux influences, l'une provenant des États-Unis et l'autre demeurant foncièrement attachée aux valeurs de leur socialisation primaire. La construction identitaire de ces jeunes, comme nous venons de le constater, se nourrit ainsi du contexte global en puisant dans des référents culturels que propose la culture du hip-hop ball mais, pour que cette identification fasse sens auprès d'eux, ces jeunes sélectionnent et modifient les éléments culturels du hip-hop ball qu'ils peuvent rapprocher des valeurs propres à leur culture d'origine.

La particularité de cette construction identitaire met ainsi en avant l'idée que le global est systématiquement réinterprété au niveau local. Il devient donc nécessaire de regarder d'un peu plus près la capacité qu'ont ces Cain-ris à réguler leur américanité selon les contextes socioculturels dans lesquels ils se trouvent. En effet, à travers leur identité (multiple), nous aurons l'occasion de prouver une nouvelle fois que ces jeunes ne sont pas assimilés totalement à cette culture américaine, mais qu'au contraire, ils ne cessent de la réinterpréter et de la transformer.

Casquette à l'envers ou sur le côté ? Comment passer d'un univers à un autre ?

Jean-Pierre Warnier estime qu'« un individu peut assumer des identifications multiples qui mobilisent différents éléments de langue, de culture, de religion en fonction du contexte »[271]. De même, à la suite de notre travail empirique réalisé auprès de la population des jeunes basketteurs Cain-ris, nous pouvons constater que « toute identité est compatible avec d'autres identités »[272].

En effet, l'identité culturelle construite par les Cain-ris est composée d'éléments qui sont, en partie, originaires de divers groupes sociaux. Bien évidemment l'influence de leurs groupes d'appartenance se fait ressentir nettement sur leur comportement. Ces jeunes pratiquants de basket, en apparence fortement « américanisés », ont aussi des représentations de la vie et d'eux-mêmes qui sont guidées par des valeurs intériorisées au cours d'un processus d'enculturation qui mêle un contexte familial donné, une vie dans les quartiers populaires français (à Champigny sur Marne, par exemple, où s'est principalement déroulée l'enquête), une éducation scolaire normalisée, des pratiques associatives socialement marquées, des amitiés influentes et influencées par le contexte social ou encore des références culturelles imposées par la radio, la télé, la publicité et aujourd'hui Internet. Les jeunes ont donc sauvegardé des éléments culturels constitutifs de leur culture d'appartenance qui les rattachent, à un contexte social distinct du contexte états-unien, à leur groupe et à leur environnement d'origine.

La construction identitaire du Cain-ri doit ainsi être perçue comme un jeu subtil de réappropriation et de rejet d'éléments culturels, chacun de ces basketteurs ayant finalement recours à une forme de « bricolage identitaire »[273]. À juste titre, comme le souligne Jean-Loup Amselle, la culture s'impose comme un catalogue dont les acteurs se servent pour renégocier en permanence leur identité[274]. L'identité culturelle est donc une entité très flexible, mouvante qui peut se modifier et évoluer de différentes manières dans différents contextes sociaux. Au contact d'individus étrangers ou membres de son groupe de pairs, dans une situation d'intégration ou d'exclusion,

---

271. Jean-Pierre Warnier, *La mondialisation de la culture*, Paris, La Découverte, 2003, p. 9.
272. Bruno Ollivier, *Identité et identification. Sens, mots et techniques*, Paris, Lavoisier, 2007, p. 35.
273. Jean-Claude Ruano-Borbalan, « Introduction générale : la construction de l'identité », in Catherine Halpern & Jean-Claude Ruano-Borbalan (dir.), *Identité(s), l'individu, le groupe, la société*, Auxerre, Sciences Humaines Éditions, 2004.
274. Jean-Loup Amselle, *Logiques métisses. Anthropologie de l'identité en Afrique et ailleurs*, Paris, Payot, 1990.

les individus ont recours à une identité à géométrie variable[275]. Ils doivent jouer avec elle afin d'imposer – ou au moins d'essayer – l'image qu'ils veulent donner, dans un contexte au sein duquel ils interagissent avec d'autres groupes.

Le jeune basketteur Cain-ri correspondrait ainsi à l'image de « l'homme pluriel »[276]. En développant l'analyse de l'auteur, nous constatons que les jeunes Cain-ris ont alors intériorisé une multitude de schèmes d'action (schèmes sensori-moteurs, schèmes de perception, d'évaluation, d'appréciation, etc.) et d'habitudes (habitudes de pensée, de langage, de mouvement...), soit un « habitus hip-hop ballistique », « *qui s'organisent en autant de répertoires que de contextes sociaux pertinents qu'il apprend à distinguer – et souvent à nommer – à travers l'ensemble de ses expériences socialisatrices antérieures* »[277]. Au collège, en famille, au travail ou sur le terrain de basket, l'identité du Cain-ri change et s'adapte à l'environnement dans lequel il se trouve. Ces jeunes disposent donc d'un bagage social et culturel qui est le fruit de leurs diverses expériences personnelles. Par ce biais ils arrivent à jongler entre les différents contextes sociaux qu'ils rencontrent et surtout à donner un sens particulier à leur identité à chaque fois qu'ils se retrouvent dans un milieu différent. La forte ou faible richesse de leur « *stock* » d'éléments culturels détermine donc la faculté qu'ils ont à se désengager d'une forme d'identité pour passer ensuite à une autre.

Enfin, si cette métaphore du « stock » semble être pertinente pour juger la capacité des individus à changer d'identité, il semble toutefois utile de compléter ce point de vue avec un concept essentiel dans l'œuvre de Roger Bastide : le principe de coupure[278]. Ce concept insiste sur l'idée que dans les comportements, il peut y avoir des coupures entre les différents mondes que fréquentent les individus. Un phénomène d'ajustement est alors effectué par l'individu pris dans une situation où il doit adapter son comportement à sa culture de référence ou originelle plutôt qu'à l'autre. Le concept du principe de coupure semble convenir à notre cas d'étude. Nos jeunes Cain-ris traversent les univers culturels sans souffrir de contradiction et jouent

275. Denys Cuche, *La notion de culture dans les sciences sociales*, Paris, La Découverte, 2004, p. 92.
276. Bernard Lahire, *L'homme pluriel. Les ressorts de l'action*, Paris, Armand Colin, Nathan, 2001.
277. *Ibidem*, p. 60.
278. Roger Bastide, « Le principe de coupure et le comportement afro-brésilien », in *Anais do XXXL Congresso Internacional de Amercanistas, Sao Paulo (1954)*, Sao Paulo, Anhembi, vol. A, 1955, pp. 493-503.

aussi avec les différentes facettes de leur identité[279]. Ces jeunes n'adoptent pas le style Cain-ri dans tous les univers culturels où ils peuvent se trouver. Selon le contexte social où ils sont plongés, les jeunes basketteurs adaptent leur comportement. Comme le souligne si bien Lahire, un acteur ne peut jamais être défini par une seule situation, ni même par une série de coordonnées sociales. Bien au contraire, il se crée un réajustement de la part de l'acteur[280].

Le rapport que ces jeunes entretiennent avec leur mode vestimentaire est symptomatique de ce principe de coupure. Effectivement, tout en portant sur eux des tenues « américanisées », qui sont pour eux le symbole le plus caractéristique du mouvement du hip-hop ball américain, ces derniers arrivent à couper avec cet univers culturel en s'adaptant à une nouvelle situation qui leur est proposée. Habillés en Cain-ris au collège, ces jeunes basketteurs n'hésiteront pas à modifier leurs usages pour essayer de se rapprocher des normes imposées par la situation sociale dans laquelle ils vont se trouver (l'univers, professionnel, familial ou religieux par exemple).

L'exemple des cérémonies familiales et religieuses illustre très bien la façon dont les jeunes Cain-ris savent afficher des identités adaptées à leur environnement social immédiat. À l'église, il est inconcevable pour eux de se rendre en baggy ou tee-shirt large. De même quand ils doivent rendre visite à leur grand-mère ou assister à un repas de Noël, il est fréquent que ces jeunes délaissent leur style Cain-ri pour adopter une apparence plus « classique » ou plus « serrée » (selon leurs termes recueillis au cours des entretiens et des discussions informelles), c'est-à-dire en mettant de côté les vêtements larges de la culture du hip-hop ball américain. De fait, le poids des représentations familiales à leur sujet les influence beaucoup dans leur choix identitaire. Effectivement il est intéressant de voir que leur grand-mère, par exemple, est une figure emblématique qu'il ne faut pas décevoir ou « choquer ». Vis-à-vis de cette personne, qui est un véritable symbole familial, certains Cain-ris changent leurs habitudes vestimentaires et arborent une tenue plus conventionnelle. L'image que renvoie le jeune basketteur à sa famille est donc très importante pour lui. Il peut être Cain-ri, surtout au collège ou au lycée, mais il fait néanmoins attention à sa manière d'être quand il est en présence de figures emblématiques de la famille. Ils seront Cain-ris dans certains lieux, dans certains contextes socioculturels et seront de jeunes garçons au look plus « normalisé » dans d'autres contextes.

279. Denys Cuche, *op. cit.*
280. Bernard Lahire, *op. cit.*

Au final, les Cain-ris arrivent à circuler entre groupes d'appartenance et groupes de référence et à jongler avec différents systèmes d'identification. Leur capacité à manipuler et à réinventer à leur manière ce mouvement du basket/hip-hop américain, ainsi que leur faculté à utiliser leurs différents schèmes d'action incorporés afin de passer d'une identité à une autre, montrent bien que leur américanité évoque plus les « façades » identitaires de Mucchielli[281] qu'une américanisation subie et non réfléchie.

Le produit culturel, image de l'autre adaptée à soi

À première vue, le hip-hop ball ne semble relever que de l'effet de mode. Comme nous venons de le voir, il est en fait partie prenante dans les constructions identitaires de nombreux jeunes de région parisienne et son émergence soulève des enjeux locaux qu'il faut penser en termes d'inclusion et d'exclusion. Il y a exclusion dans la mesure où le style hip-hop est outil de contestation et qu'il « re-stigmatise » des Cain-ris déjà victimes de leur situation socioculturelle. Il y a inclusion, d'une part, dans le sens où cette « re-stigmatisation » est volontaire, visant à recréer un univers où les Cain-ris peuvent vivre positivement leur identité et, d'autre part, dans la mesure où l'adhésion aux codes du hip-hop ball procède d'un « dialogue » entre leur identité prescrite et leur identité choisie, et donc d'une quête identitaire ancrée dans le local.

De fait, si l'on peut avoir l'impression que ce type de phénomènes renvoie à la fois à l'impérialisme culturel nord-américain et au communautarisme qui définit la société états-unienne, l'exemple des Cain-ris montre bien qu'il faut relativiser. Comme le souligne Pap Ndiaye,

> « *Il existe [...] des espaces de sociabilités et de pratiques culturelles noirs, au sens où ils rassemblent majoritairement des jeunes Noirs, espaces qui fabriquent des sous-cultures noires dans le vaste monde culturel de la jeunesse mondialisée. Ces espaces sont aussi perméables et ouverts à d'autres sous-cultures, et attirent souvent la jeunesse blanche, qui y trouve des moyens d'expression de mécontentements et de rébellions spécifiques [...]. Ces phénomènes de traduction et de réinterprétation caractérisent l'univers musical noir en tant que ressource politique de contestation des*

281. Alex Mucchielli, *L'identité*, Paris, Presses Universitaires de France, 1986.

ordres établis, et lui confèrent son audience universelle. Ils parlent à tous, particulièrement à celles et ceux qui revendiquent et contestent l'ordre sociopolitique »[282].

Par ailleurs, il apparaît que les conflits d'identités tels que ceux qui sont évoqués ici sont avant tout des preuves de la vitalité des démocraties et non seulement des crises contre-productives[283]. Suivant ce modèle, le type de « conflit » qui émerge du développement du hip-hop ball tel que nous venons de l'aborder (à la fois endogène et hexogène, local et global) reflète plus un dialogue sociopolitique entre différentes composantes de la société qu'une uniformisation des valeurs ou un repli sur soi. Dans cette optique, la question de relation entre global et local appelle avant tout une réflexion sur l'articulation des différents modèles identificatoires mis en rapport par la globalisation.

En guise de conclusion, il convient donc d'insister sur le fait que toute culture est le fruit de contacts plus ou moins intenses. Le cas du hip-hop ball fait ainsi apparaître deux choses : d'une part, que si la globalisation mondialise certaines valeurs, ce sont celles d'un idéal démocratique qui prône l'égalité des chances et l'autodétermination des individus (mais encore faut-il voir comment mettre ces belles paroles en actes) ; d'autre part que ce qui est globalisé, ce sont avant tout des éléments « non-symboliques », au sens de Bastide, c'est-à-dire des éléments dont la signification culturelle demande à être réinterprétée au niveau local. Il reste alors à voir en quoi la globalisation de ces éléments impose de nouvelles formes d'identification ou non.

David Sudre & Matthieu Genty

282. Pap Ndiaye, *op. cit.*, pp. 59-60.
283. Jean-Claude Bourdin, « Les conflits d'identité comme (é)preuves de la démocratie », in Yves-Charles Zarka (dir.), *Repenser la démocratie*, Paris, Armand Colin, 2010, pp. 242-255.

Chapitre 12

SPOTs, une architecture singulière

Les habitations HLM[284] ne sont pas des projets pour l'avenir et nous avons hérité des HLM que nous habitons tous les jours, qui réunissent les populations de nos villes. Il y a deux possibilités pour ne pas en souffrir. La première réussit aisément à la plupart des habitants qui acceptent le HLM, au point de ne plus le voir. La seconde est risquée et elle demande une attention et un apprentissage continuels. L'important est de chercher et de savoir reconnaître ce qui, au milieu des banlieues, n'est pas un HLM, de le faire durer et de lui accorder une place.

SPOTs est une architecture singulière, un projet élaboré en tentant d'adopter le point de vue des personnes auxquelles il s'adresse et du concours duquel il a besoin, depuis la phase de conception à celle de réalisation, dans le cadre de Košice-Capitale européenne de la Culture 2013. Le programme SPOTs part d'un problème de péril des bâtiments et y répond avec des projets définis en complémentarité avec d'autres modes d'intervention (action sociale, juridique, éducative et esthétique). Dans le cas de la fondation d'une ville nouvelle ou d'un quartier neuf d'une ville, ou bien d'une reconstruction complète après une destruction totale, l'aspect de la ville dépend de quelques principes directeurs et d'un type de conception[285]. La plus grande perfection esthétique vient donc de la possibilité d'ordonner rationnellement un tout dont chaque élément est pensé en fonction de tous les autres, dans une homogénéité des fins.

---

284. L'auteur utilise le sigle HLM français (Habitation à Loyer Modéré) pour désigner les logements collectifs préfabriqués, de 5 à 20 étages, qui ont été implantés dans tous les pays du bloc socialiste à partir des années 1970 (NDÉ).

285. Ainsi, par exemple, « *le plan classique venu du castrum romain dispose la ville en quadrillage orienté par deux grands axes à angle droit, avec à leur intersection une place qui n'est pas exactement centrale ; on retrouve ce plan dans quantité de villeneuves et de bastides médiévales* », in Etienne Souriau, *Vocabulaire d'esthétique*, Paris, PUF, 2004, p. 1373.

Bien différent est l'urbanisme qui prend en charge une ville déjà existante, héritage de l'époque communiste, et qui induit au préalable, d'un point de vue esthétique, un important jugement de valeur sur ce qui préexiste à la future prise en charge, sur le choix de la conserver ou de la détruire. Les idées esthétiques sur ce qui doit être considéré comme « beau » au sein de l'ancien régime socialiste sont primordiales. Suffit-il de ne pas démolir ? Non, une autre décision esthétique à prendre est de choisir la relation entre les anciennes HLM et les nouvelles qui leur seraient plus ou moins subordonnées. Quand l'urbanisme des banlieues se soucie du caractère de l'ensemble, il se produit alors un équilibre particulier où les éléments sont tous pensés en fonction des uns et des autres et de certains autres éléments indépendants. Cela pouvait poser de graves problèmes à l'époque postcommuniste ; ainsi ces HLM n'ont pas pu prévoir la fin du régime et la victoire du bénévolat. Mais le difficile n'est pas l'impossible. C'est là que peut se manifester le goût, l'ingéniosité, le génie même d'un architecte, d'un urbaniste qui sait prendre garde aux bâtiments pour les ériger même en décor pour le public.

SPOTs est un programme souhaité par le volet culturel de la politique de la ville de Košice, celui d'une communauté unie par la cordialité. C'est la recherche de la cité idéale qui passe par la protection des plus fragiles, par une requalification souhaitée et encadrée, au-delà de l'aspect économique, par la culture, légitimée par des valeurs de démocratisation artistique, sorte d'utopie, il faut bien avouer, plus souvent rêvée que matérialisée, plus souvent instrumentalisée que favorisée. Le volet culturel de la politique de la ville devient un discours moral sur la société et sur la cité, mais est surtout porté par l'univers politique, par les techniciens extérieurs au quartier qui monopolisent et encadrent fortement les modes d'expression. Voilà pourquoi il se produit assez souvent des confiscations de formes de création lorsque ces dernières en arrivent à s'institutionnaliser. Les SPOTs, à titre d'exemple, connaissent dans leur processus de développement une marginalisation croissante des bénévoles à l'origine du projet au bénéfice de l'univers politique local.

La philosophie du projet SPOTs de Košice est basée sur l'intention de disperser la culture à travers toute la ville et de l'amener du centre-ville vers les banlieues. Les auteurs ont adapté le projet aux conditions locales et l'ont conçu sur mesure pour Košice, à partir de l'architecture postsocialiste des postes d'échange de chaleur dans les cités[286] et en tenant compte du manque de centres culturels au sein des banlieues de la ville et de la concentration de la culture dans le centre-ville. Le plus grand intérêt du projet SPOTs est de diffuser la culture dans des cités qui ont leurs problèmes spécifiques : un grand niveau d'anonymat et un manque de possibilités pour occuper les temps de loisir. Cette situation a motivé la sélection des locaux du projet SPOTs qui entend créer des centres de communication au sein des cités où se concentrera la vie de la communauté locale.

Ainsi, le projet SPOTs fonctionne en réalité pour le développement communautaire et pour la participation citoyenne. Il s'agit surtout d'un soutien de la participation des habitants de la cité dans le développement de leur communauté[287]. Sont prévus ensuite des projets innovants dans le domaine de l'art social et communautaire avec le soutien de la coopération entre artistes professionnels et habitants de chaque communauté avec comme objectif de créer de nouvelles formes d'art originales. La création et la modification d'espaces publics jouent un rôle important dans la reconstruction de l'environnement des cités comme, par exemple, les passages souterrains, les parcs, les aires de jeux, les postes d'échange de chaleur. La formation informelle et le développement du volontariat aboutissent à la mise en place d'un réseau de volontaires à partir du projet SPOTs. Il s'agit surtout d'étudiants des universités locales qui participent aux activités concernées et qui assurent l'organisation et l'infrastructure technique du projet.

Depuis le début 2011, des volontaires de toute l'Europe peuvent participer aux travaux du projet Košice Interface 2013 dans le cadre du Service Volontaire Européen. Un élément essentiel du déplacement de la culture du centre-ville vers les banlieues est l'intégration d'animateurs socioculturels qui communiquent avec les habitants des cités et avec les associations existantes, qui planifient et coordonnent les projets et les évaluent. Leur travail comprend également une autre dimension, moins technique : les animateurs socioculturels créent des communautés par leurs activités dans les

286. Les postes d'échange de chaleur ont été construits il y a environ quarante ou cinquante ans. Il s'agit de bâtiments techniques destinés à produire de l'eau chaude pour les cités. Avec les progrès technologiques, ils ont perdu leur fonction d'origine et sont restés partiellement ou bien entièrement vides jusqu'à aujourd'hui.

287. Christophe Sanchez, *Invisible et Intangible*, Enghien-les-Bains, Centre des Arts, 2011.

cités, relient les habitants à la ville[288]. Tout comme le travail communautaire, le volontariat fait aussi naturellement partie du projet Košice-Capitale européenne de la Culture 2013. Dans de nombreux cas, ces deux phénomènes sociaux se juxtaposent dans le cadre de la réalisation du projet. Des volontaires réalisent des activités liées au bon fonctionnement du projet SPOTs. Le recrutement des volontaires est progressif, mais leur travail est essentiel au fonctionnement du projet. La dimension la plus importante du volontariat reste cependant la mobilisation de la population pour soutenir le projet Košice Interface 2013.

Un poste d'échange de chaleur avant les travaux[289].

Les bâtiments des postes d'échange de chaleur des quartiers éloignés du centre-ville qui ont perdu leur importance d'origine suite aux avancées technologiques ont été retenus pour une reconstruction et pour un nouvel usage dans le cadre du projet SPOTs. Les activités SPOTs seront également réalisées dans d'autres quartiers de la ville, même si les postes d'échange de chaleur n'y seront pas directement reconstruits et les maisons de la culture, les écoles existantes et d'autres bâtiments seront utilisés à ces fins. Les bâtiments des postes

288. Sandro Piscopo-Reguieg, *Poétique de la zone*, Marseille, Art et Culture, 2011, pp. 44-47.
289. Source : équipe de Košice-Capitale européenne de la Culture 2013.

d'échange de chaleur, dépassés en termes d'architecture et de fonction, sont situés dans le centre des cités et possèdent une capacité suffisante pour permettre la réalisation d'activités culturelles et communautaires. Leur reconstruction apporte une revitalisation architecturale de l'urbanisme terne des cités, en plus de l'importance pratique du développement des talents des quartiers et de la découverte de nouvelles formes d'art et du soutien aux groupes défavorisés.

Le même poste d'échange de chaleur après rénovation[290].

Les postes d'échange de chaleur sont rénovés selon trois modalités différentes : communautaire, résidentielle et spécifique en fonction de leur disposition et de leur fonction future. Ils deviennent des centres culturels dans les cités et des lieux de rencontre pour les habitants ou pour les loisirs. Dans certains espaces, des logements sont prévus pour les artistes ; dans d'autres, des logements alternatifs pour les touristes.

La décentralisation est un autre facteur déterminant pour expliquer l'accroissement de l'action culturelle sur les territoires et le rôle croissant des collectivités locales dans le processus de

290. Source : équipe de Košice-Capitale européenne de la Culture 2013.

mondialisation et de concurrence économique des territoires. Cette décentralisation se concrétise en Slovaquie à partir des années 1996 avec une activité démultipliée des collectivités territoriales, villes, départements et régions. Leur montée en puissance et l'accroissement de leurs compétences conduisent les collectivités locales à amplifier progressivement les commandes publiques d'interventions depuis une vingtaine d'années. L'action culturelle et artistique devient un enjeu fondamental pour les collectivités territoriales, productrices d'image, créatrices de « notoriété et de valeur territoriale »[291] qui qualifient les lieux et les habitants. On constate que ce sont aujourd'hui, au sein de l'espace urbain, les SPOTs, outils d'attractivité des espaces, qui fabriquent des images positives, créent des mythes mobilisateurs légitimant et accompagnant la métamorphose de notre société urbaine. Le modèle de la ville culturelle est utile à la compétition croissante que se livrent cités et régions et devient même « un emblème très convoité »[292]. C'est une tendance de Košice-Capitale européenne de la Culture en 2013 qui cherche dans la culture les moyens de rebondir suite au départ des industriels. La ville d'Essen[293], en Allemagne, est le parangon toujours évoqué de cette nouvelle manière de se réinventer et de rejaillir dans des sociétés post-industrielles, de plus en plus portées par la consommation[294]. L'Union européenne organise chaque année un concours ayant pour but de sélectionner la ville européenne de la culture, ce qui contribue à une compétition importante pour obtenir ce « label » désormais si désiré.

Ce titre est décerné aux villes européennes chaque année depuis 1985, suite à la proposition du ministre grec de la Culture de l'époque, Mélina Mercouri. La première idée derrière ce projet était de rapprocher les pays membres de l'Union européenne à travers une coopération culturelle réciproque et de créer un sentiment d'appartenance. Avec le temps, en plus de l'éveil d'une sorte de conscience culturelle européenne, d'autres effets positifs sont apparus. La dimension sociale et économique est devenue une partie indissociable, avec la transformation radicale des villes par le biais de la culture et la mise en valeur de leur place sur la carte de l'Europe. Dans le cadre du processus de sélection pour l'attribution de ce titre

291. Thierry Raspail, *Le spectacle et le quotidien*, Lyon, Les Presses du Réel, 2009, p. 295.
292. *Ibid.*, p. 296.
293. La ville d'Essen est devenue Capitale européenne de la Culture en 2010.
294. Yves Michaud, *L'Art à l'état gazeux. Essai sur le triomphe de l'esthétique*, Paris, Stock, 2003.

prestigieux, il existe un accord entre les pays membres sur l'ordre des pays qui ont le droit d'organiser le projet de Capitale européenne de la Culture. Le tour de la Slovaquie viendra donc en 2013 pour Košice en même temps qu'une ville française, Marseille[295].

Ainsi, les actions culturelles et artistiques locales constituent bien des arguments décisifs dans la concurrence que se livrent des villes désormais rivales à l'échelle internationale. Dans la plupart des pays du monde, au fur et à mesure que progressent la globalisation et l'urbanisation du territoire[296], les éléments culturels au sein de l'espace public deviennent des outils politiques de transformation urbaine, mais dépouillés de toute dimension critique et de plus en plus commerciaux[297].

L'action culturelle et artistique de SPOTs, sur le territoire local, viserait ainsi à renforcer une citoyenneté et sa reconnaissance par les voisins, par l'espace public, par des sollicitations qui bousculeraient le quotidien, l'enchanteraient, en permettant le rapprochement des groupes sociaux. « *Toutes nos vies dépendent de la communication, l'homme n'est pas un être isolé : il vit dans une communauté et il a besoin de partager* », confirme Slávka Kopčáková[298]. L'action culturelle et artistique aurait pour mission de créer du consensus là où il n'y en a pas, de niveler les dissensions sociales et politiques.

Il arrive souvent de se réunir pour des fêtes, pour le festival organisé par les SPOTs (*Use the City Festival*), pour des expositions présentées dans la rue, pour des présentations d'œuvres contemporaines. L'espace public entre les immeubles, entre les HLM, devient culturel, artistique, festif, mais peu transgressif. La culture devient une sorte d'appareillage efficient de contrôle idéologique. Les inégalités, les difficultés sociales, l'urbain insaisissable seraient ici

---

295. Après avoir analysé tous les projets des villes slovaques, la commission a recommandé au Conseil européen de nommer la ville de Košice comme Capitale européenne de la culture en 2013. Une commission de 13 membres a alors suivi cette préconisation. En plus du concept intéressant et unique de « Košice Interface 2013 », cette métropole de Slovaquie orientale a attiré l'attention par son histoire austro-hongroise et sa réalité postsocialiste, par son identité multiculturelle et sa position de deuxième ville slovaque, la plus grande ville de la région des Carpates et également une ville à la frontière de l'espace Schengen (non loin de l'Ukraine). (La candidature de Košice était alors soutenue par un maire de l'opposition politique, ce qui n'a pas empêché le gouvernement de la soutenir lors du processus de sélection, NDÉ).

296. Thierry Raspail, *op. cit.*, p. 296.

297. Baldine Saint Girons, *L'Acte esthétique*, Paris, Klincksieck, 2008, p. 175.

298. Slávka Kopčáková, *Slovo o umení bez slov*, Prešov, Súzvuk, 2009, p. 15.

canalisés symboliquement sur un territoire local donné, l'action et l'événement faisant respirer tous les habitants ensemble, dans un imaginaire consensuel. L'espace des SPOTs est une ambiance, une scène, mais guère une vision dérangeante, il faut avant tout répondre à une demande politique d'animation des villes avec une mission de produire de l'action qui convient à tous avec pour objectif une lisibilité à court terme. L'action culturelle et artistique est un produit de promotion et de communication des élites sociales et politiques, donc un instrument de pouvoir, avec des objectifs économiques et touristiques.

Le projet de Košice est conçu dans le sens urbanistique et architectural comme une transformation d'anciens bâtiments industriels en de nouveaux centres culturels, d'architectures socialistes démodées en des lieux modernes de rencontres pour les citoyens. Dans un autre sens, non moins important, le projet Košice est conçu comme un lieu de transformation de la pensée des habitants, pour un engagement citoyen élevé et un sentiment intense d'appartenance à l'Europe. Du point de vue urbanistique, il y a beaucoup de bâtiments à Košice dont la taille et la situation stratégique dans la ville ne sont pas utilisées à leur pleine valeur. En décidant lesquels inclure dans le projet et lesquels utiliser pour les objectifs, différents critères ont été pris en compte, comme les lieux qui avaient le potentiel de redéfinir l'identité de la ville et de devenir de nouveaux symboles ou bien les lieux qui avaient le potentiel de relier le passé au futur créatif moderne ou encore les lieux qui avaient le potentiel de décentraliser la culture du centre-ville vers le reste de la ville.

La dimension globale ainsi que la dimension locale du projet l'orientent vers la création d'une ville ouverte et démocratique, accessible à tous les habitants. Une ville qui sera accessible à tous les groupes et à toutes les catégories d'habitants sera plus proche des groupes désavantagés et préparera le terrain pour une coopération réciproque avec la communauté culturelle. Une ville décentralisée qui assure la fondation et le fonctionnement de centres de communication au sein des banlieues d'HLM.

Une partie indissociable de la dimension de la ville de Košice comme lieu ouvert est, on l'a signalé, la dispersion de la culture depuis le centre-ville vers les banlieues. Les lotissements urbains étendus sont souvent éloignés de la vie culturelle et artistique qui se déroule surtout dans le centre-ville. En réhabilitant les bâtiments désaffectés de l'architecture socialiste et en les transformant en centres de communication et de culture (SPOTs), la culture se rapproche des habitants qui y gagnent une raison de participer activement à la vie de la ville. Ce modèle peut également servir à d'autres villes, et pas uniquement slovaques…

Miroslava Grajciarová

Chapitre 13

La Lituanie dans le processus de mondialisation

Mondialisation et localisation

La mondialisation n'est pas un phénomène nouveau. Les débats sur la mondialisation ont commencé à se développer dans les années 1990, bien que le monde ait connu la libre circulation des marchandises, des capitaux et des hommes beaucoup plus tôt. À la fin du XIXe siècle déjà, les pays commerçaient intensivement et les individus traversaient les frontières nationales aussi souvent qu'au début du XIe siècle. La différence entre le processus de mondialisation de la fin du XIXe siècle et celui du début du XIe siècle s'explique en grande partie par les innovations technologiques et les progrès ainsi que par une application plus efficace des moyens de communication à la fin du XXe siècle, ce qui a permis d'améliorer le commerce international, la libre circulation des hommes entre les pays, l'échange d'information, la communication[299]. Depuis la fin du XXe siècle, de nombreux chercheurs se sont intéressés à tous les domaines de la vie affectés par la mondialisation. Beaucoup ont essayé de la définir, mais c'est un processus dynamique qui change en permanence et qui nécessite une observation continue de l'environnement comme des processus sociaux. Selon Zygmunt Bauman, la mondialisation constitue un phénomène beaucoup plus complexe qu'il n'y paraît à première vue : la mondialisation dissocie et associe dans le même temps, elle dissocie donc en associant. Ce que les uns perçoivent comme mondialisation, les autres le conçoivent comme localisation[300]. L'unique chose évidente est que la mondialisation n'est pas possible sans diversité, tout comme la diversité (principe de localité) n'est pas possible sans principe d'universalité ou de globalité qui associe tout.

---

299. *Visuotinė lietuvių enciklopedija*, Vilnius, Mokslo ir enciklopedijų leidybos institutas, 2004, vol. 6, p. 763.
300. Zygmunt Bauman, *Globalizacija: pasekmės žmogui*, Vilnius, Strofa, 2002, p. 8.

Déjà Johannes Rau remarquait qu'on entend le mot *mondialisation* chaque jour comme argument pour étayer tout ce qui est possible : par exemple avec les réformes radicales de l'enseignement et l'apprentissage de l'anglais qui commence déjà à l'école maternelle[301]. On développe beaucoup et partout le sujet de la mondialisation, ce sujet est présent dans des ouvrages de sciences sociales, politiques, de culturologie, de sciences économiques, etc. Actuellement, on conçoit la mondialisation comme progression et accélération des relations politiques, économiques et sociales, processus d'intégration des peuples, des entreprises, des hommes, promu par le commerce international, l'investissement et le développement des technologiques d'information[302]. Il existe cependant différentes définitions et explications de la mondialisation. Elle peut être définie comme internationalisation, universalisation ou bien synthèse mondiale des cultures, etc. Dans certaines études est souligné le fait que la mondialisation mène à un affaiblissement de l'État-nation, dans d'autres la domination du marché et de ses lois qui entreront en vigueur partout et pour tous est exaltée[303].

La mondialisation en Lituanie

Dans la plupart des ouvrages scientifiques prédomine l'analyse des trois aspects essentiels de la mondialisation, économique, politique et socioculturelle. L'emprise de la mondialisation est également analysée par des scientifiques lituaniens qui prennent en considération l'influence des processus de mondialisation sur différents domaines de la vie : l'économie et ses secteurs particuliers[304], les migrations[305], la culture[306], la politique[307], les

---

301. Johannes Rau, *Kultūrų dialogas – dialogo kultūra*, Vilnius, Dialogo kultūros institutas, 2005, p. 157.

302. Žaneta Šapokaitė, *Tarptautinių organizacijų komunikacinė praktika Lietuvoje: UNESCO ir JTVP atvejis*, Kaunas, VDU, 2011, p. 11.

303. Johannes Rau, *op. cit.*, p. 157.

304. Monika Alimienė, Rita Kuvykaitė, « Standartization/adaptation of marketing solutions in companies operating in foreign markets: an integrated approach », in *Inžinerinė ekonomika/Engineering Economics*, n° 1 (56), Kaunas, Technologija, 2008 ; Valentinas Navickas & Asta Malakauskaitė, « The possibilities for the identification and evaluation of tourism sector competitiveness factors », in *Inžinerinė ekonomika/Engineering Economics*, Kaunas, Technologija, n° 1 (61), 2009 ; Vytautas Snieška & Jurgita Bruneckienė, « Measurement of Lithuanian regions by regional competitiveness index », in *Inžinerinė ekonomika/Engineering Economics*, Kaunas, Technologija, n° 1 (61), 2009.

technologies[308], etc. Afin de rendre leurs débats plus rationnels, les scientifiques s'appuient sur des données empiriques, en particulier des indices de mondialisation[309]. L'indice de mondialisation KOF a été créé en 1970 par l'allemand Axel Dreher et l'Institut d'économie suisse et mesure la mondialisation sur une échelle de 1 à 100. 72 pays du monde ont été étudiés en 2007 ; le niveau de globalisation des pays baltes étant mesuré par cet indice depuis 1991. Ainsi, l'Estonie est la plus mondialisée des trois Républiques baltes et la Lettonie la moins mondialisée. Quant à la Lituanie, elle a atteint le niveau le plus élevé de mondialisation politique[310].

Le processus de mondialisation culturelle en Lituanie

La mondialisation culturelle, qui apparaît grâce aux possibilités migratoires et à l'augmentation des communications internationales est influencée par la révolution technologique, la mondialisation économique et le flux des produits culturels qui en découle. Il est difficile de mesurer les indices de mondialisation culturelle puisque la possibilité de faire une évaluation quantitative de la culture est assez douteuse. On peut cependant distinguer deux aspects : ethnocentrique et civilisationnel. Ces aspects se distinguent, car la manière dont on pose la question sur l'existence de la mondialisation culturelle ou sur sa réalité est évidemment différente. L'aspect ethnocentrique de l'investigation sur la mondialisation culturelle est lié à une question concernant la survie des cultures nationales, tandis que l'aspect civilisationnel concerne les civilisations existant

---

305. Linas Čekanavičius & Gindra Kasnauskienė, « Too high or just right? Cost-benefit approach to emigration question », in *Inžinerinė ekonomika/Engineering Economics*, n° 1 (61), Kaunas, Technologija, 2009.

306. Remigijus Čiegis, Algirdas Gavėnauskas, Nijolė Petkevičiūtė & Dalia Štreimikienė, « Ethical values and sustainable development: Lithuanian experience in the context of mondialisation », in *Technological and Economic Development of Economy*, vol. 14, n° 1, Vilnius, Technika, 2008.

307. Alfredas Ramutis Grižas, *Globaliniai ekonominiai procesai*, Vilnius, Ekonomikos mokymo centras, 2006.

308. Borisas Melnikas, « Integration processes in the Baltic region: the new form of regional transformations in the European Union », in *Inžinerinė ekonomika/Engineering Economics*, Kaunas, Technologija, n° 5 (60), 2008, pp. 54-64.

309. Irena Pekarskienė & Rozita Susnienė, « Globalizacijos ir kiekybinio matavimo metodai », in *Ekonomika ir vadyba/Economics and Management*, Vilnius, Technika, n° 15, 2010, pp.185-191.

310. Irena Pekarskienė & Rozita Susnienė, *op. cit.*, p. 189.

actuellement[311]. Évidemment, la Lituanie s'intéresse à l'aspect ethnocentrique de l'étude de la mondialisation culturelle.

L'intégration à l'UE ainsi que les processus de mondialisation qui deviennent de plus en plus intenses non seulement ouvrent l'accès aux trésors de la culture mondiale, mais aussi amènent la question de savoir comment préserver l'identité de la culture lituanienne qui, vu la particularité du domaine culturel, reste un objectif important non seulement dans le cadre de la préparation des projets en faveur du développement culturel dans les années à venir, mais aussi par rapport à l'élaboration d'une stratégie durable de développement culturel. À la différence des processus d'intégration des systèmes économique, judiciaire ou de politique étrangère dans les structures de l'UE, l'intégration culturelle ne se limite pas à une logique d'infrastructure. L'UE ne crée pas intentionnellement une politique culturelle unitaire, mais fait la promotion de la diversité des cultures des pays membres, enrichissant ainsi la culture européenne. De ce fait, c'est l'État lituanien qui est le plus responsable de l'identité culturelle de la Lituanie, de la préservation, du développement et de la diffusion de ses biens culturels. De plus, les conventions conclues dans le domaine de la culture, la ratification et la mise en œuvre des instruments de l'UNESCO et de l'ONU, non seulement créent des conditions favorables pour la collaboration interculturelle, mais aussi aident la Lituanie à faire valoir sa propre culture parmi les cultures mondiales. L'intégration importante de l'infrastructure culturelle et des systèmes d'information et la connexion aux secteurs et réseaux des infrastructures culturelles européennes jouent donc un rôle très important pour le développement de la culture lituanienne. Ce développement se poursuit depuis des dizaines d'années et l'intégration semble inséparable de l'évolution de l'identité culturelle de la Lituanie. Si on fait une synthèse sur la situation géopolitique et historique de la culture lituanienne ainsi que sur des discussions publiques et des dispositions en matière de politique culturelle lituanienne adoptées par le Gouvernement, on voit que le but principal de la stratégie culturelle durable lituanienne est de conserver et de mettre à jour l'identité de la culture lituanienne qui réunit un patrimoine européen hérité ainsi que des richesses communes de la culture européenne, de garantir sa continuité, sa diffusion ouverte et sa concurrence dans le contexte contemporain des cultures

311. Alvydas Noreika, « Kultūrinė globalizacija Vytauto Kavolio civilizacijos analizės požiūriu », in *Filosofija. Sociologija*, Vilnius, Lietuvos Mokslų Akademijos leidykla, n° 3, 2004, p. 43.

lituanienne, européenne et mondiale[312]. L'État lituanien vise à conserver la langue lituanienne, la culture ethnique et régionale lituanienne, le patrimoine culturel lituanien, les cultures des communautés lituaniennes à l'étranger et des communautés des minorités culturelles en Lituanie. L'actualisation, la continuité et la diffusion des biens culturels authentiques dans le monde contemporain sont impossibles sans leurs manifestations qui deviennent de plus en plus modernes et qui satisfont des besoins culturels de la société contemporaine.

Ainsi, le renforcement de l'identité culturelle lituanienne, la continuité et le développement des activités culturelles sont inséparables d'une stratégie d'encouragement de la création et des diversités artistiques. Pour cette raison, l'État lituanien fait la promotion de l'art professionnel, de l'activité créatrice, des organisations artistiques et culturelles, garantit la diffusion des arts, encourage le développement des industries culturelles, organise des formations artistiques professionnelles. La propagation des biens culturels lituaniens, leur diffusion au sein de la société lituanienne et de celle des pays étrangers ne sont pas possibles sans les technologies de l'information et sans moyen de diffusion de l'information. L'accès à l'information concernant la culture, son adaptation pour une recherche de nouveaux moyens d'expression culturelle et de nouvelles possibilités de communication internationale sont directement liés aux objectifs prioritaires visant à présenter la culture lituanienne dans le monde entier ainsi qu'à rendre la culture lituanienne ouverte et accessible. L'harmonisation de l'authenticité et de l'accessibilité à la culture constitue un instrument pour un développement moderne de la culture originale.

On peut considérer que la culture est ouverte et accessible lorsque chaque individu de la société peut s'initier à la culture et lorsque cette société est prête au dialogue avec d'autres cultures. D'une part, la société de la culture ouverte connaît son identité et lui fait confiance, d'autre part, elle n'a pas peur de la concurrence avec d'autres cultures. On ne peut développer la confiance en l'identité de sa propre culture et apprendre la tolérance envers d'autres cultures que lorsqu'on garantit que chaque membre de la société peut participer et accéder à la culture. De ce fait, l'État lituanien promeut et soutient l'expression de la culture authentique et de la culture

---

312. « Dėl Lietuvos kultūros politikos nuostatų », in <http://www3.lrs.lt/pls/inter3/dokpaieska.showdoc_l?p_id=132646>.

traditionnelle régionale, l'activité créatrice des amateurs et des organisations non gouvernementales.

La mondialisation est donc un processus dynamique qui transforme le mode de vie de la société et le point de vue sur le monde. Des communications transfrontières devenant plus étroites, des réseaux d'information devenant plus performants, un système de nouvelles valeurs apparaît dans le monde entier, le modèle social de la société se modifie. Le développement des capacités informatiques et des intérêts transfrontaliers communs et l'élargissement des communications transnationales permettent l'apparition de systèmes internationaux. Les flux d'information réunissent ainsi le monde et de nouveaux intérêts communs transfrontaliers commencent à se former.

De nombreuses questions nationales actuelles dans l'un ou l'autre pays deviennent globales et des problèmes actuels dépassent l'autorité publique d'un seul État. Il en est ainsi des questions concernant l'environnement, la sécurité, l'enseignement, la pauvreté. Les États coopèrent pour éviter des problèmes ou pour trouver des solutions favorables afin de maîtriser des problèmes globaux qui deviennent de plus en plus graves. L'instauration d'organisations internationales, le développement de la politique étrangère et une amélioration de la collaboration internationale expliquent cette coopération. Bien que des autorités suprêmes, chargées de la gestion des organisations internationales, élaborent la politique opérationnelle et établissent des normes internationales que les pays membres doivent suivre et respecter en permanence, chaque pays, membre d'organisations internationales, doit être en mesure de réaliser des intérêts nationaux et globaux.

Parmi ces organisations internationales, l'UNESCO, l'Organisation des Nations Unies pour l'Éducation, la Science et la Culture, a pour objectif, selon son acte constitutif, d'assurer le respect universel de la justice, de la loi, des droits de l'homme et des libertés fondamentales pour tous, sans distinction de race, de sexe, de langue ou de religion, ce que la Charte des Nations Unies reconnaît à tous les peuples. L'échange d'informations et le partage de savoir organisés par cette organisation contribuent au développement des aptitudes humaines et institutionnelles dans l'espace international par l'éducation, la science et la culture.

Le patrimoine culturel immatériel de l'humanité

La République de Lituanie a adhéré à l'UNESCO en 1991. En 1992, la Lituanie s'est jointe à la Convention concernant la protection de l'héritage culturel et naturel mondial et, en 2004, à la Convention pour la sauvegarde du patrimoine culturel immatériel[313]. Sept objets sont inscrits sur la Liste du patrimoine mondial et des chefs-d'œuvre du patrimoine oral et immatériel de l'humanité : le centre historique de Vilnius ; l'isthme de Courlande (en lituanien, *Kuršių nerija*) ; le site archéologique de Kernavé (Réserve culturelle de Kernavé) ; l'arc géodésique de Struvé ; la création et le symbolisme des croix ; les célébrations de chants et danses en Lituanie et les *sutartinės*, chants lituaniens à plusieurs voix.

À partir du moment où ces objets ont été inscrits sur cette Liste du patrimoine mondial, ils font partie du monde global dans un État local lituanien. On donnera ici un bref aperçu de chaque objet afin de montrer l'harmonisation de la mondialisation et de la localisation.

Le centre historique de Vilnius[314]

En 1994, le centre historique de Vilnius, territoire de 359,5 ha formé entre le XIIIe siècle et le XVIIIe siècle, a été classé et inscrit parmi les objets de la Liste des chefs-d'œuvre mondiaux de l'humanité à partir des critères (ii) et (iv) de cette liste. Aujourd'hui, on reconnaît qu'à l'époque de sa prospérité, Vilnius a exercé une profonde influence sur le développement culturel et architectural des pays de toute la région d'Europe Centre-Est. Depuis longtemps, elle est une des plus belles capitales européennes, marquée par sa tolérance. Dans le foyer de la culture occidentale le plus éloigné vers l'Ouest, les traditions des cultures orientale et occidentale se mariaient, la ville et ses alentours accueillaient des personnes de toute confession et de toute nationalité. Le secteur des trois châteaux forts situé dans la Réserve culturelle nationale des châteaux de Vilnius, centre historique entouré d'une muraille défensive dans les années 1730, représente l'époque la plus ancienne de l'existence du centre

---

313. « Lietuvos narystė pagrindinėse tarptautinėse organizacijose », in <http://www.urm.lt/index.php?-1745563413>, Tarptautinės organizacijos, Vilnius, Justitia, 2001.

314. Medžiaga apie UNESCO globojamus objektus Lietuvoje imta iš « Lietuvos nacionalinė UNESCO komisija », in <http://unesco.lt/index.php?url=unesco>.

politique et culturel du grand-duché de Lituanie. Dans son centre historique, la ville de Vilnius a conservé son plan ancien qui s'est développé de manière radiale avec un réseau urbain typiquement médiéval, des petites rues qui le divisent en îlots irréguliers et une harmonie architecturale et du paysage. La vieille ville de Vilnius a conservé un ensemble authentique de bâtiments militaires, politiques et religieux de styles gothiques, Renaissance, baroque et classique. Du panorama de la ville, on peut admirer les dômes des églises qui ont conservé les particularités stylistiques de l'école originale du baroque de Vilnius, formée dans les années 1740. L'architecture classique imposante crée une ambiance locale particulière. Aujourd'hui la vieille ville de Vilnius représente non seulement un héritage d'une civilisation réelle, mais aussi témoigne d'un mode de vie culturel particulier.

L'isthme de Courlande (*Kuršių nerija*)

En 2000, l'isthme de Courlande a été inscrit sur la Liste du patrimoine mondial. Ce paysage culturel créé depuis plus de deux cents ans par l'homme satisfait au critère (v) de la Liste et a été reconnu comme un exemple exceptionnel d'occupation traditionnelle humaine, dans une étroite péninsule de dunes de sable, et d'exploitation de la terre et de la mer. Le paysage de l'isthme de Courlande est sous la menace perpétuelle des forces naturelles et il ne doit sa préservation actuelle qu'aux efforts incessants des habitants. La formation du relief de l'isthme de Courlande date de cinq mille ans avec l'apparition des dunes de sable. Au XIVe siècle se sont installés les premiers habitants dont les activités sont devenues de plus en plus intensives. Entre le XIVe et le XVIIIe siècle, le long de la côte de la baie baignée par la lagune de Courlande et par la mer baltique, des coupes de bois ont provoqué la destruction d'un équilibre naturel et ont conduit à des mouvements de dunes qui ont changé la configuration de l'isthme. En particulier, un village s'est complètement ensablé. À la fin du XVIIIe siècle, des travaux gigantesques ont été lancés pour combattre l'érosion de l'isthme et ont impliqué la construction d'une protection afin d'empêcher la formation de dunes supplémentaires et de stabiliser les dunes existantes au moyen de haies de broussailles et d'un reboisement. Ainsi, l'érosion et la dégradation des dunes ont été stoppées et la stabilisation des grandes dunes a été assurée par la construction d'une rive de sable protectrice tout au long du cordon littoral de la mer baltique. Aujourd'hui, c'est un territoire unique au monde par sa taille (98 km de long et 0,4 à 4 km de large).

Site archéologique de Kernavé (Réserve culturelle de Kernavé)

En 2004, le site archéologique unique de Kernavé a été inscrit sur la Liste du patrimoine mondial en fonction des critères (iii) et (iv). Ce territoire est un témoignage exceptionnel de la tradition de la civilisation et de la culture. Situé dans la vallée de la Neris, le site, un ensemble complexe archéologique, englobe la ville de Kernavé et témoigne de son évolution depuis la fin du paléolithique jusqu'aux XIIIe et XIVe siècles. La première référence fiable au sujet de Kernavé remonte à 1279. À l'époque, une ville médiévale était située dans la vallée de Pajauta avec une résidence ducale établie sur la colline centrale fortifiée. Ce centre politique et économique, où le commerce et l'artisanat étaient développés, fut détruit en 1390 par l'ordre teutonique. Les habitants s'établirent alors sur la terrasse supérieure, le site de la ville actuelle de Kernavé. Les vestiges de l'ancienne ville ont été recouverts de dépôts d'alluvion très épais qui ont même conservé des restes organiques qui datent de la fin du XIVe siècle. Il a ainsi été possible de reconstruire une représentation urbaine du site et de considérer la vie quotidienne des habitants de l'époque. Actuellement, la réserve culturelle de Kernavé occupe un territoire de 194,4 ha et se compose de 18 objets du patrimoine archéologique, historique et architectural. Cinq collines fortifiées se trouvant sur ce territoire témoignent de l'évolution d'un habitat humain et du développement de ces types de structures dans la région baltique. Le complexe archéologique de Kernavé montre non seulement la majesté de la première capitale connue du grand-duché de Lituanie, mais aussi exerce une influence esthétique et impressionnante sur le paysage. Il présente le mode de vie d'une ville féodale du dernier état païen d'Europe, ce qui est encore plus unique dans la mesure où les coutumes funéraires ainsi que les objets archéologiques découverts reflètent les relations entre la culture païenne et la culture chrétienne.

L'arc géodésique de Struvé

En 2005, l'arc géodésique de Struvé a été inscrit sur la Liste du patrimoine mondial. Il s'agit d'un exemple d'ensemble technologique lié au développement des sciences. Ce réseau de triangulations a reçu le nom du professeur et astronome de l'université de Tartu (Estonie), Friedrich Georg Wilhelm von Struve (1793–1864), qui en a effectué la mesure entre 1816 et 1856, pour une longueur de plus de 2 820 km s'étendant d'Hammerfest en Norvège jusqu'à l'extrémité nord, sur les rives de la mer Noire en Ukraine. La partie la plus ancienne de cet arc a été réalisée entre 1816 et 1821 à Vilnius par Carl Tenner (1783–1859), officier de l'armée du tsar. Les résultats obtenus après avoir effectué une mesure exacte d'un long segment de méridien ont amélioré les connaissances scientifiques et ces repères furent utilisés pendant près de cent ans pour mesurer la taille et la forme exacte de la terre. Ce projet illustre un exemple remarquable d'échange de valeurs humaines sous la forme d'une collaboration entre des scientifiques et des monarques de différents pays. Lors de l'évaluation de cet objet du patrimoine, il a satisfait au critère de sélection (vi) parce que l'apparition de l'arc géodésique de Struvé est directement associée aux questionnements perpétuels de l'homme sur la taille et la forme de la terre et l'objet est lié à la théorie d'Isaac Newton qui déclarait que la terre n'est pas une sphère parfaite. Actuellement, le site inscrit au patrimoine de l'humanité se compose de 34 points, dont 3 se trouvent en Lituanie.

La création et le symbolisme des croix

En 2001, la création et le symbolisme des croix lituaniennes ont été reconnus chefs-d'œuvre du patrimoine, illustrant une tradition vivante par une expression culturelle. Les croix lituaniennes sont des constructions sacrales chrétiennes composées de formes architecturales, décoratives, statuaires dont la destination et les significations s'expliquent par leur contenu, les motifs et les intentions ainsi que les lieux où les croix ont été érigées. La création des croix est liée aux coutumes et aux intentions concrètes : elles sont placées dans des cimetières comme monuments ou dans des endroits prévus à des fins spirituelles, pour que Dieu répande sa grâce ou pour l'en remercier. La création des croix va au-delà d'une tradition artistique et s'analyse comme un phénomène populaire syncrétique de l'art traditionnel qui comprend toute l'histoire du monument traditionnel sculpté en bois depuis le début jusqu'à la fin. Les croix lituaniennes sont riches en formes et sont ornées d'un petit toit. De petites chapelles sont occasionnellement décorées de petites statues qui vont au-delà du rôle des sculptures de petite architecture, acquérant une signification sacrée inaliénable lors de leur consécration et des rites qui leur sont associés. La tradition d'ériger des croix provient de la croyance profonde des ancêtres et du respect éprouvé pour la vie spirituelle. Ces sculptures sont une expression du respect pour la religion et pour la nature. Dans l'esprit du Lituanien, elles symbolisent l'identité et l'unité de la nation.

Les célébrations avec chants et danses en Lituanie

Les célébrations de chants et danses baltes en Estonie, en Lettonie et en Lituanie, originellement proclamées en 2003, sont inscrites sur la Liste représentative du patrimoine culturel immatériel de l'humanité. La tradition de ces célébrations a pris sa source en Europe occidentale au milieu du XIXe siècle. C'est ici qu'au fil des ans, les célébrations des fêtes rurales accompagnées de carnavals, de spectacles et de tournois de poésie ont été préparées et organisées de plus en plus professionnellement. Avec le temps, les chœurs accompagnés par des orchestres ont acquis une place centrale dans ces célébrations. La tradition n'est pas vraiment ancienne puisque de telles célébrations avec chants ont été organisées pour la première fois en Europe en 1843, en Suisse, et en 1845 en Allemagne. D'un point de vue culturel, cette tradition de célébration avec chants et danses reflète l'histoire de la culture et en même temps fait partie de la culture actuelle. Ces traditions sont liées au mode de vie collectif et aux coutumes anciennes des communautés locales. Tout d'abord, il s'agit des chants nationaux interprétés par un groupe de personnes lors de l'exécution des travaux quotidiens importants, fenaison, moisson, arrachage du lin, autres travaux communs, ou lors de célébrations d'événements importants de la vie sociale (mariage, baptême), pendant des soirées ou des jours fériés, etc. Les danses traditionnelles et les ensembles musicaux complètent la tradition d'interprétation collective des chansons. Cette tradition de célébrations chantées et dansées a contribué à l'évolution de moyens d'expression culturelle déterminés par un mode de vie agraire vers des formes plus modernes.

Les sutartinės, chants lituaniens à plusieurs voix

Les *sutartinės*, chants lituaniens à plusieurs voix, ont été inscrits en 2010 sur la Liste représentative du patrimoine culturel immatériel de l'humanité. Les *sutartinės* (du mot lituanien *sutarti*, *derėti*, être en accord) sont un phénomène musical de la musique traditionnelle lituanienne et représentent une forme de musique polyphonique particulièrement ancienne. Cet art syncrétique reflète le rapport entre la musique, le texte et le mouvement. Les *sutartinės* sont essentiellement chantés par des femmes, mais des hommes en jouent une version instrumentale sur la *skudučiai* (flûte à conduit), ou sur la *kanklės* (sorte de cistre), par exemple. Les textes sont riches en refrains et en onomatopées dont la signification jusqu'à nos jours ne peut qu'être supposée. Le trait caractéristique des *sutartinės* est la combinaison de plusieurs voix et textes (signifiant et onomatopée) indépendants et pourtant liés les uns aux autres par les lois de l'harmonie. Les *sutartinės* sont considérés comme un phénomène paradoxal puisque l'harmonie naît à partir d'intervalles de dissonance. Les *sutartinės,* base d'un grand nombre de compositions au siècle dernier, sont devenus symboles distinctifs de l'identité culturelle lituanienne avec le XXe siècle.

Après avoir parcouru les domaines de l'activité de l'UNESCO en Lituanie, on peut remarquer des approches communicatives et des étapes de leur mise en œuvre basée sur la collaboration et la diffusion de l'information[315]. Des approches stratégiques sont orientées vers le partenariat et la diffusion de l'information tant dans le contexte national que régional. Le développement de la communication internationale joue un rôle important pour atteindre les objectifs fixés. Il ne se résume pas en poursuite d'intérêts d'organisation, c'est aussi un moyen de poursuivre des intérêts nationaux à l'aide d'interventions internationales et en même temps de développer la politique étrangère, d'élargir des relations transnationales et la communication internationale. Une telle communication, souligne Oliver Boyd-Barrett, permet de diffuser l'information du contexte global vers le contexte local et *vice versa*[316].

Tourisme & mondialisation culturelle

La culture est une partie importante de la vie sociale, elle garantit son intégrité. La culture est étroitement liée à la science et à

315. « Lietuvos nacionalinė UNESCO komisija », *op. cit.*

316. Oliver Boyd-Barrett, « International communication and globalization: contradictions and directions », in *International Communication and Globalization*, London, Sage, 1997, p. 13.

l'éducation, à la protection de l'environnement, à la société de l'information, au développement régional. Elle contribue au développement de l'économie du pays et de la société, rend plus fortes la sécurité et la citoyenneté de la société. La gestion du patrimoine culturel permet de développer le tourisme et les activités de loisir, d'améliorer l'environnement commercial, de favoriser la qualité de la vie en Lituanie, de diminuer l'émigration, en particulier des artistes, et de faire la promotion du retour des émigrés.

Le tourisme représente une des multiples formes de la mondialisation culturelle. Aucun autre moyen d'échanges culturels internationaux ne comprend une telle multitude de personnes de divers milieux sociaux et ne permet de connaître si bien des cultures étrangères. Cependant, le tourisme n'est pas uniquement lié à la culture, évidemment, il est aussi lié à l'économie. Même si le tourisme indépendant est relativement répandu, aucun touriste international ne peut se passer de services d'entreprises internationales ou nationales spécialisées dans le tourisme. De plus, la nature des voyages dépend de facteurs économiques qui déterminent les lieux de visite, la fréquence des voyages et les objectifs des voyages, etc. On peut aussi ajouter que les facteurs économiques influent sur les impressions que le touriste pourra éprouver, la structure de l'investissement, la nature du marché de travail et la participation du pays dans l'économie internationale. Ainsi, le tourisme peut jouer un rôle important pour l'emploi et représente une source de recettes en devises.

Le tourisme exerce une influence sur le développement de l'infrastructure et constitue un domaine pour les investissements directs étrangers. Enfin, l'économie forme en partie l'expression et la nature de l'effet de l'expérience culturelle des touristes. Des lieux de visite qui accueillent beaucoup de touristes impliquent des conséquences financières qui modifient la culture et l'économie de ces lieux.

Le patrimoine culinaire et les métiers traditionnels

La nourriture traditionnelle, ses particularités et son authenticité ont attiré l'attention pendant ces dernières années en Europe et dans le monde. La nourriture traditionnelle et les particularités de l'alimentation nationale sont des caractéristiques de chaque pays, peuple ou ethnie du monde. Cependant, la mondialisation, l'intégration économique et la migration des habitants modifient les modes d'alimentation et les plats, c'est pourquoi il est actuellement très important de sauvegarder et de promouvoir l'utilisation des aliments et des plats nationaux.

Un concept de patrimoine culturel européen a été créé en 1995, en Skanie du sud en Suède et sur l'île de Bornholm au Danemark[317]. Cette idée était si intéressante qu'en 1998, un Réseau européen du patrimoine culinaire régional a été mis en place avec des organisations et des commissions d'experts de culture gastronomique. L'activité de ces commissions consiste à propager des mets régionaux authentiques, à rassembler des producteurs et des consommateurs pour l'activité commune, à marquer des produits qui respectent les conditions du patrimoine culinaire. En Lituanie, grâce aux initiatives de producteurs de produits alimentaires et de fermiers, un Fonds du patrimoine culinaire a été créé, dont le but principal consiste à veiller à la conservation, au développement et à la poursuite de la tradition vivante du patrimoine culinaire traditionnel[318]. Ce Fond rassemble des producteurs de produits alimentaires qui ont conservé les connaissances de la préparation et de la production des mets traditionnels dans le cadre d'une activité commune, il fait la promotion du développement d'une industrie alimentaire qui se baserait sur des aliments locaux et sur des technologies respectant les principes d'une production traditionnelle, et s'attache à faire connaître le patrimoine culinaire lituanien, ses spécialités et ses possibilités en les présentant au public et aux touristes. Il s'agit également d'apprendre à la société à apprécier les plats traditionnels et d'encourager les consommateurs à faire confiance aux aliments d'origine locale. Pour satisfaire l'intérêt pour la nourriture traditionnelle et produire de l'information en matière de culture alimentaire sur les produits qu'il faut considérer comme traditionnels, le Fond organise des expertises, accorde un signe distinctif aux produits du patrimoine culinaire qui sont conformes aux exigences prescrites. Actuellement, en Lituanie, 23 producteurs du secteur agroalimentaire ont reçu un label pour leurs produits.

Les voyages touristiques ne se résument pas aux visites du patrimoine culturel se trouvant dans les régions lituaniennes, mais aussi, désormais, s'intéressent au patrimoine culinaire et aux métiers caractéristiques de la région visitée. Beaucoup de touristes choisissent

---

317. Sten Janér, « Sweden – the new culinary nation », in <http://se.linkedin.com/pub/sten-jan%C3%A9r/33/7a3/47a)>.
318. « Kulinarijos paveldo fondas », in <http://kulinarijospaveldofondas.wordpress.com/>.

des excursions sur les « route du fromage », « route du fromage et de la bière », « route du vin », etc., pendant lesquelles des visites sont associées à des dégustations.

Les touristes aiment ces voyages guidés qui leur font aussi connaître des anciens métiers lituaniens, par exemple le ramassage de l'ambre à Klaipėda, la cuisson des crêpes dans le moulin de Kernavé, la cuisson du pain, le barattage du beurre et le pressage du fromage à Ukmergė, la cuisson de *šimtalapis* (gâteau mille-feuilles) à Trakai, la cuisson de *šakotis* (gâteau à la broche) en Haute Lituanie, la céramique noire, le nattage des *bučiai* (filets de pêche), le façonnage d'une poterie au tour de potier dans la région de Dzūkija, le moulage de bougies à Rumšiškės, la couture de *naginės* (les plus anciennes chaussures lituaniennes) à Pasvalys, etc.

D'après Manfred B. Steger, on devrait se réjouir que des liens interpersonnels deviennent de plus en plus nombreux et qu'ils permettent de reconnaître et de témoigner d'une nature humaine commune[319]. La mondialisation ne peut pas unifier totalement les cultures. Des tentatives artificielles faites pour arrêter les processus de mondialisation sont inefficaces tout d'abord parce que les processus de mondialisation et de fragmentation (localisation) se croisent, exercent une influence les uns sur les autres par leurs interactions et assurent un développement qualitatif de la société.

Dans le processus de mondialisation, on doit donner la priorité aux principes de localité qui se manifestent par des efforts de conservation, de développement et de partage des cultures régionales.

D'après la sociologue Jūratė Morkūnienė, une vision d'avenir sera forte quand le but de « l'intelligence intégrative » dominera la spiritualité d'une nation et lorsque le peuple pourra absorber toute la culture mondiale en sauvegardant et en accentuant sa culture nationale à partir de profondes racines archétypales[320]. La même idée est développée par Johannes Rau pour qui le principe de la culture consiste à surmonter les différences et à maintenir les généralités. Les facultés essentielles de la culture qui associe sont le respect d'autrui, la connaissance de son propre patrimoine, mais, en même temps, l'accès au patrimoine étranger, la conviction que la diversité et l'unité ne

---

319. Manfred B. Steger, *Globalizacija. Labai trumpas įvadas*, Vilnius, Eugrimas, 2008, p. 12.
320. Jūratė Morkūnienė, *Globalizacija: taikos kultūra, žinių visuomenė, tolerancija*, Vilnius, Lietuvos teisės universitetas, 2003, p. 154.

s'opposent pas l'une à l'autre et peut s'appliquer aux petites comme aux grandes réalisations. C'est sur cette base qu'il est possible de créer une « famille » que l'Europe unie ne comprendrait pas comme faiblesse et qui ne considérerait pas ses différences comme des obstacles, mais qui les reconnaîtrait plutôt comme des possibilités et un enrichissement[321].

Genovaitė Kačiuškienė

321. Johannes Rau, *Op. cit.*, p. 173.

Du local subjectif particulier singulier au mondial objectif général universel

La culture est cet espace métamorphosant qui fait passer du particulier singulier au général universel, du local subjectif au mondial objectif. Par elle, le global devient monde, car il n'uniformise rien, mais universalise tout. Par elle, la création remplace la répétition, au point d'être nécessaire dans la perception. Mais alors qu'entend-on par « culture » et par « création » ?

Ainsi, y a-t-il une différence entre un hamburger de Mac Donald[322] et une fresque de Fra Angelico ? Sont-ce des exemples interchangeables de productions locales perçues globalement ?

Si l'on écoute certains idéologues naïfs se réclamant, par exemple, des sciences de l'information et de la communication, il n'y en aurait pas – leurs présupposés fondateurs étant que l'on explique le plus par le moins, qu'il n'y aurait que de la matière, de la marchandise, de l'argent, de l'identifiable. Certes, le vieil Aristote avait bien écrit qu'« il n'y a aucune chose qui ne puisse devenir l'objet d'un échange »[323] ; par là, il avait, à juste titre, légitimé l'importance de l'analyse d'une chose à partir de son usage social ; toutefois, il distinguait auparavant la valeur d'usage et la valeur d'échange d'une chose. Donc d'un côté, tout peut devenir valeur d'échange et être totalement soumis à la globalisation : il n'y a, en effet, aucune différence entre le marché de l'art et le marché du pétrole ; ce sont d'ailleurs souvent les mêmes affairistes qui investissent en même temps dans la distribution et dans l'art contemporain où les marges et les retours sur investissement peuvent être considérables pour qui a un confortable capital de base et est bien conseillé sur les tendances du marché. D'un autre côté, il y a une spécificité d'un usage possible d'une fresque de Fra Angelico, usage qui est radicalement différent de l'usage d'un hamburger de Mac Donald. Ainsi, il y aurait deux

322. Lire, dans ce livre, Genovaitė Kačiuškienė sur les routes gastronomiques, dans « La Lituanie dans le processus de mondialisation ».
323. Aristote, *Politique*, trad. Thurot, Paris, PUF, 1950, p. 20.

marqueurs anthropologiques : d'abord la capacité que les hommes ont à pouvoir tout métamorphoser en objet d'échange – on n'a jamais vu un chien échanger un os avec un autre chien, disait l'autre ; ensuite la possibilité d'avoir un usage particulier d'un objet, usage que l'on qualifiera, pour faire vite en ce début de réflexion, d'artistique. Et cette possibilité serait une spécificité humaine d'autant plus intéressante qu'elle ne se réaliserait que de façon exceptionnelle et non habituelle ; il en irait alors peut-être d'un certain rapport au sensible et à l'intelligible, d'une spécificité de l'humanité, tout comme ce que l'homme appréhende comme le visage, le paysage ou l'éthique. L'artistique se fonderait dans l'anthropologique et l'esthétique s'articulerait à l'éthique.

C'est pourquoi il n'est pas inutile de réexaminer d'abord les notions constituant la problématique énoncée par le titre *Création culturelle, productions locales et perceptions globales*, pour, après, en déduire quelques hypothèses relatives à son sujet.

Local & global

Production locale et perception globale semblent s'opposer doublement : la production s'oppose à la réception et donc à la perception qui en relève ; le local s'oppose au global. Mais, est-ce si simple ?

En effet, sauf si elle est autarcique, sauf si elle ne sort pas de la sphère non tant privée qu'intime du sujet producteur, la production est liée à la perception ; d'ailleurs, quand elle est autarcique et intime – que ce soit dans l'agriculture vivrière, le journal intime ou la création picturale « pour soi-même » –, la réception existe : c'est celle du sujet qui a produit et qui maintenant reçoit. De même, toute perception est liée à une production. Au point, parfois, que la production – de blé, de films, de poèmes – est mise en œuvre en fonction de la perception de la réception, ce qui légitime des études de marché, des *business* plans, des investissements capitalistiques, etc., et que la perception – des tablettes numériques, des livres sortis les mois précédents, des œuvres d'art contemporain, des fruits exotiques à manger – dépend totalement de la production. Dans tous les cas, cette articulation production/perception relève de la publication, du passage du privé au public. Donc, d'un côté passage du moi à autrui – la psychologie peut l'éclairer scientifiquement et l'éthique la nourrir pratiquement –, de l'autre passage du moi aux autres – la sociologie peut l'éclairer scientifiquement et la politique la nourrir pratiquement.

Par ailleurs, création et production semblent se différencier, voire s'opposer. La création est liée à un sujet créateur, voire est subjective ; la production est liée à des objets à produire, voire est objective. La première a pour modèle Dieu, le génie ou le héros romantique, la seconde l'industrie. L'approche de la première est souvent taxée d'idéalisme, la seconde de matérialisme débouchant sur la mort du sujet et de l'auteur – après la mort de Dieu, c'est la mort de l'homme. Pourtant la création se donne parfois comme collective et rappelle la production collective : il y a plus d'un demi-siècle, Malraux rappelait que le cinéma est une industrie, toute interprétation théâtrale, comme tout rituel religieux – ancestral ou contemporain –, est une pratique collective ; et il est impossible de penser que les peintures de la Grotte Chauvet, il y a 35 000 ans ne relevaient pas d'une production locale collective.

Bref, d'une part, le sujet créateur s'appuie sur tous ceux qui l'ont précédé et qui le marquent consciemment ou non : qui pourrait, par exemple, inventer une langue de toute pièce – grammaire et lexique nouveaux radicalement ? D'autre part, il a toujours face à lui des récepteurs, même s'ils ne sont que potentiels, espérés ou rêvés. Il dépend doublement des autres, et seul le naïf peut avoir l'illusion d'être autoproducteur, autocréateur, dieu libre, seul et tout-puissant. Marx a bien démontré que les robinsonnades sont des illusions que les hommes entretiennent sur leurs propres productions et créations. Donc, pour la création culturelle, pas de sujet sans sujet, pas de travail local sans ouverture potentielle au global. Slavka Kopčakova a éclairé cette perspective dans ce livre avec « *Genius loci* dans la musique d'artistes contemporains locaux, réception et contexte européen ».

Mais peut-on considérer comme identiques le globe et le monde ? Le globe est sphérique, rien ne lui échappe : le globe englobe, intègre et assimile ; le globe rend similaires les différents ; relèvent de cette logique les marchandises, les pseudo-auteurs interchangeables, les industries culturelles dont les théories sont riches quand elles sont financières, économiques et managériales, mais pauvres quand elles prétendent donner à penser, à penser la culture, à penser l'industrie. En revanche, le monde est le monde travaillé par et ouvert au sens et à autrui, le problème du sens n'étant pas tant celui du sens d'une chose ou d'un acte que le sens pour moi et pour autrui ; problème qui se pose quand il se pose pour moi, non pas en tant qu'ego narcissique, mais en tant que moi temporel, historique et intersubjectif ; c'est l'intersubjectivité entre moi et autrui, mais aussi entre moi et moi, qui fait qu'il y a problème de sens pour un monde-culture ; un objet de l'industrie culturelle est assimilé et digéré par tous les consommateurs et ne fait pas problème, alors qu'un monde-culture n'est ni traduisible, ni assimilable, ni simplifiable, ni même compréhensible de la même manière par moi et autrui ou par moi aujourd'hui et moi demain ; c'est pourquoi il ne peut que faire problème. C'est ce problème qui fait sa richesse : le sens articule alors deux pratiques apparemment opposées, en fait dialectiquement liées – la signification et l'interrogation. Aussi, penser la perception de la création culturelle en termes de globalisation ou bien en termes de mondialisation ne renvoie pas du tout aux mêmes problématiques ; la première manque la spécificité de la création, de la culture et des articulations local/mondial, particularité/universalité, la seconde s'y confronte problématiquement.

Monde & œuvre

Pour éclairer notre réflexion, prenons l'exemple des photos de Gérard Moulin : comment passer de la production locale à la perception mondiale et universelle ? Le local est le centre et le prétexte des photos de cet artiste. Ses proches sont là, Christine, Nathalie, Valérie, Sébastien. Mais, pour celui qui les perçoit, peu importent les prénoms ; il peut fabuler qui il veut : la femme et l'homme, la mère et le père, la fille et le fils, l'amie et l'ami. Si nous les appelons « nos proches », c'est pour nous en rapprocher et pour rêver d'une union à eux et avec eux, tout en sachant qu'elle est impossible et interdite, eu égard à notre finitude humaine, à notre solitude radicale et à notre sociabilité obligée. Le proche n'est pas le prochain : tout homme est notre prochain, alors que peu d'élus sont et seront nos proches ; notre intimité locale sera toujours réduite, car notre vie est courte, car notre mort est proche ; le proche, c'est l'intime qu'un jour je tutoierai, le prochain, c'est tout homme, d'ici, de là-bas et d'ailleurs ; le proche me plonge dans l'existentiel et l'affectif, le prochain dans la morale et l'humanité. Or l'art permet de passer du proche – parfois englué dans une affectivité infantile – au prochain – figure essentielle de l'humanité universelle –, donc de la trace du référent à la trace de l'universel. Grâce à ce poignard qu'est le style, le travail des formes et des matériaux rend possibles pour l'image la pluralité féconde de sens et sa séparation maturante d'avec l'objet-mère local, c'est-à-dire l'objet même qui a engendré la photo ; ainsi, de droit, la photo devient œuvre. Toute photo est l'épreuve du deuil de tout objet local et paradigmatiquement l'épreuve du deuil de la mère comme objet et comme proximité confondue et confondante ; toute photo est l'apprentissage de la séparation des sujets et des corps, donc de la naissance d'un sujet hors du sujet-mère, dans une proximité intime, mais à jamais différente. Ces photos de Moulin nous suggèrent avec tendresse et retenue ces instants de la vie d'un être qui relèvent du banal et de l'essentiel. L'émotion esthétique – par le jeu du cadrage, du point de vue et de la distance et par l'action du noir et blanc – permet de ressaisir cette émotion originaire et métamorphosée de l'artiste. Le flou du proche local rapproche le geste de la femme et l'ombre de la lampe, la forme qui se donne et le genou qui s'impose, le visage qui s'indique et l'objet qui se perd. Ici l'auteur traverse le miroir, le verre et le voile, comme si le réel n'était pas assez opaque ou comme si tout n'était que transparence confuse. Et le proche local est là, montré par morceaux, par indices et par traces : le rythme des photos nous le ramène parfois, comme pour louer un rapport, une distance et un lien. Mais laissons-nous aller au risque de notre fable pour suspendre ensuite notre parole, pour entrer en regard, y rester un instant et revenir au monde avec d'autres formes dans les yeux : alors viendra la proximité esthétique. Une esthétique de la proximité et du local s'avère nécessaire. Le monde de Moulin apparaît.

Ainsi un ensemble photographique, organisé de façon cohérente et non réuni par hasard, peut être une œuvre d'art au sens où Heidegger écrit que

> « *l'œuvre ouvre un Monde et maintient celui-ci en son ordonnante amplitude. Être-œuvre signifie donc : installer un monde* »[324].

Nous comprenons pourquoi les grands photographes créent des mondes.

> « *L'ouverture d'un monde*, poursuit Heidegger, *donne aux choses leur mouvement et leur repos, leur éloignement et leur proximité, leur ampleur*

---

324. Martin Heidegger, « L'origine de l'œuvre d'art », in *Chemins qui ne mènent nulle part*, Paris, Gallimard, 1962, p. 62.

et leur étroitesse. [...] L'œuvre en tant qu'œuvre érige un monde. L'œuvre maintient ouvert l'ouvert du monde »[325].

Ces deux phrases éclairent le travail de tout artiste.

Culture & création

La tension problématique entre ces deux conceptions – celle de la culture et celle de la création – est d'autant plus vive que la perception prend son sens par rapport à la réception : la seconde évoque l'usage et l'esthétique de la réception de Jauss, la première l'examen parfois distancié. Mais la per-ception d'une création locale est aussi chargée de présupposés, voire d'*a priori* non conscients et *a fortiori* non pensés, alors qu'elle articule activité et passivité de la part du sujet percevant ; et la ré-ception peut tendre à un accueil réflexif et parfois critique. Toutefois, la position de surplomb que peut adopter la perception face à une création culturelle produite au sein et en référence à un local précis peut générer des dangers méthodologiques, épistémologiques et politico-éthiques : danger de l'approche par le biais de l'exotisme, du folklore ou du mépris ; ce sentiment de supériorité qui interdit toute prise en compte de la spécificité et de la richesse du local et de l'altérité se manifeste trop souvent : infinis sont les exemples, que ce soit en Équateur face aux créations des Indiens, en Inde face à celles des hors-caste, en France face à celles de la province ; bref, souvent cette perception est habitée par un racisme de civilisation, de culture, de pays, de classe, d'âge, de sexe, etc. Le couple global/local engendre alors le couple dominant/dominé, supérieur/inférieur, norme/hors-norme, clones/hors-clone. Il est alors hors de question de penser l'humanité totale et universelle de l'autre créateur. Le préjugé remplace le jugement : alors que juger n'est pas mauvais si l'on indique les critères de son propre jugement, préjuger est négatif pour l'objet visé, pour celui qui préjuge et pour les autres hommes impliqués directement dans ce préjugé ; autant une axiologie est souhaitable, en tout cas, utile comme horizon donateur non de sens, mais d'un sens, autant le préjugé est rupture dans le contrat d'humanité. Ainsi, deux problématiques s'imposent et s'opposent : production locale & perception globale, et création locale

325. *Idem.*

& réception mondiale ; deux visions différentes des choses qui mettent l'accent sur des objets théoriques différents.

Mais qu'en est-il d'une création culturelle ? Au premier abord, n'est-ce pas un oxymore, la création renvoyant au sujet et la culture à la société ? Dans cette perspective, la culture est conçue comme un ensemble départicularisé saisi d'un point de vue extérieur ; elle apparaît alors comme un divertissement, une décoration, une illustration, une stimulation, un médicament social et non un monde. Mais comment entrer dans un monde ? Dans un autre monde ? Dans une altérité ? Bref, comment refuser la psychose ? On peut passer par l'œuvre pour entrer dans un monde ; telle est alors la mondialisation. Non pas parce que, par exemple, nous aimons Fra Angelico, mais parce que nous sommes voués à être au balcon d'un monde, pouvant ainsi être au balcon du monde. La création artistique est alors cet objet qui nous permet d'être au monde en nous libérant de son usage utile – politique, religieux, commercial… L'histoire est alors assumée, mais dépassée, aussi bien l'histoire des hommes que les histoires que l'on raconte, par exemple, avec un roman, un tableau ou une œuvre musicale, comme le montre, dans ce livre, Ivanka Stoianova, dans « Karlheinz Stockhausen : *Gesamtkunstwerk* et musique spatiale ». Alors la création est différence totale, non comparable, alors que la culture des fameuses industries est interdépendance relative, donc comparable et comparée par le chiffre de la marchandise et de l'argent ; la création fonde par elle-même la valeur, l'industrie culturelle valorise des valeurs référencées et référenciables. Dans cette perspective, une création ne peut être culturelle sans perdre son essence et une culture ne peut être créatrice : elle est seulement créative, comme la publicité et non créatrice, comme Dieu ou le génie ; elle est productrice.

Pourtant, une création totale serait inaudible, invisible, irrecevable, imperceptible, car elle échapperait aux radars déjà existants : imperceptible la roue de bicyclette de Duchamp, invisibles les photos de la DATAR de Tom Drahos, inaudible la musique de Pierre Henry, irrecevable *Finnegans Wake* de Joyce. Toutefois, toute création s'incarne, se socialise, se culturalise, se publie. On ne perçoit que des créations culturelles ; on n'est jamais face à la chose en soi de la création, mais face à ses apparences culturelles, à ses représentations, à ses interprétations, à ses appréhensions, face à une création incarnée, culturaliste, contextualisée. Helena Bálintová & Janka Pálková montrent ainsi, dans ce livre, « La coexistence du local et du global dans la synergie de la création culturelle ». Peut-on même penser avec Pilar Garcia que toute création ne peut prendre naissance que dans une culture[326] ? Le refuser serait étrange. En tout cas, les conséquences de ce dépassement de la contradiction et d'une visée idéaliste et intemporelle de la création frappent le savoir, le vivre, l'étudier. En effet, il faut savoir que nous ne sommes pas face à l'objet création, mais face à cet objet pris dans le filtre de la réception, de l'interprétation, de la perception de cet objet. En effet, il faut vivre la création culturelle en fonction de la reconnaissance de ce savoir. Il faut étudier à partir de ce même socle ; d'où non pas pratiquer le scientisme face à la création culturelle, mais travailler l'approche théorique et scientifique qui ne saisit non pas l'objet réel, mais l'objet théorique, l'objet de pensée.

En conséquence, il faut retravailler les concepts grâce auxquels se déploient ces conceptions des créations culturelles. Pour cela, il faut les réarticuler : création & production, culture & création, création culturelle & production culturelle, local & global, global & mondial, local & mondial, perception & réception, approche & accueil et déboucher ainsi sur une conception d'une approche mondiale d'une création locale comme monde. Nous aboutissons alors à la possibilité d'un passage *du local subjectif particulier singulier au mondial objectif général universel.*

Flux & contemporanéité

Nous comprenons que le passage au mondial fait passer les créations culturelles non seulement dans l'histoire et l'espace, mais aussi dans l'interaction et la mobilité.

En effet, ainsi, elles entrent dans la mondialisation des échanges, donc dans la mobilité, la fluidité, la liquidité, le flux et la transformation. Finie l'ère du stock, voici l'ère du flux : l'art contemporain joue à fond cette dimension-là. L'art est alors créé, vécu, reçu et pensé autrement. On passe de la contemplation locale à l'immersion mondiale dans un flot et un flux, d'une certaine manière de l'*haïku* au roman-fleuve, de l'aphorisme au film, de la statue de marbre au débit d'Internet, du recueillement méditatif dans le temple à l'excitation affairée du supermarché, de l'attente et l'attention à la réaction et la réactivité, de l'arrêt sur image au défilement sans début ni fin, du début au débit, de l'être au devenir, de Parménide à

326. Lire, dans ce livre, Pilar Garcia Fernandez, « Culture-Création-Culture ? ».

Héraclite. Bref, nous sommes dans un autre monde, d'autant plus que l'art contemporain peut jouer avec le virtuel, *Second live* et autre démultiplication de la réalité ou production d'une autre réalité. L'interactivité vient renforcer la coupure, non tant parce que le récepteur participe activement, mais parce qu'il devient le coproducteur de l'œuvre, son coauteur, son cocréateur : n'est-ce pas Duchamp qui affirmait que ce sont les regardeurs qui font le tableau ?

L'artiste a alors un statut paradoxal : d'un côté par l'importance donnée à la démarche et au dispositif, il passe avant l'objet terminal – alors l'œuvre d'art est détrônée par l'artiste, de façon quasi romantique ; de l'autre, par l'importance du récepteur, du méta-objet, du méta-photographique, du réseau dans lequel l'œuvre fonctionne, de l'interactivité, du groupe producteur, l'artiste tend à disparaître au profit de la structure générale et du réseau qui permettent à son travail d'être. Le local est alors obsolète : plutôt que communiant dans le mondial, on est percepteur dans le global.

Car le réseau et le rhizome sont les nouveaux vecteurs de ces flux d'art contemporain : nous passons du triangle créateur / œuvre / récepteur à un bouclage sans fin, voire sans début ni fin : initiateur / objet 1 / réalisateur 1 / objet transformé 2 / réalisateur 2 / objet transformé 3 / réalisateur 3 / objet transformé 4 / réalisateur 4 / objet transformé 5… D'ailleurs, ce qui importe, à la limite, ce n'est pas tant l'objet local que le rapport global à l'objet, mieux que la participation au bouclage rhizomatique. L'objet se donne et se communique selon une logique globale, virale et exponentielle – si tout marche bien – et se transforme selon une logique non pas de l'autodéploiement, mais de l'hybridation. À la limite, ce n'est plus ni l'objet, ni le sujet qui importe, mais le global, la structure, le réseau et le procès. L'art contemporain ressemble alors à l'Histoire que décrivait en 1973 Althusser dans sa *Réponse à John Lewis*[327] : « un procès sans sujet ni fin ».

La création contemporaine à la fois directement ne touche qu'une minorité de personnes dans chaque pays et indirectement touche tout le monde, dans la mesure où elle participe à la mondialisation, en tout cas à la globalisation, eu égard aux moyens qu'elle utilise, aux pratiques culturelles diverses qu'elle peut réutiliser ou réactiver, au fait que la globalisation devient une réalité totale, donc aussi artistique. Cela nous oblige à devoir penser les liens entre la contemporanéité et la mondialisation, entre le temps et l'espace,

327. Louis Althusser, *Réponse à John Lewis*, Paris, Maspéro, 1973.

bref au risque d'uniformisation des choses et des êtres : c'est aussi parfois en lien, voire en opposition à cela que la création contemporaine se déploie, ce qui lui donne alors une dimension politique et critique, utopique et constructive qui vise un nouvel « avenir originaire », au sens où Heidegger en parle dans *Être et temps*. Il en va en effet aussi de notre être-au-monde et du passage de notre être-là en sa banalité quotidienne et ordinaire à un être-dans-le-monde, à un être-auprès-du-monde, en conséquence à un être temporel dont la temporalité originaire se temporalise selon les trois directions ou trois extases : le présent originaire, le passé originaire et l'avenir originaire. Est possible alors un jeu de l'art et de l'homme où l'image numérique joue un rôle essentiel.

Notamment dans son rapport au flux et à l'immédiateté. En effet, avec le numérique, est-on alors face à un nouveau rapport au temps ou bien face à un rapport à un temps nouveau ? Car, comme l'écrit Gilles Rouet, dans l'introduction de ce livre, « *ce ne sont donc pas les échanges qui sont nouveaux, mais le système économique culturel, son industrialisation et ses modes de diffusion, d'une part, et le réseau de communication, d'autre part* ».

Le temps du numérique n'est plus le temps décisif, mais le temps porteur des multiples. Cartier-Bresson est mort. En ce temps nouveau, on n'est plus à la recherche de l'unicité, mais à la prise en compte des multiplicités. On joue avec cette mise en place de ce flux des multiplicités. On est dans une logique non plus du stable, mais du flux ; on est dans la même *épistémè* que l'art contemporain. On n'est plus dans l'ordre réel du temps, mais dans les boucles possibles du temps, non pas dans l'ordre au singulier, mais dans les boucles au pluriel. On est face à quelque chose qui irait d'un avant à un après, sans être une sorte d'éternel retour, avec un bouclage possible vis-à-vis du passé, quelque chose qui renverrait non pas à un réel, mais à un possible, à des possibles. Comme avec toutes les nouvelles technologies de l'information et de la communication, comme avec l'Internet. C'est cette pluralité de possibilités qui contemporanéise l'art et la photographie.

Nous sommes face à une nouvelle culture, une nouvelle approche de l'image. Ce changement pourrait faire penser à celui qui existe entre la musique numérique et la musique instrumentale, vivante, qui renvoie à une toute autre logique : on ne peut plus comparer une image unique prise dans l'ordre du temps d'une logique stable à des images prises dans les boucles du temps et les boucles du flux.

Enfin, on peut repérer une autre illusion possible liée au temps dans le sentiment d'immédiateté de la réception. Il n'y a jamais d'immédiateté. L'acte photographique est toujours un acte construit, un acte médiat, il n'y a qu'une illusion d'immédiateté. Et par là, à nouveau, nous retrouvons l'art contemporain et sa critique des illusions.

En outre, avec le numérique, la photographie subit ou gagne cette possibilité inouïe qu'est la mise en réseau : nous passons de l'image à la toile, de l'image photographique à la toile photographique, plus précisément à la toile photographique intermédiatique et interactive, mieux à l'écranique global. La révolution paradigmatique est complète : on passe de la donation au rhizome ; il se produit un total changement dans la circulation et la réception de l'image. Les deux grands acquis nouveaux sont le flux et le rhizome. Il en est fini d'une contemplation solitaire ; c'est une fin de la figure du moine laïque de l'art. Nous sommes arrivés à une pratique rhizomatique de l'image et à son usage interactif. L'usage l'emporte sur l'objet – ici, en l'occurrence « l »'« image » « photographique » ; des guillemets doivent accompagner les mots « l », « image » et « photographique ». La médiologie active remplace l'ontologie nostalgique pour penser le problème.

Universel & concret

Ainsi comprend-on les dangers qui guettent toute création culturelle contemporaine : dangers du global avec l'impérialisme culturel, dangers du local avec le communautarisme ou le nationalisme rabougris et aliénant. Une culture ne peut être monoculture, qu'elle soit planétaire, impériale ou communauté « close », au sens bergsonien du terme ; dans les trois cas, l'individu est étouffé, non plus sujet créateur habité par des actions de libération, mais objet d'un ensemble qui le surplombe, d'une tradition totalitaire qui tue son humanité : il n'est plus fils de l'humanité-monde, mais produit cloné de l'aliénation du tout.

L'enjeu est la possibilité du déploiement non programmé de la singularité métamorphosable et donc de l'universel concret en opposition à l'universel abstrait. Les défauts de l'universel kantien étaient son aspect global, son abstraction et son manque de saisie des particularités locales : par exemple, par son universalité, l'impératif catégorique nie la prise en compte du particulier. C'est contre ce défaut qu'Hegel va construire sa théorie de l'universel. Il qualifie d'abstrait cet universel global auquel il reproche de n'être qu'une pure forme vide de contenu, c'est-à-dire dévitalisée, extérieure et étrangère à son contenu infiniment riche en ces différences particulières.

> « *Lorsqu'on parle du concret*, écrit Hegel[328], *c'est d'ordinaire seulement l'universalité abstraite que l'on a devant les yeux, et ce concept est alors couramment aussi bien défini [comme] une représentation générale. On parle, en conséquence, du concept de la couleur, de la plante, de la bête, etc., et ces concepts naîtraient de ce que, en mettant de côté le particulier par lequel les diverses couleurs, plantes, bêtes, etc., se différencient les unes des autres, on fixerait ce qui leur est commun. C'est là la manière dont l'entendement appréhende le concept, et le sentiment a raison lorsqu'il qualifie de tels concepts de creux et de vides, de simples schémas et ombres* ».

La prise en compte de la critique opérée par le sentiment disqualifie une philosophie du pur entendement global. Il faut penser autrement l'universel :

> « *l'universel du concept n'est pas simplement un élément commun en face duquel le particulier a pour lui-même sa consistance, mais bien plutôt ce qui se particularise (se spécifie) soi-même et, en son Autre, reste dans une clarté non troublée auprès de soi-même* »[329].

Il ne faut donc pas confondre le commun et l'universel, la volonté de tous (ou commune) et la volonté générale que distingue Rousseau. Hegel explique que cette notion d'universel n'apparaît qu'avec le christianisme, les Grecs ne pouvant appliquer ce concept ni aux dieux – eu égard au polythéisme séparateur –, ni aux hommes – étant donné leur idéologie selon laquelle ils étaient essentiellement différents des Barbares.

Pour concevoir différemment l'universel et sortir de ces limites, il faut remplacer l'entendement par la raison, l'universel abstrait global par l'universel concret qui prend en compte toutes les différences locales ; c'est

328. Hegel, *Encyclopédie des sciences philosophiques*, Paris, Vrin, 1972, trad. B. Bourgeois, addition au § 163, p. 592.
329. *Idem.*

« *la forme absolue en laquelle sont revenues toutes les déterminations, la plénitude totale du contenu posé grâce à elle. L'Idée absolue est, à cet égard, à comparer au vieillard, qui prononce les mêmes assertions religieuses que l'enfant, mais pour qui celles-ci ont la signification de toute sa vie. Même si l'enfant comprend le contenu religieux, ce dernier ne vaut cependant pour lui que comme quelque chose en dehors de quoi se trouve encore la vie entière et le monde entier* »[330].

L'universel saisit alors en soi la richesse du particulier local ; il est fruit de l'expérience, mémoire de l'expérience, ouverture sur l'expérience – expérience de toutes les expériences effectives et possibles, et notamment d'une expérience artistique et esthétique (des formes et des matières, de la vie et du monde).

Les créations culturelles, la vie entière et le monde entier, c'est justement ce qu'un artiste qui travaille le portrait anonyme essaie de faire sentir, non pas avec un seul portrait, mais avec un ensemble de portraits, le plus de portraits anonymes possible, que ce soit Rembrandt ou Opalka, Philippe Bazin ou Boltanski, Tichy ou Cameron et tous les autres. Ainsi, par cette pluralité illimitée de portraits particuliers, la teneur de l'œuvre croît en déterminations, en différences et en particularités.

L'universel concret est donc cet être réel au terme du mouvement dialectique de la pensée cheminant d'une contradiction à une autre contradiction toujours dépassée et conservée jusqu'à ce que Hegel appelle l'Esprit absolu dont le concept est, comme l'écrit Lalande dans son *Dictionnaire de philosophie*, la synthèse, à la fois universelle, puisqu'il est susceptible d'une infinité d'applications, et concrète, en tant qu'il est une totalité unique et indivisible. Comme, pour Hegel, « le réel est rationnel et le rationnel est réel », l'universel concret est rationnel et, par là, auto-créateur : il produit des figures historiques ; l'ensemble des œuvres d'art constituées par des portraits anonymes relèverait donc de son déploiement historique composé de particuliers articulés entre eux pour le constituer dans son universalité concrète. En cela, il est mouvement, devenir, être vivant qui n'existe que dans le temps et qui se nourrit et se compose de toutes ses particularités à travers le temps.

La culture est alors cette polyculture que l'on peut penser en partant de l'injonction de René Dubos : « Penser global et agir local. » Le modèle explicatif ne sera pas la topologie ou la géométrie, mais la

330. *Op. cit.*, addition au § 237, p. 624.

biologie ; d'ailleurs Dubos et Louis Dumont venaient de la biologie ; il peut alors, pour les créations culturelles, y avoir avenir et non duplication et répétition. Et cet avenir articule pensée et action.

Cette conception des créations culturelles qui pense local et mondial est travaillée par l'articulation de la structure et de l'existence, à savoir à la fois par une pensée systémique et par une philosophie existentielle, par une approche intelligible et par un engagement sensible, telle qu'on la trouve, par exemple, dans l'art contemporain.

L'enjeu est alors les modalités de la souveraineté des créateurs et de ceux qui perçoivent ; cette souveraineté n'est fondée que dans la souveraineté des créations culturelles ; on voit ainsi que l'on est loin de la marchandise non-souveraine des industries culturelles. Cette souveraineté ouvre sur ce qu'Édouard Glissant appelle « le tout-monde », donnant ainsi un sens à la fois systémique et existentiel au monde. C'est à partir de là que le nomadisme deleuzien peut être pensé pour la culture, comme manifeste contre une culture-mode d'emploi, tout en faisant attention de ne pas tomber dans un oubli ou un déni du local. Alors est possible un véritable sensible contemporain[331] qui innerve non seulement la culture et en particulier la pensée, mais aussi la ville[332], cette réalité nouvelle qui concerne directement plus de la moitié de l'humanité. Le local renvoie alors à la localisation contemporaine qui est plus complexe qu'auparavant, eu égard à la mobilité et à la plurilocalisation.

La localisation relève pour certains du lieu et pour d'autres de la racine et de l'enracinement. Un des intérêts alors de la culture est d'interroger, de mettre en doute à la fois ce local et le global pour que les hommes acquièrent d'autres racines. Sachant que l'on ne plante pas un arbre d'abord pour ses racines, mais pour ses fruits, voire pour son tronc avec lequel on peut faire une maison ou un cercueil. Bref, les créations culturelles nous nourrissent, nous inquiètent et nous interrogent sur la vie et la mort : de nous-mêmes ? Peut-être ; des autres ? Assurément. La culture nous dirige vers l'altérité, donc vers notre moi futur – tension entre le local et le mondial –, vers le mouvement de la pensée, de la création et de l'existence.

François Soulages

331. Cf. François Soulages, *O sensivel contemporâneo,* (dir.), Salvador, UFBA, 2011.
332. Cf. François Soulages, *La ville & les arts. A partir de Philippe Cardinali*, (dir.), Paris, L'Harmattan, 2011.

Les Auteurs

Anikó Ádám est directrice du département de langue française, maître de conférences à l'Université Catholique Pázmány Péter de Budapest, rédactrice en chef de la revue scientifique d'études romanes *Verbum*. Membre du groupe de recherche « Histoire de la traduction en Europe Médiane », INALCO, ainsi que du groupe « Histoire des traductions en langue française » (France). Parmi ses publications : *La poétique du vague dans les œuvres de Chateaubriand : vers une esthétique comparée*, Paris, Éditions L'Harmattan, 2008.

Helena Bálintová est maître de conférences en culture et langue russes, directrice de la Chaire d'études européennes culturelles de la Faculté des sciences humaines, Université Matej Bel de Banská Bystrica. Dans ses recherches elle s'intéresse principalement à l'histoire culturelle russe et à l'enseignement des langues étrangères. Ses derniers livres publiés en 2011 sont *Ruské kultúrne štúdiá* en codirection avec Eva Kollárová et *Litovské kultúrne štúdiá* en codirection avec Genovaité Kačiuškiené.

Alexandra Bitušíková, docteur en ethnologie, est chercheuse à l'Université Matej Bel de Banská Bystrica et Vice-rectrice pour la science depuis 2010. Ses recherches portent sur l'ethnologie urbaine, les modifications post-socialistes sociales et culturelles en Europe centrale, l'identité, la diversité et les *gender studies*. Depuis 2003, elle est conseillère de l'*European University Association* à Bruxelles où elle est responsable des réformes des études doctorales en Europe.

Pilar García est artiste et professeur au département de dessin de la Faculté des Beaux-Arts de l'Université de Séville, responsable du groupe de recherche Coll-Alma Hum 551 de l'Université Hispalense et responsable des programmes Erasmus. Elle est membre du groupe de recherche RETINA.International et Présidente de l'Association Écume (Échanges Culturel en Méditerranée) à Séville.

Matthieu Genty, docteur en ethnologie et sociologie comparative à l'université Paris Descartes et membre du laboratoire GEPECS, s'intéresse aux publics du sport en proposant des comparaisons interculturelles sur les façons d'être au stade, en particulier entre Europe et Amérique du Nord.

Michel Gironde est docteur en littérature générale et comparée de l'Université Paris III Sorbonne Nouvelle, membre du groupe de recherche RETINA.International – Recherches Esthétiques & Théorétiques sur les Images Nouvelles & Anciennes. Il a dirigé *Les Mémoires de la violence*, Paris, L'Harmattan, coll. « Eidos », série « RETINA », 2009 et publié *Carlos Fuentes entre hispanité et américanité*, Paris, L'Harmattan, coll. « Palinure », 2011.

Miroslava Grajciarová enseigne et suit ses études doctorales auprès du Département d'esthétique à l'Université de Prešov à la Faculté des Lettres. Elle participe également à l'organisation du programme de Košice-Capitale européenne de la culture en 2013.

Genovaitė Kačiuškienė est enseignante de lituanien, docteur en sciences humaines, professeur à l'Université de Šiauliai (Lituanie) et au département d'études européennes culturelles de la Faculté des sciences humaines, Université Matej Bel de Banská Bystrica (Slovaquie). Ses recherches portent sur la phonologie, la dialectologie, la sociolinguistique, la psycholinguistique et les études européennes culturelles. Sa dernière publication importante est *The Phonological Features of the North-Aukštaitian (High-Lithuanian) Dialect of Panevėžys*. Dialectologia et Geolinguistica, Berlin, New York, Mouton de Gruyter, 2009, pp. 32-38.

Slávka Kopčáková est maître de conférences à l'Institut d'esthétique, des arts et de culturologie de la Faculté des Lettres de l'Université de Prešov. Ses recherches portent sur l'histoire de la musique, l'évolution des réflexions esthétiques sur la musique en Slovaquie et les questions méthodologiques de la réception de la musique. Sa monographie *Slovo o umení bez slov (Un mot sur l'art sans mot)* a été publiée en 2009.

Stanislav Líška est directeur d'entreprise, actuellement il occupe le poste de conseiller principal du Bureau du Président de la République slovaque. Il a travaillé comme député au Conseil national slovaque, puis il a occupé plusieurs postes de direction dans l'industrie d'alimentation et du textile, ainsi que dans le cadre de sa spécialisation d'ingénierie de préparation de la reconstruction des bâtiments.

Daniel Luther est ethnologue et chercheur à l'Institut d'ethnologie de l'Académie slovaque des sciences et de l'Institut d'études sociales et culturelles de la Faculté des sciences humaines, Université Matej Bel de Banská Bystrica. Dans ses recherches il s'intéresse surtout à la diversité sociale et culturelle en perspective de l'évolution historique et dans le contexte des processus sociaux contemporains. Son dernier ouvrage, *Z Prešporka do Bratislavy (De Presbourg à Bratislava)* a été publié en 2009.

Wojciech M. Marchwica est professeur associé à l'Université Jagellon de Cracovie, Institut de musicologie. Coordinateur de plusieurs projets Tempus et directeur exécutif de plusieurs événements académiques. Ses publications récentes portent sur la musique baroque et l'évolution du système d'enseignement supérieur.

Janka Pálková est maître-assistante en culture et langue françaises, responsable des études à la Chaire d'études européennes culturelles de la Faculté des sciences humaines, Université Matej Bel de Banská Bystrica. Dans ses recherches elle s'occupe surtout des expressions culturelles et de l'enseignement supérieur dans le cadre du processus de Bologne. Parmi ses dernières publications en codirection avec Helena Bálintová, *Koren(i)e Kultúry* (2009), *Tvorivosť a inovácia v európskom vysokoškolskom priestore* (2009) et *Koren(i)e Kultúry 1* (2010).

Gilles Rouet est professeur d'études européennes à l'Université Matej Bel de Banská Bystrica et en sciences de l'éducation à Reims. Titulaire d'une Chaire Jean Monnet *ad personam* et membre du Groupe d'études pour l'Europe de la culture et de la solidarité, Université Paris Descartes, Sorbonne Paris Cité. Attaché de coopération universitaire et scientifique à l'Ambassade de France en Bulgarie.

François Soulages est philosophe, professeur à l'Université Paris 8 et à l'Institut National d'Histoire de l'Art, dirige le Laboratoire/Équipe de recherche EA 4010, AIAC, *Arts des Images & Art Contemporain.* Créateur & directeur du Groupe de recherche international RETINA.International (*Recherches Esthétiques & Théorétiques sur les Images Nouvelles & Anciennes*).

Ivanka Stoianova est professeur de musicologie à l'Université Paris 8. Elle a notamment écrit *Geste-texte-musique*, Paris, UGE, 10/18, 1978, *Luciano Berio, chemins en musique*, Paris, La Revue musicale, Paris, 1985, Prix de l'Académie Charles Cros, *Manuel d'analyse musicale,* Paris, Minerve, Paris, 1996 et 2000 et *Entre détermination et aventure, essais sur la musique de la deuxième moitié du XXe siècle*, Paris, L'Harmattan, 2004 et de nombreux articles en musicologie et esthétique en français, allemand, italien, espagnol, anglais, japonais, croate, russe, bulgare.

David Sudre, docteur en sciences sociales de l'Université Paris Descartes et membre du laboratoire GEPECS, travaille sur les processus d'identification et les phénomènes interculturels, à travers notamment l'(afro-)américanisation du basket français.

Soňa Svoráková est maître de conférences à la Chaire d'études européennes culturelles de la Faculté des sciences humaines, Université Matej Bel de Banská Bystrica. Ses recherches portent sur les problèmes axiologiques de la culture visuelle, l'art et l'esthétique, en particulier sur la question de la valeur artistique et des problèmes actuels de l'interprétation de l'œuvre artistique.

Table des Matières

Avant-propos : 7
Stanislav Líška

Introduction : *La création culturelle entre local et global*
Gilles Rouet 9

1er Moment : Création et mythe
Chapitre 1 : *La coexistence du local et du global dans la synergie de la création culturelle* 19
Helena Bálintová & Janka Pálková
Chapitre 2 : *Culture-Création-Culture* 41
Pilar García
Chapitre 3 : *Triangle personnel et démarche globale* 51
Michel Gironde
Chapitre 4 : *Penser global, traduire local* 67
Anikó Ádám
Chapitre 5 : *Généalogie d'un mythe moderne* 79
Soňa Svoráková

2ème Moment : Interculturalité et musique
Chapitre 6 : Genius loci *dans la musique d'artistes contemporains locaux, réception et contexte européen* 107
Slávka Kopčáková
Chapitre 7 : *Karlheinz Stockhausen :* Gesamtkunstwerk *et musique universelle* .. 119
Ivanka Stoianova
Chapitre 8 : *Le destin global des chants de Noël locaux* 139
Wojciech Maria Marchwica

3ème Moment : Villes, territoires, identités

Chapitre 9 : *« Le local » dans « le global » ou la recherche d'un nouveau visage de la ville historique : le cas de Banská Bystrica* 159
Alexandra Bitušíková

Chapitre 10 : *Mondialisation visible : le cas de Bratislava* 177
Daniel Luther

Chapitre 11 : *De New York à Champigny, la globalisation du basket nord-américain au prisme de la vie des banlieues* 193
David Sudre & Matthieu Genty

Chapitre 12 : *SPOTs , une architecture singulière* 209
Miroslava Grajciarová

Chapitre 13 : *La Lituanie dans le processus de mondialisation* 219
Genovaitė Kačiuškienė

Conclusion : *Du local subjectif particulier singulier au mondial objectif général universel* 235
François Soulages

Les Auteurs 249

L'HARMATTAN, ITALIA
Via Degli Artisti 15; 10124 Torino

L'HARMATTAN HONGRIE
Könyvesbolt ; Kossuth L. u. 14-16
1053 Budapest

L'HARMATTAN BURKINA FASO
Avenue Mohamar Kadhafi (Ouaga 2000) – à 200 m du pont échangeur
12 BP 226 OUAGADOUGOU
(00226) 50 37 54 36
harmattanburkina@yahoo.fr

ESPACE L'HARMATTAN KINSHASA
Faculté des Sciences sociales,
politiques et administratives
BP243, KIN XI
Université de Kinshasa

L'HARMATTAN CONGO
67, av. E. P. Lumumba
Bât. – Congo Pharmacie (Bib. Nat.)
BP2874 Brazzaville
harmattan.congo@yahoo.fr

L'HARMATTAN GUINÉE
Almamya Rue KA 028, en face du restaurant Le Cèdre
OKB agency BP 3470 Conakry
(00224) 60 20 85 08
harmattanguinee@yahoo.fr

L'HARMATTAN CÔTE D'IVOIRE
M. Etien N'dah Ahmon
Résidence Karl / cité des arts
Abidjan-Cocody 03 BP 1588 Abidjan 03
(00225) 05 77 87 31

L'HARMATTAN MAURITANIE
Espace El Kettab du livre francophone
N° 472 avenue du Palais des Congrès
BP 316 Nouakchott
(00222) 63 25 980

L'HARMATTAN CAMEROUN
BP 11486
Face à la SNI, immeuble Don Bosco
Yaoundé
(00237) 99 76 61 66
harmattancam@yahoo.fr

L'HARMATTAN SÉNÉGAL
« Villa Rose », rue de Diourbel X G, Point E
BP 45034 Dakar FANN
(00221) 33 825 98 58 / 77 242 25 08
senharmattan@gmail.com

Achevé d'imprimer par Corlet Numérique - 14110 Condé-sur-Noireau
N° d'Imprimeur : 87461 - Dépôt légal : avril 2012 - *Imprimé en France*

www.ingramcontent.com/pod-product-compliance
Lightning Source LLC
LaVergne TN
LVHW010950061026
849535LV00006B/1644